Pädagogik für Psychotherapeutinnen und Psychotherapeuten

Gabriele Rössler · Wolfgang Mack

Pädagogik für Psychotherapeutinnen und Psychotherapeuten

Grundlegend, prägnant und anwendungsorientiert

Gabriele Rössler
München, Deutschland

Wolfgang Mack
Institut für Psychologie
Universität der Bundeswehr München
Neubiberg, Deutschland

ISBN 978-3-662-68499-3   ISBN 978-3-662-68500-6 (eBook)
https://doi.org/10.1007/978-3-662-68500-6

Die Deutsche Nationalbibliothek verzeichnet diese Publikation in der Deutschen Nationalbibliografie; detaillierte bibliografische Daten sind im Internet über https://portal.dnb.de abrufbar.

© Der/die Herausgeber bzw. der/die Autor(en), exklusiv lizenziert an Springer-Verlag GmbH, DE, ein Teil von Springer Nature 2024
Das Werk einschließlich aller seiner Teile ist urheberrechtlich geschützt. Jede Verwertung, die nicht ausdrücklich vom Urheberrechtsgesetz zugelassen ist, bedarf der vorherigen Zustimmung des Verlags. Das gilt insbesondere für Vervielfältigungen, Bearbeitungen, Übersetzungen, Mikroverfilmungen und die Einspeicherung und Verarbeitung in elektronischen Systemen.
Die Wiedergabe von allgemein beschreibenden Bezeichnungen, Marken, Unternehmensnamen etc. in diesem Werk bedeutet nicht, dass diese frei durch jedermann benutzt werden dürfen. Die Berechtigung zur Benutzung unterliegt, auch ohne gesonderten Hinweis hierzu, den Regeln des Markenrechts. Die Rechte des jeweiligen Zeicheninhabers sind zu beachten.
Der Verlag, die Autoren und die Herausgeber gehen davon aus, dass die Angaben und Informationen in diesem Werk zum Zeitpunkt der Veröffentlichung vollständig und korrekt sind. Weder der Verlag noch die Autoren oder die Herausgeber übernehmen, ausdrücklich oder implizit, Gewähr für den Inhalt des Werkes, etwaige Fehler oder Äußerungen. Der Verlag bleibt im Hinblick auf geografische Zuordnungen und Gebietsbezeichnungen in veröffentlichten Karten und Institutsadressen neutral.

Einbandabbildung: © rh2010 / stock.adobe.com

Planung/Lektorat: Wiebke Würdemann, Judith Danziger
Springer ist ein Imprint der eingetragenen Gesellschaft Springer-Verlag GmbH, DE und ist ein Teil von Springer Nature.
Die Anschrift der Gesellschaft ist: Heidelberger Platz 3, 14197 Berlin, Germany

Das Papier dieses Produkts ist recyclebar.

Vorrede und redaktionelle Hinweise

Mit der Approbationsordnung für Psychotherapeutinnen und Psychotherapeuten von 2020 wurden die Inhalte des Studiums verbindlich festgelegt, die für das Erlangen der Approbation vorausgesetzt werden. Im Bachelorstudiengang sollen neben den psychologischen Grundlagen auch **Grundlagen der Pädagogik für Psychotherapeutinnen und Psychotherapeuten** vermittelt werden und die Studierenden einen Überblick über Prozesse und Umstände von Erziehung und Sozialisation erhalten.

Dieses Lehrbuch bildet in fünf Kapiteln die Wissensbereiche ab, die in der Approbationsordnung für dieses Fach vorgesehen sind:

Im ersten Kapitel werden **Grundlagen und Begriffe der Pädagogik** erläutert. Zunächst wird die Entwicklung der Pädagogik zur wissenschaftlichen Disziplin, deren Ausdifferenzierung und Beziehung zu anderen Wissenschaften vorgestellt. Der Gegenstand der Pädagogik wird entlang der Kernbegriffe Erziehung, Bildung und Sozialisation sowie zugehöriger Konzepte beschrieben und vertieft.

Pädagogik über die Lebensspanne ist Thema des zweiten Kapitels. Von Kindheit und Jugend über das Erwachsenenalter bis hin zum hohen Alter verändern sich Lebenssituation und Lebensbedingungen. Früh- und Schulpädagogik, Erwachsenen- und Altersbildung sind spezifische pädagogische Ansätze, die an verschiedenen Lernorten Menschen dabei unterstützen, diese Veränderungen zu gestalten.

Menschen in besonderen Lebenslagen, also in Situationen, in denen an pädagogische und sozialpädagogische Begleitung besondere Anforderungen gestellt werden, stehen im Zentrum des dritten Kapitels. Hier wird erneut in Kindheit und Jugend begonnen, wenn aufgrund von Erziehungsschwierigkeiten intensive pädagogische Anstrengungen notwendig werden. Bei Erkrankungen, Behinderungen oder in schwierigen sozialen Verhältnissen benötigen und erhalten Menschen Hilfe.

Das vierte Kapitel beinhaltet **pädagogische Handlungsformen**, von der Selbsthilfe über Beratung und Interventionsmethoden hin zu sozialräumlicher Gestaltung, die Psychotherapie begleiten und unterstützen können. Verschiedene Tätigkeiten und Berufe bilden die Voraussetzung für professionelles Arbeiten und Kooperation in pädagogischen Handlungsfeldern.

Abschließend wird im fünften Kapitel der **sozialpolitische und rechtliche Rahmen** für pädagogische, soziale und psychotherapeutische Betätigung aufgespannt. Abgeleitet aus sozialstaatlichen Prinzipien und aktuellen Anforderungen wird über Gesetze das Sozialsystem geregelt und die Bedingungen zur Erreichung einer optimalen Betreuung und Versorgung einzelner Menschen gesucht.

Dieses Lehrbuch richtet sich an Psychotherapeutinnen und Psychotherapeuten in Studium, Aus- und Weiterbildung. Die Auswahl der Inhalte folgt der Approbationsordnung und orientiert sich an der Bedeutung pädagogischer Themen für eine Psychotherapie, wie wir, beide Psychologen, sie aus unserer beruflichen Erfahrung kennen: Gabriele Rössler aus ihrer Verantwortung für Einrichtungen und Dienste der sozialen Betreuung, der Jugend- sowie Behindertenhilfe, Wolfgang Mack aus

Forschung und Lehre in der Allgemeinen, Pädagogischen und Entwicklungs-Psychologie. In diesem Verständnis entwickelten wir zunächst eine Lehrveranstaltung „Pädagogik für Psychotherapeutinnen und Psychotherapeuten" und darauf aufbauend dieses Buch.

Wir hoffen, dass das Lehrbuch sowohl für Psychotherapeutinnen und Psychotherapeuten als auch für andere Personen, die im psychotherapeutischen Kontext arbeiten, lehrreich und informativ ist.

Gabriele Rössler

Wolfgang Mack
München
Juni 2023

Noch einige redaktionelle Hinweise

Zur Vereinfachung der Lesbarkeit wird das generische Maskulinum verwendet; es sind jeweils ausdrücklich alle Geschlechter gemeint und angesprochen.

Eltern bezeichnen in diesem Buch nicht ausschließlich die leiblichen Eltern, sondern die Personen, die sich hauptsächlich um die Kinder kümmern beziehungsweise das Sorgerecht haben.

Einige psychologische Grundlagenkenntnisse werden vorausgesetzt, das Buch sollte aber grundsätzlich auch ohne diese verstehbar sein. Ansonsten hilft die angegebene Literatur weiter, grundlegend empfehlen wir das *Lernskript Psychologie* von Schmithüsen (2015)*.

*Schmithüsen, F. (Hrsg.) (2015). Lernskript Psychologie. Die Grundlagenfächer kompakt. Berlin, Heidelberg: Springer.

Inhaltsverzeichnis

1	**Pädagogik: Grundlagen und Begriffe**	1
1.1	**Pädagogik im wissenschaftlichen Kontext**	2
1.1.1	Entwicklung der Pädagogik zur Wissenschaft	2
1.1.2	Gegenstand und Vorgehen der Pädagogik	4
1.1.3	Pädagogische Fächer und Bezugswissenschaften	6
1.2	**Gegenstand der Pädagogik: Erziehung, Bildung, Sozialisation**	8
1.2.1	Erziehung	9
1.2.2	Bildung	14
1.2.3	Sozialisation	18
1.3	**Notwendigkeit von Erziehung und Bildung**	19
1.4	**Rückblick und Ausblick**	21
1.4.1	Zusammenfassung	21
1.4.2	Bedeutung für Psychotherapeuten	22
	Literatur	23
2	**Pädagogik über die Lebensspanne**	25
2.1	**Kindheit und Jugend**	26
2.1.1	Charakterisierung von Kindheit und Jugend	26
2.1.2	Pädagogik in Kindheit und Jugend	29
2.2	**Erwachsenenalter**	38
2.2.1	Charakterisierung des Erwachsenenalters	38
2.2.2	Erwachsenenbildung (Andragogik)	40
2.3	**Alter**	45
2.3.1	Charakterisierung des Alters	45
2.3.2	Altersbildung (Geragogik)	46
2.4	**Rückblick und Ausblick**	49
2.4.1	Zusammenfassung	49
2.4.2	Bedeutung für Psychotherapeuten	51
	Literatur	52
3	**Lebenslagen mit besonderen Anforderungen**	55
3.1	**Problemsituationen in Kindheit und Jugend**	56
3.1.1	Erziehungsschwierigkeiten	56
3.1.2	Kinder und Jugendliche mit Behinderung	62
3.2	**Krankheit und Pflegebedürftigkeit**	65
3.3	**Menschen mit Behinderung**	71
3.4	**Menschen in materieller Problemsituation**	77
3.5	**Migration**	79
3.6	**Rückblick und Ausblick**	81
3.6.1	Zusammenfassung	81
3.6.2	Bedeutung für Psychotherapeuten	83
	Literatur	84

4	**Professionelles Handeln in der Sozialpädagogik**	87
4.1	Pädagogisches Handeln	88
4.1.1	Selbsthilfe, Empowerment	89
4.1.2	Beratung, Coaching, Supervision	92
4.1.3	Interventionen: Training, Therapie, Förderung	95
4.1.4	Sozialraum, Vernetzung	102
4.2	**Berufe und Arbeit in pädagogischen Feldern**	104
4.2.1	Professionalität und pädagogische Haltung	105
4.2.2	Ausbildung und Berufstätigkeit	108
4.2.3	Care-Arbeit, Ehrenamtliche und Freiwilligendienste	109
4.2.4	Multiprofessionelle Zusammenarbeit	110
4.3	**Rückblick und Ausblick**	111
4.3.1	Zusammenfassung	111
4.3.2	Bedeutung für Psychotherapeuten	113
	Literatur	114
5	**Sozialpolitischer und rechtlicher Rahmen**	117
5.1	Politikbereiche: Soziales, Bildung und Familie	118
5.1.1	Soziales	119
5.1.2	Familie	124
5.1.3	Bildung	126
5.2	**Rechtliche Bedingungen**	127
5.2.1	Sozialwirtschaft	128
5.2.2	Sozialgesetzbuch	131
5.2.3	Gesetzgebung zu Familie und Bildung	134
5.3	**Leistungserbringer**	136
5.3.1	Rechtsformen der Leistungserbringer	136
5.3.2	Verteilung Trägerschaften	139
5.3.3	Organisation und Vertretung	140
5.4	**Die Sicht des Anspruchsberechtigten**	141
5.4.1	Das Recht auf Beratung	142
5.4.2	Das Recht auf Mitwirkung und Gestaltung	143
5.5	**Rückblick und Ausblick**	144
5.5.1	Zusammenfassung	144
5.5.2	Bedeutung für Psychotherapeutinnen und Psychotherapeuten	145
	Literatur	146

Serviceteil
Stichwortverzeichnis 151

Pädagogik: Grundlagen und Begriffe

Inhaltsverzeichnis

1.1 Pädagogik im wissenschaftlichen Kontext – 2
1.1.1 Entwicklung der Pädagogik zur Wissenschaft – 2
1.1.2 Gegenstand und Vorgehen der Pädagogik – 4
1.1.3 Pädagogische Fächer und Bezugswissenschaften – 6

1.2 Gegenstand der Pädagogik: Erziehung, Bildung, Sozialisation – 8
1.2.1 Erziehung – 9
1.2.2 Bildung – 14
1.2.3 Sozialisation – 18

1.3 Notwendigkeit von Erziehung und Bildung – 19

1.4 Rückblick und Ausblick – 21
1.4.1 Zusammenfassung – 21
1.4.2 Bedeutung für Psychotherapeuten – 22

Literatur – 23

© Der/die Autor(en), exklusiv lizenziert an Springer-Verlag GmbH, DE,
ein Teil von Springer Nature 2024
G. Rössler, W. Mack, *Pädagogik für Psychotherapeutinnen und Psychotherapeuten*,
https://doi.org/10.1007/978-3-662-68500-6_1

Einleitung

Menschen werden erzogen, sie werden gebildet und bilden sich weiter. Erzieher und Lehrer sind die Erwachsenen, die neben Eltern sehr früh auf Kinder einwirken, diese sogar prägen können. Allein aus diesem Grund sollten Psychotherapeuten Pädagogik, Erziehungs- und Bildungswissenschaft kennenlernen.

Der geschichtliche Blick in die Befassung mit Erziehungs- und Bildungsfragen unterstreicht die Universalität des Themas, wobei Unterschiede in Abhängigkeit vom jeweiligen Menschenbild und den gesellschaftlichen Bedingungen erkennbar sind. Über die Jahrhunderte hinweg entwickelte sich Pädagogik zu einem Fach, das, gekennzeichnet durch seinen Gegenstandsbereich und seine Methoden, mit anderen Wissenschaften im Austausch steht.

Nach der Beschreibung der Pädagogik als Wissenschaft werden zentrale Konzepte und Begriffe dieses Fachs aufgegriffen und erläutert. Mit den so beschriebenen Kenntnissen ist es möglich, die Notwendigkeit von Erziehung in Frage zu stellen und zu diskutieren.

Lernziele dieses Kapitels

Am Ende dieses Kapitels
- haben Sie einen Einblick in die historische Entwicklung der Pädagogik, der Erziehungs- und Bildungswissenschaft,
- deren Methodik und Bezug zu anderen Wissenschaften erhalten,
- kennen Sie den Gegenstandsbereich der Pädagogik,
- können Sie zentrale Begriffe und Konzepte der Pädagogik – Erziehung, Bildung und Sozialisation – definieren und
- die Notwendigkeit von Erziehung diskutieren.

Das Kapitel schließt mit einer Zusammenfassung und der Bedeutung der Thematik für angehende Psychotherapeutinnen und Psychotherapeuten.

1.1 Pädagogik im wissenschaftlichen Kontext

1.1.1 Entwicklung der Pädagogik zur Wissenschaft

Ohne Bildung wären Sie nicht in der Lage, dieses Buch zu lesen, ohne Erziehung hätten Sie nicht den Anreiz gefunden, den merkwürdigen kleinen Symbolen auf einer Seite Laute, Wörter und schließlich einen Sinn zuzuordnen. Wahrscheinlich haben Sie schon als Kind lesen gelernt: Ihre Eltern haben Ihnen die Buchstaben aufgemalt, aus denen Ihr Vorname besteht, und waren stolz, wenn Sie Ihren Namen „lesen" konnten. In Kindergarten und Grundschule haben Sie weitere Buchstaben und Wörter kennengelernt und es schließlich geschafft, längere Texte zu lesen und zu verstehen.

Erziehung und Bildung machen Kinder zu dem, was wir von einem erwachsenen Menschen erwarten, einer selbstständigen Person, die ihr Wissen nutzt, um sich in ihrer sozialen und physikalischen Umwelt zurechtzufinden und sie zu gestalten. Dies funktioniert, so kann man vermuten, seitdem Homo sapiens existiert. Seit wann da-

1.1 · Pädagogik im wissenschaftlichen Kontext

rüber nachgedacht wird, wie Menschen ihre Kinder erziehen und bilden sollen, kann man Schriften entnehmen, die aus der Antike überliefert wurden. Mit dem *Nachdenken* über Erziehung und Bildung und der Institutionalisierung von Erziehung in Schulen begann die Pädagogik im heutigen Sinne.

Der Begriff **Pädagogik** beruht auf einem Begriff der griechischen Antike, dem paidagogos, dem Knabenführer, einem Sklaven, der die Söhne freier Menschen begleitete und auf sie achtete. Auch aus dieser Epoche stammen erste Überlegungen dazu, wie und wozu Kinder erzogen werden. Bevor eine Definition der Pädagogik versucht wird, soll anhand einiger Denker die historische Dimension und die Ideengeschichte dieses Fachs beschrieben werden.

Platon (um 428–348 v. Chr.) war ein Philosoph der griechischen Antike und gilt als einer der Begründer der Philosophie. Er hat sich intensiv mit Erziehung befasst, wobei die Erziehung zum Staatsbürger in einem idealen Gemeinwesen gemeint war. Es geht darum, Menschen im Gebrauch ihrer Vernunft oder ihrer Einsicht zu schulen. Wenn dieses gelingt, sind Menschen fähig, sich selbst zu lenken und aktive Mitgestalter des Staats oder des Gemeinwesens zu sein.

Erasmus von Rotterdam (um 1467–1536) war Priester und Vertreter der Geistesströmung des christlichen Humanismus. Er beschäftigte sich mit der Erziehung und Bildung von Kindern und veröffentlichte 1530 das Werk *De civilitate morum puerilium*, in dem beschrieben wird, wie sich gut erzogene Knaben verhalten sollten. Das humanistische Ideal des gebildeten Menschen ist der selbstbeherrschte Mensch, der über einen Kanon festgelegter Kenntnisse und Kompetenzen verfügen muss. Dazu war es nötig, Kinder zu unterrichten und ihnen in einer gewaltfreien Erziehung Selbstvertrauen zu vermitteln.

Jean-Jacques Rousseau (1712–1778) war in verschiedenen Berufen tätig, unter anderem Hauslehrer bei einer wohlhabenden Familie. 1762 veröffentlichte er *Emile ou de l'éducation*. Dieses Werk wurde stark rezipiert und bis ins 20. Jahrhundert hinein als wegweisend zum Beispiel für die Reformpädagogik betrachtet. Er war nicht der erste, der sich mit pädagogischen Fragen befasste, aber er führte Sichtweisen ein, die bis heute nachwirken. Dazu gehört die Erkenntnis, dass Kinder keine „kleinen Erwachsenen" sind, sondern der Entwicklung bedürfen, die durch Erziehung gefördert, nicht durch Disziplin erzwungen wird. Am Ende der Entwicklung und Erziehung steht ein erwachsener, mündiger Mensch, der aktives Mitglied der Gesellschaft ist.

Friedrich Wilhelm August Fröbel (1782–1852) war wie Rousseau in verschiedenen Berufen, zuletzt aber vor allem als Lehrer und Pädagoge tätig. Auf ihn ist der Begriff des „Kindergartens" zurückzuführen, nicht unbedingt als Einrichtung, sondern als Idee. Kinder möchten lernen, sind aus eigenem Antrieb tätig und erproben sich. Der Kindergarten bietet die geleitete Möglichkeit, dieses auszuleben und sich zu entwickeln, wobei Spiel, Bewegung und die Befassung mit der Natur gefördert werden.

Maria Montessori (1870–1952) war Ärztin und arbeitete zunächst mit geistig behinderten Kindern, woraus sie ihren pädagogischen Ansatz entwickelte. Kinder haben Anlagen, die sie selber entwickeln wollen. Aufgabe der Erziehung und der Bildung ist es, diese Entwicklung zu fördern, wozu Angebote gemacht werden, aus denen ein Kind auswählen kann; Erzieher unterstützen und begleiten dabei. Ziel ist es, den Menschen in die Gemeinschaft zu integrieren; er soll zu einem ruhigen, arbeitsamen, in der Masse unauffälligen Menschen werden.

Alexander Sutherland Neill (1883–1973) war Lehrer, darunter an einer von seinem Vater betriebenen Schule. Angeregt durch die Reformpädagogik gründete er Schulen: Seine *Internationale Schule* wurde 1924 von Dresden nach England verlegt und dort in *Summerhill* umbenannt. Schüler agieren frei und selbstbestimmt, sie regeln ihr Zusammenleben selbstständig und wählen aus, welchen Bildungsinhalten sie sich widmen. Dieser Ansatz wurde zu Unrecht als antiautoritär bezeichnet: Regeln des Zusammenlebens existieren, sie werden gemeinschaftlich von allen Beteiligten, von Schülern und Lehrern bzw. Erziehern, besprochen und beschlossen.

Diese kleine, chronologische Zusammenstellung von pädagogischen Denkern lässt eine gewisse Linie erkennen. Sicher gab es Erziehung und Bildung schon lange vor Platon: Auch Kindern in einer Gruppe von Jägern und Sammlern wurden nicht alle Aufgaben eines Erwachsenen zugedacht, ihnen wurden Kenntnisse über Jagdwild, Essbares und Ungenießbares vermittelt, und sie wurden gerügt, wenn sie innerhalb der Gruppe das gemacht haben, was Kinder heute „Blödsinn" nennen. Mesopotamische und ägyptische Schreiber mussten Schreiben, Lesen und Rechnen lernen, Beamte der Inkas Knotenschnüre knüpfen. Das **Nachdenken** über Erziehung und Bildung hat sich zunächst vor allem auf die Menschen bezogen, denen in besonderer Weise Einfluss und Macht oder ein Führungsanspruch in der Gesellschaft zuerkannt wurde. Die Schrift von Erasmus zur *Zivilisierung der Knaben* hat sich beispielsweise, in der Tradition der Fürstenbücher stehend, an den Sohn eines Fürsten gerichtet. In der Zeit der Aufklärung wurde dieser Anspruch auf alle männlichen Menschen übertragen: Rousseau und Fröbel kamen aus der Schweiz, in der die Führungsrolle vom Adel auf alle wehrfähigen Männer übergegangen war. Neben der Erwartung, dass diese Menschen über besondere Charaktereigenschaften wie Selbstbeherrschung oder Verantwortungsbewusstsein verfügen sollten, sollten sie auch Kulturtechniken und Fremdsprachen beherrschen. Dabei konnte auf die Expertise der Klosterschulen aufgebaut werden, in denen seit dem frühen Mittelalter der Nachwuchs für Klöster und Pfarren ausgebildet wurde und die sich teilweise auf antike Bildungstraditionen bezogen. Mit der Reformation und der Übersetzung der Bibel verbreitete sich die Überzeugung, dass alle Menschen lesen können sollten, bis dann ab dem 18. Jahrhundert die Schulpflicht in Europa eingeführt wurde.

Neben der Erziehung zukünftiger Herrscher und den Schulen für klerikalen Nachwuchs gab es, ebenfalls schon seit dem späten Mittelalter, Waisen- und Findelhäuser. Dort wurden Kinder auf Kosten der Allgemeinheit oder von Spendern erzogen, nicht unbedingt, weil sie wirklich Waisen waren, sondern auch, weil die Eltern nicht verheiratet waren oder aus sonstigen Gründen ihre Kinder nicht aufziehen konnten oder wollten. So hat der Pädagoge Rousseau seine wahrscheinlich fünf Kinder einem Waisenhaus übergeben; über deren Verbleib ist trotz späterer Bemühungen nichts bekannt. Auch Kinder, die wegen Behinderungen besondere Anforderungen stellten, wurden häufig in Heimen betreut und erzogen, um sie trotz ihrer Behinderung in das Erwerbsleben einzugliedern.

1.1.2 Gegenstand und Vorgehen der Pädagogik

Sowohl das philosophisch inspirierte Nachdenken über Erziehung als auch die praktische Tätigkeit und die daraus gewonnenen Erkenntnisse bildeten (und bilden) die Pädagogik und definieren dieses Fach (vgl. ◘ Abb. 1.1):

1.1 · Pädagogik im wissenschaftlichen Kontext

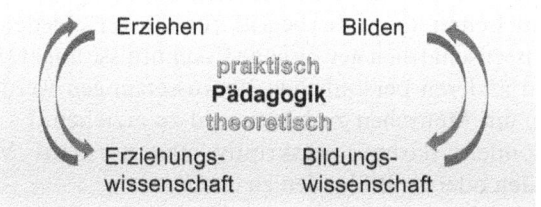

Abb. 1.1 Pädagogik als Praxis und Wissenschaft

> **Definition**
>
> **Pädagogik** ist die systematisierte und angewandte Erkenntnis über erzieherisches und Bildungshandeln.

Die **theoretisch-wissenschaftliche Achse der Pädagogik** sammelt Erkenntnisse über Erziehung und Bildung, bereitet diese systematisch auf und leitet Gesetzmäßigkeiten ab; die Wissenschaft Pädagogik nutzt unterschiedliche Herangehensweisen, die durch philosophische, soziologische oder empirische Ansätze geprägt sind (Marotzki et al., 2021; Krüger, 2019). Im Zusammenhang dieses Buchs werden vereinfachend zwei wissenschaftliche Herangehensweisen unterschieden: die hermeneutisch-philosophisch-geisteswissenschaftliche und die empirisch-sozialwissenschaftliche.

Hermeneutisch gehen Pädagogen vor, wenn sie, wie im historischen Abriss beschrieben, über Erziehung und Bildung nachdenken und sich mit anderen darüber austauschen. Hermeneutik als die Kunst der Auslegung von Texten, gesprochenen und geschriebenen, heißt, in Diskurs mit anderen zu gehen, eigene Ansichten über gewonnene Erkenntnisse darzulegen, Widersprüche aufzudecken, eigene Erkenntnisse zu bestätigen oder zu revidieren. Basis für dieses Vorgehen bieten sowohl die historischen Texte von Plato oder Rousseau, aber auch aktuelle Schriften. Ziel ist es, ein gemeinsames, intersubjektives Verständnis von Erziehung und Bildung herzustellen. Die hermeneutische Methode stammt aus der Philosophie – nicht verwunderlich, da einige der Protagonisten der Pädagogik Philosophen waren. Themen der hermeneutischen Vorgehensweise sind die Natur des Menschen (gut versus böse) oder die Ziele der Erziehung (mündiger, selbstverantwortlicher Mensch oder Mensch, der sich als Untertan in ein Staatswesen einfügt).

Der **empirische** Ansatz der Erziehungs- und Bildungswissenschaften bedient sich der Methoden der empirischen, qualitativen und quantitativen Sozialforschung (Pfeiffer & Püttmann, 2018; Reinders et al., 2011; Meseth, 2011). Auf zwei Besonderheiten der empirischen Erziehungsforschung soll dabei aufmerksam gemacht werden.

In der **Biografieforschung** werden Lebensläufe von Menschen meist durch Interviews erfasst und systematisiert dargestellt. Diese Methode wird zum Beispiel genutzt, um typische Bildungsverläufe in unterschiedlichen sozialen Gruppen zu beschreiben.

Erziehung und Bildung (und alle zugehörigen Maßnahmen) sind Interventionen, die hinsichtlich ihrer Wirksamkeit beurteilt werden sollen. Erziehungswissenschaftliche Forschung bedient sich daher häufig der **Evaluation**. Dabei sind wie in allen Humanwissenschaften ethische Richtlinien zu beachten.

In der **pädagogischen Praxis**, dem praktischen Zweig der Pädagogik, werden durch Erzieher und Lehrer (als Überbegriff für die verschiedenen pädagogischen Qualifikationen) wissenschaftlich gewonnene Erkenntnisse angewandt. In Abhängigkeit vom Alter und anderen persönlichen Voraussetzungen werden Techniken und Methoden genutzt, um Menschen zu bilden und zu erziehen. Es geht nicht um Erkenntnisgewinn, sondern darum, präskriptiv oder normativ Veränderungen bei einem zu Erziehenden oder zu Bildenden zu erzeugen.

Eltern müssen im Unterschied zum professionellen Pädagogen keine Qualifizierung erwerben, um ihre Kinder zu erziehen, sie müssen die Ergebnisse ihrer Erziehung nicht reflektieren oder gar rechtfertigen. In diesem Sinne sind Eltern keine Pädagogen: Sie sind gemäß Artikel 6 des Grundgesetzes für die Bundesrepublik Deutschland berechtigt und gleichzeitig verpflichtet, ihre Kinder zu erziehen:

„Art. 6 GG

(1) Ehe und Familie stehen unter dem besonderen Schutze der staatlichen Ordnung.

(2) Pflege und Erziehung der Kinder sind das natürliche Recht der Eltern und die zuvörderst ihnen obliegende Pflicht. Über ihre Betätigung wacht die staatliche Gemeinschaft.

(3) Gegen den Willen der Erziehungsberechtigten dürfen Kinder nur auf Grund eines Gesetzes von der Familie getrennt werden, wenn die Erziehungsberechtigten versagen oder wenn die Kinder aus anderen Gründen zu verwahrlosen drohen.

(4) Jede Mutter hat Anspruch auf den Schutz und die Fürsorge der Gemeinschaft.

(5) Den unehelichen Kindern sind durch die Gesetzgebung die gleichen Bedingungen für ihre leibliche und seelische Entwicklung und ihre Stellung in der Gesellschaft zu schaffen wie den ehelichen Kindern."

Elterliche Erziehung ist natürlich Gegenstand pädagogischer und psychologischer Forschung, beispielsweise der elterliche Erziehungsstil und elterliche Erziehungshaltungen (Uhlendorff, 2001).

1.1.3 Pädagogische Fächer und Bezugswissenschaften

An Hochschulen in Deutschland werden für die Pädagogik nahezu synonym die Bezeichnungen **Erziehungswissenschaft** oder **Bildungswissenschaft** verwendet. Zwar gibt es in der einschlägigen Literatur (vgl. Raithel et al., 2009) Ansätze, eine *empirische Erziehungswissenschaft* einer *geisteswissenschaftlichen Pädagogik* gegenüberzustellen, aber dieser akademische Fachdiskurs soll und muss hier nicht geführt werden. Vielleicht aufgrund der Tatsache, dass mit einem Pädagogen eher der praktisch tätige Lehrer oder Erzieher gemeint ist, werden an Hochschulen vorzugsweise die Bezeichnungen Erziehungs- oder Bildungswissenschaft genutzt, um den wissenschaftlichtheoretischen Ansatz zu unterstreichen.

In ihrer langen Geschichte seit der Einrichtung eines ersten Lehrstuhls für Pädagogik 1778 an der Universität Halle hat sich die Pädagogik verändert: Der Fokus hat sich erweitert, von der Erziehung und Bildung des Kindes auf die pädagogischen und Bildungsbedarfe von Menschen in unterschiedlichen Lebenssituationen und Lebensaltern. Dem entspricht die Diversifizierung der Pädagogik in unterschiedliche Fachrichtungen und Subdisziplinen (vgl. Krüger, 2019, S. 35 ff.).

Zwei Subdisziplinen, damit sind in diesem Kontext Teilbereiche der Pädagogik gemeint, die in der Regel an Universitäten und Hochschulen als Studiengänge mit eigenem Abschluss existieren, und die für angehende Psychotherapeuten besonders relevant sind, sollen hier kurz vorgestellt werden. Sie werden an späterer Stelle vertieft.

- **Sonderpädagogik**

Bereits im 18. und 19. Jahrhundert wurden die speziellen Anforderungen an die Erziehung von Kindern mit Sinnesbeeinträchtigungen erkannt und darauf ausgerichtete Einrichtungen mit entsprechenden Lehrern gegründet. Sonderpädagogen können sowohl Lehrer an Sonderschulen für Kinder mit Behinderungen als auch unter der Bezeichnung Rehabilitations- oder Heilpädagoge in anderen Einrichtungen für Menschen mit Behinderung wie Behindertenwerkstätten oder Fördereinrichtungen sein.

> **Definition**
>
> **Sonderpädagogik** ist die Subdisziplin der Pädagogik, die sich auf die besonderen Bedarfe und Anforderungen an Erziehung und Bildung von Menschen mit Behinderung richtet.

- **Sozialpädagogik**

Die andere hier angesprochene Subdisziplin ist die **Sozialpädagogik**. Vor allem im 19. Jahrhundert wurde offenkundig, dass sich nicht (mehr?) alle Menschen selber helfen können. Die Industrialisierung führte zu Wanderungsbewegungen vom Land mit kleinräumigen Strukturen in die entstehenden Ballungszentren. Gerieten Menschen in Not, waren unterstützende, familiäre oder Gemeindestrukturen nicht mehr erreichbar.

Soziale Arbeit wurde für Erwachsene in wirtschaftlichen Notlagen, suchtkranke oder straffällige Personen verrichtet; Sozialpädagogen kümmerten sich um Kinder und Jugendliche, die tagsüber unbetreut blieben oder, in der Ausdrucksweise dieser Zeit, zu verwahrlosen drohten. Heute werden die Bezeichnungen Soziale Arbeit und Sozialpädagogik weitgehend synonym verwendet.

> **Definition**
>
> **Sozialpädagogik** ist die Subdisziplin der Pädagogik, in der soziale Problemlagen durch erzieherische oder bildende Interventionen bearbeitet werden.

Neben Subdisziplinen, die zu einem eigenständigen, an Hochschulen vertretenen Fach geworden sind, haben sich Fachrichtungen, Teildisziplinen oder „Pädagogiken" entwickelt, die sich speziellen Gruppen oder Themen widmen beziehungsweise nach spezifischen Ansätzen oder Methoden vorgehen. An die verschiedenen Altersgruppen richten sich die Frühpädagogik, die Erwachsenenbildung, seltener auch als

Andragogik bezeichnet, und die bisweilen als Geragogik gekennzeichnete Seniorenbildung, themenspezifisch sind Gesundheitspädagogik, Sexualpädagogik, Medienpädagogik, Umweltpädagogik oder interkulturelle Pädagogik.

Eine besondere pädagogische Strömung ist die oben schon genannte **Reformpädagogik** als Überbegriff für eine pädagogische Richtung, in der Anschauen und Erleben als Prinzipien der Erziehung und Bildung das disziplinierende Element ablösen. Sie bezieht sich in ihrem Vorgehen auf Rousseau und hat viele neuere Ansätze, darunter die Erlebnispädagogik, maßgeblich beeinflusst.

Die Reihe der Fachrichtungen und Teildisziplinen ließe sich noch weiter fortsetzen. Einige der „Pädagogiken" werden an späterer Stelle in diesem Buch aufgegriffen und weitergehend erläutert. Auf die Vielfalt der Abschlüsse und Berufsbezeichnungen von Personen mit einem pädagogischen Studium oder einer pädagogischen Ausbildung wird unter dem Aspekt sowohl der Interdisziplinarität als auch der Qualitätssicherung im Betreuungs- und Versorgungssystem eingegangen.

- **Bezugswissenschaften der Pädagogik**

Wie andere wissenschaftliche Fächer stehen Pädagogik bzw. Erziehungs- und Bildungswissenschaft nicht alleine für sich, sondern im Austausch mit anderen Fachrichtungen. Die **Philosophie** gab mit der Diskussion der Natur des Menschen und der Notwendigkeit der Erziehung erste Impulse, über Erziehung nachzudenken, und steht hier nicht nur historisch an erster Stelle. Aus der **Psychologie** stammt das Wissen über Lernen und dessen Bedingungen sowie über die Veränderung des Menschen im Laufe seiner Entwicklung über die Lebensspanne. Die psychologische Teildisziplin **Pädagogische Psychologie** steht in direktem Bezug zur Pädagogik und erforscht die Prozesse der Erziehung und Bildung über den Lebenslauf. Die **Soziologie** als Wissenschaft von der Gesellschaft und der in ihr lebenden Menschen beschreibt das Zusammenleben und dessen Organisation. Menschen handeln informelle oder formelle Regeln aus und richten sich in ihrem Handeln danach. Gesellschaften werden durch diese Regeln sowie durch Merkmale wie die Verteilung von Bildung oder Gütern beschrieben und der Bezug zu allen Aspekten des Lebens hergestellt. Untersucht werden beispielsweise die Abhängigkeit des Einkommens vom Bildungstand und die Notwendigkeit einer kompensatorischen Pädagogik.

1.2 Gegenstand der Pädagogik: Erziehung, Bildung, Sozialisation

Bislang wurden *Erziehung* und *Bildung* parallel verwendet und gemeinsam als Gegenstand der Pädagogik bezeichnet. Wie im alltäglichen Sprachgebrauch, demzufolge „Kinder erzogen werden" und „Erwachsene sich weiter-bilden", werden auch in der Pädagogik beide Begriffe differenziert und unter *Sozialisation* subsummiert. Erziehung, Bildung und Sozialisation unterscheiden sich durch den Grad der Intentionalität, mit der der jeweils Handelnde agiert, und durch die Mitwirkungen des zu Erziehenden oder zu Bildenden (vgl. ◘ Abb. 1.2).

Abb. 1.2 Erziehen, Bilden und Sozialisieren

1.2.1 Erziehung

Bei der **Erziehung** hat eine Person, der Edukator, eine Vorstellung davon, wozu er eine andere Person, den Edukanden, erziehen möchte. Der Erziehende wendet dabei verschiedene Mittel und Techniken an. Der zu Erziehende bestimmt weder die Zielstellung noch die Mittel, er wird oder soll das Vermittelte übernehmen oder verinnerlichen.

Das soll am einführenden Beispiel des Lesenlernens verdeutlicht werden. Wenn Eltern es für wichtig halten, dass ihr Kind lesen lernt und sich gerne mit Büchern beschäftigt, vielleicht sogar einen Beruf ergreift, in dem Lektüre essenziell ist, werden sie auf das Lesenlernen hinwirken. Sie werden dafür sorgen, dass ihr Kind Bücher als etwas Positives wahrnimmt, wenn sie beispielsweise dem Kind etwas vorlesen und dabei kuscheln. Sie werden selber lesen und das Lesen dem Daddeln auf dem Smartphone vorziehen. Sie werden das Kind loben, wenn es Bilderbücher zur Hand nimmt und darin blättert, sich später Bücher zum Geburtstag wünscht oder selbstständig aus der Bücherei holt. Dann wurde das Ziel „Kind beschäftigt sich gerne mit Literatur" erreicht, das Kind hat die erwünschte Haltung verinnerlicht.

Verallgemeinernd und abstrahierend kann Erziehung folgendermaßen definiert werden:

> **Definition**
>
> **Erziehung** ist das absichtsvolle Einwirken einer Person auf eine andere Person mit dem Ziel, bei dieser Person Veränderungen in bestimmten Dispositionen zu bewirken, die diese Person übernimmt und selbstständig fortführt.

In der Erziehung handelt es also per definitionem um eine asymmetrische Beziehung zwischen demjenigen, der erzieht, und demjenigen, der erzogen wird. Diese Beziehung kann nur funktionieren, wenn der Erzieher das Recht hat, in dieser Weise auf eine zweite Person einzuwirken. Dieses Recht haben Eltern ihren Kindern gegenüber; es kann ihnen nur unter besonderen Umständen entzogen und auf andere, dann Erziehungsberechtige, übertragen werden. Auch Schulen haben einen Erziehungsauftrag und erziehen Kinder. Widersprüche zwischen staatlichem Erziehungsauftrag und elterlichem Recht auf Erziehung werden bisweilen vor Gericht ausgetragen. Erwachsene Personen werden hingegen in der Regel nicht mehr erzogen, sondern entscheiden selber, ob und in welcher Weise sie sich ändern oder anderen Einfluss über sich erlauben.

Disposition meint in diesem Zusammenhang die Gesamtheit persönlicher Merkmale oder Eigenschaften: Verhaltensbereitschaft, Einstellungen und Empfindungen, Interessen sowie Fähigkeiten und Fertigkeiten. Damit geht der Dispositionsbegriff über den enger gefassten psychologischen Begriff eines Persönlichkeitsmerkmals oder der Bereitschaft zu bestimmten Verhaltensweisen hinaus und umfasst auch Haltungen, Fähigkeiten und Fertigkeiten.

Und schließlich wird in der Definition Erziehung als ein **zielgerichtetes**, absichtsvolles Handeln beschrieben: Die Erziehenden haben Vorstellungen, wohin oder wozu sie erziehen wollen.

1.2.1.1 Erziehungsziele

Erziehungsziele beschreiben dieses Wohin der Erziehung; sie beschreiben, was Eltern hinsichtlich der Dispositionen ihrer Kinder hoffen und erwarten. Hier geht es nicht (nur) um einzelne Fertigkeiten (wie das Lesen), sondern zum Beispiel darum, dass Kinder zu Persönlichkeiten werden, die sich selbstständig, also aus eigenem Antrieb, darum kümmern, anhand von Texten ihr Wissen zu erweitern und dieses zu nutzen, um sich erfolgreich mit ihrer Umwelt auseinanderzusetzen. Diese Ziele liegen in der elterlichen Erziehung nicht unbedingt ausformuliert vor, sondern sind implizite Vorstellungen, die aus Erziehungsgeschichte und Sozialisation der Eltern stammen, von ihrer Gesellschaftsschichtzugehörigkeit, von sozialen Normen und sozialen Bezugsgruppen mitbeeinflusst werden.

> **Definition**
>
> **Erziehungsziele** sind Richtungsgeber der Erziehung und beschreiben die Dispositionen, zu denen erzogen werden soll.

Nicht nur Eltern haben Vorstellungen davon, wohin erzogen werden soll, sondern auch Gemeinschaften wie Angehörige außerhalb der Kernfamilie, Staaten oder Religionsgemeinschaften. Erziehungsziele unterscheiden sich im Abstraktionsgrad; je abstrakter sie formuliert werden, desto weniger unterliegen sie historischen oder kulturellen Veränderungen.

Der Einfluss von Theologie und Religion auf Pädagogik wird bei der Entwicklung von Erziehungszielen besonders spürbar, da es um die Grundfrage der Ethik geht, wie Menschen miteinander umgehen sollen, was dabei geboten, verboten oder erlaubt ist.

Auch hier ein Blick in die Vergangenheit: **Tugenden** sind die Klassiker der Erziehungsziele. In der griechischen und römischen Antike sollten Menschen weise, selbstbeherrscht, tapfer und gerecht sein. Die christlichen Tugenden kennt man aus allegorischen Darstellungen in Kirchen, wo sieben weibliche Figuren die erwünschten Eigenschaften Demut, Mildtätigkeit, Keuschheit, Geduld, Mäßigung, Wohlwollen und Fleiß symbolisieren.

1.2 · Gegenstand der Pädagogik: Erziehung, Bildung, Sozialisation

Zu diesen primären oder Kardinaltugenden wurden **Sekundärtugenden** definiert, die selber keine ethisch-moralische Bedeutung haben, aber Voraussetzungen für diese schaffen. Dabei handelte es sich um Haltungen wie Gehorsam oder Disziplin, aber auch Höflichkeit oder Pünktlichkeit. Mit der gesellschaftswissenschaftlichen Diskussion der Erfahrungen der nationalsozialistischen Diktatur im Rahmen der Studentenunruhen um 1968 wurden diese Sekundärtugenden in Frage gestellt; sie hätten Verbrechen gegen die Menschlichkeit begünstigt, wenn diese Verbrechen aus Gehorsam gegenüber einem Vorgesetzten begangen wurden und ein Befehlsnotstand reklamiert wurde.

In einer repräsentativen Bevölkerungsumfrage (Bundesministerium für Familie, Senioren, Frauen und Jugend, 2006) wurde gefragt, was Kinder in ihrem Elternhaus lernen sollten. Am häufigsten wurden Höflichkeit und gutes Benehmen genannt, gefolgt von Gewissenhaftigkeit und Hilfsbereitschaft. An der Umfrage teilnehmende Eltern sahen dies genauso wie Personen ohne Kinder.

In der Konkretisierung des **schulischen Erziehungsauftrags** haben sich die Kultusminister der Länder auf gemeinsame Zielstellungen verständigt; im Artikel des Beschlusses werden acht Erziehungs- und Bildungsziele genannt, die für die Schulen in Deutschland gelten sollen (Kultusministerkonferenz, 2020, S. 10):

„Art. 10 – Bildungs- und Erziehungsziele

(1) Der allgemeine Bildungs- und Erziehungsauftrag der Schule leitet sich aus den übergreifenden Grundsätzen des Grundgesetzes ab; er wird präzisiert durch Bestimmungen in den Landesverfassungen und den Schulgesetzen der Länder.

(2) Ungeachtet regionaler Akzentsetzungen und einer historisch gewachsenen Betonung einzelner Aspekte hat sich über die Ländergrenzen hinweg ein übergreifendes Verständnis von Bildungs- und Erziehungszielen ausgebildet. Danach sollen Schülerinnen und Schüler an allen Schulen

a) Wissen, Fertigkeiten und Fähigkeiten erlernen und dabei die jeweils notwendigen Kompetenzen erwerben,

b) zu Freude am Lernen und Leistungsbereitschaft angeregt werden,

c) zu selbständigem kritischem Urteil, zu eigenverantwortlichem Handeln und schöpferischer Tätigkeit befähigt werden, um im Sinne der Teilhabe zukünftig Aufgaben im sozialen Umfeld, in beruflichen Zusammenhängen und in der Gesellschaft aktiv wahrnehmen zu können,

d) zur Anerkennung von Freiheit und Demokratie geführt werden und dabei die Bereitschaft zu sozialem Handeln und zu politischer Verantwortungsübernahme entwickeln,

e) zur Achtung der Menschenwürde und der Menschenrechte erzogen werden,

f) zur Toleranz gegenüber anderen Meinungen, Auffassungen und Lebensweisen angeleitet werden, eine auf die Förderung des Friedens in Europa und der Welt und auf Völkerverständigung gerichtete Einstellung ausprägen und sich in ihrem Handeln an ethischen sowie religiösen und kulturellen Werten orientieren,

g) ermutigt werden, an europäischen und internationalen Austausch und Kooperationsprogrammen zur Erweiterung ihrer sprachlichen, interkulturellen sowie persönlichen Kompetenzen teilzunehmen,

h) die Bereitschaft entwickeln, Verantwortung zum Schutz der Umwelt zu zeigen und nachhaltig zu praktizieren.

(3) Die Länder bekennen sich ausdrücklich zu diesem übergreifenden Verständnis der allgemeinen Bildungs- und Erziehungsziele von Schule. Sie achten diese Ziele in ihrem Handeln und werden deren Umsetzung verstärkt fördern."

Außer dem ersten Ziel, das im Abschnitt *Bildung* erläutert wird, werden Erziehungsziele formuliert, die teilweise ihre Herkunft aus klassischen Vorstellungen erkennen lassen. Die „Freude am Lernen und Leistungsbereitschaft" schafft wie der Fleiß eine wichtige Voraussetzung für Bildung und Teilhabe. Dem Bereich der Einstellungen zuzuordnen sind die Ziele Toleranz, Achtung von Freiheit und Menschenwürde sowie Achtung der Umwelt. Ein weiterer Zielkomplex ist die Selbstständigkeit, die sich sowohl im Handeln als auch im Urteilen abbilden soll. Und schließlich sollen Kinder dazu erzogen werden, sozial zu handeln und aktiv an der Gesellschaft teilzunehmen.

1.2.1.2 Erziehungsmittel

Nach der Wer- und der Wohin-Frage stellt sich nun die Wie-Frage. Beim obigen Beispiel des Lesens sind schon einige der Verhaltensweisen genannt, die Erziehende einsetzen (können), um zu erziehen: Wenn Eltern ihre Kinder loben, weil diese sich mit einem Buch beschäftigen, oder das Vorlesen mit Körperkontakt verbinden, setzen sie Mittel ein, von denen erwartet werden kann, dass ihre Kinder die erwünschte positive Haltung gegenüber Büchern entwickeln. Dabei mag es Eltern nicht immer bewusst sein, dass sie durch solches Verhalten erziehen.

Mehr Bewusstsein für **Erziehungsmittel** entsteht meist, wenn Ziele verfehlt werden, wenn unerwünschtes Verhalten gelöscht werden soll: von der Quengelei an der Supermarktkasse bis hin zum Konsum von Suchtmitteln.

Die genannten Handlungsweisen werden als Erziehungsmittel, seltener als Erziehungsmaßnahmen bezeichnet.

> **Definition**
>
> **Erziehungsmittel** sind die Maßnahmen, Techniken oder Handlungsweisen, die Erziehende einsetzen, um erwünschte Dispositionen beim zu Erziehenden zu erreichen.

Grundsätzlich kann bei Erziehungsmitteln danach unterschieden werden, ob auf der einen Seite erwünschte Dispositionen gefördert, aufgebaut oder stabilisiert werden oder auf der anderen Seite unerwünschtes Verhalten ausgeblendet werden soll. Wie man leicht erkennen kann, werden hier Gesetzmäßigkeiten des Lernens angewandt, die aus der Allgemeinen Psychologie bekannt sind. Besonders wenn es um offen beobachtbares Verhalten geht, werden Erziehungsmittel wie Lob, Anerkennung oder Belohnungen bzw. Missbilligung, Tadel oder Strafen eingesetzt. In der Erziehung zu Selbstständigkeit, Verantwortungsübernahme oder psychischer Ausdauer wird ermuntert, sich zu erproben und auch bei anfänglichem Misslingen weiterzumachen. Belehrungen oder Beratungen helfen dem zu Erziehenden, sich zu entscheiden, aber auch die Verantwortung für Fehlentscheidungen zu übernehmen (Raithel et al., 2009, S. 32 ff.).

Die Wirksamkeit einzelner Erziehungsmittel lässt sich schwer abschätzen, aus der Lernpsychologie ist jedoch bekannt, dass durch eine intermittierende Verstärkung ein stabileres Verhalten erreicht wird als durch Strafen. Die eingesetzten Erziehungsmittel werden aber nicht nur aus der Sicht der Wirksamkeit, sondern vor allem anhand ethischer und kultureller Vorgaben beurteilt. Gewalt als Erziehungsmittel ist in Deutschland verboten, als Gewalt gelten Körperstrafen und Strafen, durch die Kinder herabgewürdigt oder gedemütigt werden (vgl. Huber & Kirchschlager, 2019).

Im Rahmen der schulischen Erziehung werden **Sanktionen** als Erziehungsmittel eingesetzt. So können z. B. laut *Bayerischem Gesetz über das Erziehungs- und Unterrichtswesen (BayEUG)* mögliche „Erziehungs- und Ordnungsmaßnahmen" zur Sicherung des Bildungs- und Erziehungsauftrages gegenüber einzelnen Schülern ausgesprochen werden. Im Jugendgerichtsgesetz (JGG), dem für Jugendliche geltenden Strafrecht, können **Erziehungsmaßnahmen** gegenüber einem straffällig gewordenen Jugendlichen verhängt werden; hier handelt es sich ebenfalls um sanktionierende Erziehungsmittel, die zum Abbau kriminellen und dem Aufbau adäquaten Handelns eingesetzt werden.

1.2.1.3 Erziehungsstile

Eltern unterscheiden sich in ihrer Haltung gegenüber ihren Kindern und darin, welche Erziehungsmittel sie bevorzugen. Das kann man schon auf Spielplätzen beobachten, wo der eine Vater sich ständig in der Nähe seines spielenden Kindes aufhält, während der andere auf einer Bank sitzend sein Kind im Auge behält, aber nicht in dessen Spiel und in etwaige Streitereien mit anderen eingreift. Im Supermarkt diskutiert die eine Mutter ausführlich über die Notwendigkeit und Zahl von mitzunehmenden Süßigkeiten, die andere nimmt ihr quengelndes Kind an die Hand und führt es ohne große Worte am Süßigkeitenregal vorbei. Im **Erziehungsstil** bündeln sich unterschiedliche Erziehungsgewohnheiten (vgl. Trabandt & Wagner, 2020, S. 175 ff.).

> **Definition**
>
> **Erziehungsstile** bezeichnen habituelles, durch Einstellungen und Ausdrucksformen geprägtes Erziehungsverhalten, das über verschiedene Situationen hinweg stabil ist.

Erziehungsstile, so wird angenommen, bestimmen die (späteren) Haltungen und Verhaltensweisen der zu Erziehenden. Formulierung und Erforschung dieses Zusammenhangs werden auf den Gestaltpsychologen Kurt Lewin zurückgeführt (vgl. Trabandt & Wagner, 2020). Dieser hatte den Zusammenhang zwischen bestimmten Erziehungsstilen und der Haltung von Menschen in und gegenüber verschiedenen, autoritären und demokratischen Regierungsformen untersucht.

Erziehungsstile werden dabei entlang von Dimensionen betrachtet, deren Zahl und Bezeichnung schwankt. Zwei grundlegende Dimensionen lassen sich aber wiederholt finden: Eine dieser Dimensionen ist **Lenkung** (Directiveness, Demandingness); sie beschreibt das Ausmaß, in dem ein Erzieher Vorgaben macht beziehungsweise welche Freiheiten er dem zu Erziehenden einräumt. Die zweite Dimension bezieht sich auf die **emotional-motivationale Grundhaltung** gegenüber dem zu Erziehenden (Responsiveness). Diese Dimension bewegt sich zwischen emotionaler Indifferenz dem zu Erziehenden gegenüber und einer Erziehung, die ausschließlich die momentane Zufriedenheit des zu Erziehenden anstrebt.

Auch in einer breit rezipierten Einteilung von Erziehungsstilen von Baumrind (1966, zitiert nach Trabandt & Wagner, 2020), die sich wiederum auf Lewin bezieht, lassen sich diese Dimensionen erkennen. Baumrind unterscheidet vier Erziehungsstile: autoritär, autoritativ, permissiv und vernachlässigend.

Ein *permissiv-verwöhnender* Erziehungsstil zeichnet sich durch geringe Direktivität und hohes Eingehen auf die emotionalen Bedürfnisse des Kindes aus. Ebenfalls nur wenig direktiv sind *vernachlässigend-indifferente* Erziehende, die sich gleichgültig (indifferent) gegenüber den emotionalen Zuständen ihrer Edukanten zeigen und jene nicht in ihrem Umgang mit den Edukanten berücksichtigen (Laissez-Faire-Stil). Auch *autoritär* Erziehende sind emotional indifferent gegenüber den zu Erziehenden, machen aber klare Vorgaben, wo es langgeht. *Autoritativ* Erziehende schließlich machen Vorgaben, achten aber auf die Befindlichkeit des zu Erziehenden und beziehen diese ein, bemühen sich also, ihre Edukanten zu verstehen.

Der autoritative Erziehungsstil gilt grundsätzlich als der günstigste, weil er Selbstvertrauen und Kompetenz, aber auch Leistungsorientierung und die Fähigkeit, sich in Krisen zu orientieren („Resilienz"), fördert. Als ungünstig wird ein autoritärer Erziehungsstil angesehen, der Eigenständigkeit verhindert und zur kritiklosen Akzeptanz von Vorgaben führt.

Relativiert werden die Zusammenhänge zwischen Erziehungsstilen und den Dispositionen der zu Erziehenden durch deren Alter: Bei Kleinkindern, die sich nicht äußern oder einer Argumentation folgen können, ist mit dem permissiv-verwöhnenden Stil eine Haltung angezeigt ist, die auf die emotionalen Bedürfnisse des Kindes eingeht. Ein Schulkind kann argumentieren und ist einsichtsfähig, hier wird der autoritative Stil positiv wirken.

Aktuelle, in den Medien verbreitete Bezeichnungen von Erziehungsstilen lassen sich in die gegebenen Schemata einordnen oder anhand der beiden grundlegenden Dimensionen beschreiben. So üben *Helikopter-Eltern*, die noch ihren fast erwachsenen Kindern alle Hindernisse aus dem Weg räumen, einen eher permissiv-verwöhnenden Stil aus. *Überbehütung* ist zwar emotional zugewandt, verhindert aber durch hohe Direktivität die Entwicklung von Eigenständigkeit.

1.2.2 Bildung

In der anfänglichen Beschreibung wurde der Begriff **Bildung** am Beispiel der Erwachsenenbildung oder des Sich-Fortbildens erläutert. Genau wie durch Erziehung soll durch Bildung eine Veränderung beim sich Bildenden erreicht werden; auch bei Bildungsmaßnahmen gibt es eine Zielstellung.

Zur **Unterscheidung zwischen Erziehung und Bildung** lässt sich vor allem die Beziehung zwischen dem Erzieher oder Dozenten auf der einen Seite und dem zu Erziehenden bzw. sich Bildenden auf der anderen Seite heranziehen. Während die Erzieher, Eltern oder elterliche Bezugspersonen Ziele und Mittel für die Erziehung aus-

1.2 · Gegenstand der Pädagogik: Erziehung, Bildung, Sozialisation

wählen, kann, muss aber nicht, bei Bildungsmaßnahmen dieses Ziel und ebenso die Mittel, ein Selbststudium oder der Besuch einer Fortbildungseinrichtung, vom zu Bildenden selbst gewählt werden. Ein weiterer Unterschied besteht in den Themen bzw. der Art der Ziele. Wie oben ausgeführt, sind Erziehungsziele vor allem auf die Ausbildung von Persönlichkeitsdispositionen wie Selbstständigkeit oder Sozialität gerichtet, Bildungsziele beschreiben die Vermittlung von Wissen und Kompetenzen.

Die vorgenommene, vorsichtige Differenzierung zwischen Erziehung und Bildung zeigt eine generelle Schwierigkeit an. So wird im Angelsächsischen nicht zwischen Erziehung und Bildung unterschieden, sondern beides als *Education* bezeichnet. Schulen haben z. B. laut bayerischer Verfassung sowohl einen Bildungs- als auch einen Erziehungsauftrag, doch werden die beiden Zielarten nicht klar differenziert. Dabei ist zu bedenken, dass Erziehung und Bildung sich gegenseitig bedingen: Ohne sprachliche Kompetenz oder kulturelles Wissen wird eine Erziehung zur Sozialität nicht erfolgreich sein können.

Trotz dieser Schwierigkeit in der Unterscheidung zur Erziehung soll Bildung in Anlehnung an Raithel et al. (2009) wie folgt definiert werden:

> **Definition**
>
> **Bildung** bezeichnet die Vermittlung bzw. Aneignung von Wissen und Kompetenzen mit dem Ziel, den Anforderungen der sozialen und physischen Umwelt entsprechen zu können und die Umwelt zu gestalten.

In diesem Verständnis gibt es nicht nur eine Art der Bildung durch eine Person, sondern es gibt verschiedene Arten der Bildung; man unterscheidet anhand von Intentionalität und Strukturiertheit formale, non-formale und informelle Bildung.

Die **formale Bildung** wird an Institutionen, die speziell für den Bildungszweck geschaffen wurden, wie Schulen oder Hochschulen, erworben und schließt mit einem formalen Bildungsabschluss ab. Strukturiert, aber nicht institutionalisiert, ist die **non-formale Bildung** zum Beispiel an Volkshochschulen. Alles andere wird als **informelle Bildung** betrachtet, die beiläufig, mehr oder weniger intentional erworben wird, wie Fußballregeln durch die Erklärung eines Sportreporters oder Pflanzennamen, die beim Spaziergang von Erwachsenen genannt werden.

1.2.2.1 Bildungsziele und Bildungsstandards

Laut Definition zielt Bildung auf die Vermittlung von Wissen und Kompetenzen, die Ausbildung von Fertigkeiten und Fähigkeiten ab.

Wissen als geistige Repräsentation von Sachverhalten (deklaratives Wissen) oder deren Ausübung (prozedurales Wissen) dient dazu, Denkprozesse zu steuern. **Fähigkeiten** sind persönliche Voraussetzungen dafür, eine Planung realisieren, eine bestimmte Handlung auszuführen und eine Leistung erbringen zu können. **Fertigkeiten** sind erlernte Verhaltensweisen oder Handlungen, die eine teilautomatisierte Bewältigung von spezifischen Aufgaben erlauben. Mit **Kompetenzen** werden die verfügbaren oder erlernten Fähigkeiten und Fertigkeiten zusammengefasst; damit können Leistungsanforderungen erfüllt sowie im Transfer Probleme auch in unterschiedlichen Kontexten gelöst werden.

Wesentlicher Ort formaler Bildung ist die Schule, deren Besuch für Kinder ab dem 6. Lebensjahr in Deutschland bzw. den deutschen Bundesländern verpflichtend vorgeschrieben ist und die unter staatlicher Aufsicht (vgl. Art. 7 GG) steht. In den oben bereits erwähnten *Erziehungs- und Bildungszielen der Bundesländer* wird mit dem ersten Ziel, dem „Erlernen von Wissen, Fähigkeiten und Fertigkeiten und dem Erwerb dazu notwendiger Kompetenzen" das formale Bildungsziel der Schule explizit benannt.

Dieses **Bildungsziel** ist allgemein und abstrakt formuliert. Konkretisiert wird dieses Bildungsziel in Bildungsstandards, darin wird für Schulfächer festgelegt, über welche Kenntnisse und Kompetenzen ein Schüler eines bestimmten Alters beziehungsweise einer bestimmten Klassenstufe verfügen sollte. Im Fach Deutsch bedeutet das, dass Kinder am Ende der 4. Klasse (nach der Primarstufe) sprechen und zuhören, schreiben, lesen und das Gelesene verstehen können sollen. Sie sollen ein Bewusstsein für Texte verschiedener Medien sowie für den Aufbau und die Vielfalt von Sprachen entwickelt haben.

> **Definition**
>
> **Bildungsziele** beschreiben das Wissen und die Kompetenzen, die durch Bildungsmaßnahmen erreicht werden sollen. Im formalen Bildungssystem werden **Bildungsstandards** definiert, die Bildungsziele spezifisch für Wissensdomänen und Altersgruppen festlegen.

Bildungsstandards oder Kompetenzziele werden auch international betrachtet, wenn z. B. die PISA-Studie der OECD weltweit die Kompetenzen von Schülerinnen und Schülern in den Bereichen Leseverständnis, Naturwissenschaft und Mathematik vergleicht (s. ▶ Kap. 2).

Neben fachspezifischen Kenntnissen und Kompetenzen sollen Schüler **Schlüsselkompetenzen** (auch Schlüsselqualifikationen) erwerben, also die Kompetenz, Probleme selbstständig zu lösen und sich selber Wissen und Fertigkeiten anzueignen.

> **Definition**
>
> **Schlüsselkompetenz** bezeichnet eine Fähigkeit, mit deren Hilfe ein Individuum selbstständig weiteres Wissen und Kompetenzen erwirbt. Schlüsselkompetenzen erlauben die eigenständige Anpassung an neue Herausforderungen.

Bei Schlüsselkompetenzen kann zwischen methodischen, sozial-kommunikativen und personalen Kompetenzen unterschieden werden (Richter, zitiert nach Müller, 2021). Methodische Kompetenzen beziehen sich auf Techniken, mit denen Probleme angegangen und gelöst werden können, sozial-kommunikative Kompetenzen beschreiben die Fähigkeit, mit anderen zusammenzuarbeiten und eigene Vorstellungen angemessen einzubringen, und personale Kompetenzen die Fähigkeiten zu Selbstregulation und Entscheidungsfindung.

Andere Aufzählungen von Schlüsselkompetenzen fokussieren beispielsweise auf den Umgang mit Kommunikationstechniken wie die Nutzung des Internets. Gemeinsam ist diesen Modellen und Beschreibungen die Überzeugung, dass Schlüsselkompetenzen eine notwendige Voraussetzung für Anpassungsleistungen in einer sich ständig verändernden, durch die Nutzung von Technologien geprägten, kulturell-sozialen Umwelt bilden.

Bildungsstandards werden über die Schule hinaus für Wissensdomänen definiert. Bei Berufsausbildungen und Studiengängen werden verbindliche Lehr- und Lerninhalte festgesetzt. In Prüfungen müssen Auszubildende und Studierende nachweisen, dass sie über das geforderte Wissen und die verlangten Kompetenzen verfügen, um in dem Beruf tätig werden zu dürfen. Wenn Sie Psychotherapie studieren, können Sie die für Sie relevanten Bildungsziele dem Modulhandbuch entnehmen, wo das Wissen aufgeführt wird, über das Sie am Ende eines Moduls verfügen sollten: „Am Ende des Moduls kennen Sie die fachliche Terminologie." oder „Am Ende des Moduls können Sie die wesentlichen psychologischen Lerntheorien beschreiben." Inner- und außeruniversitäre Praktika vermitteln oder stärken Kompetenzen, wenn Sie beispielsweise ein Anamnesegespräch vorbereiten und führen sollen, um auf dieser Grundlage den Fall zu analysieren und zu diagnostizieren.

1.2.2.2 Didaktik

Kinder sollen in Deutschland, so wurde im vorigen Abschnitt referiert, zum Abschluss der Primarschule lesen und schreiben können, wobei lesen auch das Verständnis von Texten beinhaltet. Das Wohin der schulischen Bildung ist also festgelegt, das Wie ist zu klären.

Das zu Lernende muss aufbereitet und zeitlich strukturiert werden: Einem sechsjährigen Schulanfänger einen Roman von Goethe in die Hand zu drücken und zu erwarten, dass er das Jahre später schon irgendwie lesen und verstehen wird, wird sicher niemandem einfallen. Üblicherweise wird beim Lesenlernen mit einzelnen Buchstaben und Buchstabenkombinationen begonnen, denen Laute und schließlich Wörter zugeordnet werden. Wörter benennen Dinge, aus Wörtern werden Sätze, die sich darstellend und urteilend auf einen Sachverhalt beziehen, und aus Sätzen werden Texte, die Zusammenhängendes beschreiben und darstellen, eine Geschichte erzählen. Am Ende der vierten Klasse wird in der Regel eine philosophische Abhandlung noch nicht verstanden, eine altersgemäße Darstellung der Lebensweise von Dinosauriern aber schon.

Innerhalb der Pädagogik befasst sich die **Didaktik** mit der Frage, wie Wissen aufzubereiten ist oder in welchen Abfolgen Fertigkeiten vermittelt werden, damit Schüler (Lernende) über die angezielten Kenntnisse und Kompetenzen verfügen. Didaktische Fragestellungen befassen sich theoretisch mit der Verknüpfung von Lehren und Lernen und praktisch mit den Fragen der Gestaltung von Curricula bzw. Lehrplänen (s. Terhart, 2009). Dazu gehört die Evaluation des Erfolgs verschiedener Herangehensweisen, zum Beispiel der Buchstabier- versus der Ganzwortmethode beim Lesenlernen.

> **Definition**
>
> **Didaktik** ist der *theoretische Ansatz,* in dem Lehren und Lernen mit dem Ziel der Optimierung von Lehr-Lern-Prozessen aufeinander bezogen werden.

Didaktische Herangehensweisen werden in Form von **Prinzipien** dargestellt. Eine Gruppe dieser Prinzipien bezieht sich auf den Stoff, der vermittelt werden soll. Dessen Auswahl soll wissenschaftlich begründet oder ableitbar sein, er soll in Beispielen angeboten werden, er soll vom Einfachen zum Komplexen, vom Konkreten zum Abstrakten führen. Andere Prinzipien beschreiben verschiedene Methoden wie Strukturieren, Üben, Handeln. Und schließlich wird die Beziehung zwischen Lehrer und Schüler im gegebenen Umfeld thematisiert. Das Lernumfeld soll förderlich gestaltet sein, Themen sollen dialogisch entwickelt, individuelle Fortschritte gelobt und verstärkt werden.

Neben der allgemeinen Didaktik wurden **Fach- oder Sonderdidaktiken** entwickelt. Erstere beziehen sich auf unterschiedliche Schulfächer: Es ist unmittelbar einsichtig, dass man Deutsch anders vermitteln muss als Mathematik. Auch Schulstufen und Schularten verlangen nach unterschiedlichen Ansätzen. Erwachsene, die sich weiterbilden oder studieren, erwarten eine andere Aufbereitung des Lehrstoffs: Hochschuldidaktik und Didaktik der Erwachsenenbildung beachten diese Besonderheiten.

Didaktische Ansätze müssen Vorwissen und weitere Lernvoraussetzungen in ihrer jeweiligen Zielgruppe berücksichtigen. In der Grundschule, die alle Kinder eines Jahrgangs und aus einem Wohnbezirk gemeinsam besuchen, wird dies offensichtlich: Schüler A kann schon lesen, Schüler B stammt aus einer Familie mit Migrationshintergrund und verfügt nur über rudimentäre Deutschkenntnisse, Schüler C ist hochbegabt und Schüler D lernschwach. Beim didaktischen Vorgehen ist eine optimale Balance zwischen individuellen und gruppengezogenen Lehransätzen zu finden. In der **empirischen Unterrichtsforschung** werden diese entwickelt und überprüft.

1.2.3 Sozialisation

Erziehung und Bildung als klassischer Gegenstandsbereich der Pädagogik kann um die **Sozialisation** ergänzt werden. Auch dieser Begriff ist in die Alltagssprache eingegangen: „Ich bin halt großbürgerlich sozialisiert: Beim Sonntagsessen mit meinen Großeltern wurden auch für die Kinder Stoffservietten aufgelegt. Und bei mir gibt es auch immer Servietten auf dem Tisch." Nicht nur Eltern, sondern auch weitere Angehörige der Familie, Nachbarn, die bei der Betreuung helfen, und andere Personen im Umfeld wirken erzieherisch und bildend, nicht unbedingt absichtsvoll oder zielgerichtet. Die Großeltern im obigen Beispiel haben diesen Aspekt ihrer Lebensart sicher nicht absichtsvoll vermittelt, aber er wurde beim Enkelkind zur Selbstverständlichkeit.

Sozialisation beschreibt nicht nur den absichtsvollen und nicht-absichtsvollen Einfluss anderer Personen auf zu Erziehende oder zu Bildende, sondern auch umgekehrt die **aktive Mitgestaltung** von Gemeinschaft und Gesellschaft durch Einzelne. In Erziehungs- und Bildungszielen wird die Erwartung formuliert, dass Menschen sich in der Gemeinschaft anderer angemessen, höflich benehmen können, dass sie andere achten und Aufgaben in der Gemeinschaft übernehmen. Sie sollen in privaten Gruppen, beruflichen Teams oder der Beteiligung an politischen Entscheidungen Soziales gestalten.

> **Definition**
>
> **Sozialisation** ist ein gegenseitiger Prozess, mit dem Menschen Teil einer Gemeinschaft und Gesellschaft werden, damit einerseits deren Werte und Normen übernehmen und andererseits auf Gemeinschaft und Gesellschaft einwirken.

In Abhängigkeit vom Ort der Sozialisation werden primäre, sekundäre und tertiäre Sozialisation unterschieden, die auch eine zeitliche Abfolge vom Säugling hin zum Erwachsenen abbildet. Die **primäre Sozialisation** ist die in der Familie: Wesentliche Angewohnheiten und Haltungen werden hier vermittelt, verstärkt oder verhindert. Kindergarten, Schule und der Umgang mit Gleichaltrigen ist der Ort der **sekundären Sozialisation**, der mit den Jahren zunimmt: Ein Vierzehnjähriger wird sich hinsichtlich seiner Vorlieben schon wesentlich stärker an den Gleichaltrigen oder Influencern aus dem Internet orientieren als an seinen Eltern. Die **tertiäre Sozialisation** ist mit dem beruflichen Leben und der zugehörigen Ausbildung verknüpft. Das können Sie feststellen, wenn Sie nach zehn Jahren ein Treffen ihrer Abiturklasse besuchen: Vielleicht können Sie schon optisch den Juristen vom Sozialpädagogen unterscheiden.

1.3 Notwendigkeit von Erziehung und Bildung

Nahezu selbstverständlich gehen wir davon aus, dass Erziehung und Bildung notwendig sind, damit aus einem Neugeborenen ein erwachsener, selbstverantwortlicher Mensch wird. Diese Überzeugung teilen wir mit dem Philosophen Immanuel Kant; dennoch kann an deren Selbstverständlichkeit gezweifelt werden (Ruhloff, 2012).

Zum Beleg wird die Geschichte von Kindern erzählt, die anscheinend ohne Erziehung und Bildung aufgewachsen sind. Als **Wolfskinder** oder wilde Kinder werden Kinder bezeichnet, die offensichtlich außerhalb von menschlicher Gemeinschaft leben. Recht gut dokumentiert ist der Fall von **Victor, dem *Wilden von Aveyron*** (ca. 1788–1828). Victor wurde im Alter von circa 10 Jahren in einem Wald aufgegriffen, er hatte weder aktives noch passives Sprachvermögen und zeigte ungewöhnliche Verhaltensweisen. Itard, ein Arzt und Taubstummenlehrer, der sich um ihn kümmerte, erwirkte ein rudimentäres Sprachverständnis und Gewöhnung an basale gesellschaftliche Erwartungen wie das Tragen von Kleidern. Victor erreichte jedoch nie ein Niveau, das ihn zu einem selbstständigen Leben befähigte. Die Frage, ob ihm die „Idiotie", also sein Fähigkeitsmangel, angeboren und er deshalb ausgesetzt worden war, oder ob der Mangel an Erziehung zu seiner Verfassung führte, kann nicht geklärt werden. Seine Lernfähigkeit hatte er bewiesen: Nachweislich überlebte er mehrere Jahre alleine im Wald und lernte mit Förderung durch seinen Lehrer basale Fähigkeiten der Kommunikation und des Lebens in der Gemeinschaft.

Ein weiteres Beispiel für einen vorübergehenden Mangel an Erziehung bildet **Helen Keller** (1880–1968). Sie war im Alter von 19 Monaten erkrankt, wurde blind und taub. Ihre gerade begonnene Sprachfähigkeit verlor sich. Ihr Benehmen und ihre Wutausbrüche wurden zu einer großen Belastung für ihre Familie. Durch eine Erzieherin, die in der Kommunikation mit taubblinden Menschen geübt war, lernte sie zunächst Sprache, schließlich sogar Sprechen und erwarb einen Hochschulabschluss.

In ihren Lebenserinnerungen beschreibt sie die Zeit bis zur Erkenntnis oder Wieder-Erkenntnis der Sprache sehr eindrücklich.

Friedrich II. (1194–1250), römisch-deutscher Kaiser, soll ein Erziehungsexperiment durchgeführt haben. Auf der Suche nach der Ursprache der Menschheit – der Sprache, die vor der babylonischen Sprachverwirrung von allen Menschen gesprochen worden war – ließ er Kinder sprachfrei aufziehen. Diesen Kindern ließ er die lebensnotwendigen Dinge (Nahrung, Wärme) zukommen, sie sollten aber ansonsten ohne Kontakt mit Menschen aufwachsen. Keines dieser Kinder lernte eine Sprache, sie alle starben, so die Erzählung. Auch wenn der Wahrheitsgehalt dieses Berichts in Frage steht (das Experiment wird auch anderen Herrschern zugeschrieben), scheint es den Berichterstattern deutlich gewesen zu sein, dass vor allem kleine Kinder ohne Bindung und Erziehung nicht am Leben bleiben können.

Und schließlich belegt literarische Fiktion die Bedeutung von Erziehung: In den **Dschungelbüchern** von Rudyard Kipling wird die Geschichte von Mowgli, einem Menschenjungen, der von Wölfen aufgezogen wird, erzählt; die Disney-Studios schufen daraus einen nicht ganz vorlagengetreuen, aber sehr erfolgreichen Trickfilm. Dieses weltweit bekannteste aller Wolfskinder erhält jedoch, im Gegensatz zu Victor von Aveyron, eine ausgezeichnete Erziehung und Bildung: Er lernt von Wolfs-Eltern und Wolfs-Geschwistern, später auch von seinen Begleitern und Lehrern, dem Bär Balu, dem Panther Baghira und der Schlange Kaa die Gesetze und Regeln des Zusammenlebens und auch, wie man sich vor Feinden, vor allem dem Tiger Shir Khan, schützt. Damit kann Mowgli zunächst im Dschungel, später auch in der Welt der Menschen leben und die Verantwortung für eine eigene Familie übernehmen.

Ohne Erziehung und Bildung scheint menschliches Leben also nicht möglich zu sein. In den ersten Lebensjahren sind beide so eng mit der Betreuung, also der Erfüllung körperlicher Grundbedürfnisse nach Nahrung, Wärme, Hygiene und körperlicher Zuwendung, verknüpft, dass, siehe das Friedrich dem II. zugeschriebene Experiment, deren Notwendigkeit unmittelbar einsichtig ist.

Die Entstehung einer eigenen Identität und die Ausbildung einer Persönlichkeit sind ebenfalls an Erziehung und Bildung geknüpft. Ohne die Abstraktionsmöglichkeit von Sprache, nicht nur gesprochener Sprache, scheint die Ausbildung eines Ich-Bewusstseins nur schwer möglich. Dabei trifft Erziehung nicht auf eine Black Box: Die Anlage-Umwelt-Thematik wird in der Entwicklungs- und Persönlichkeitspsychologie thematisiert.

Ein wichtiger Grund für Erziehung ist die Sozialität des Menschen: Menschen sind soziale Lebewesen; alleine können Menschen nicht leben, insbesondere zu Beginn des Lebens, aber auch als Erwachsene besteht das Bedürfnis nach Anderen und sozialer Nähe. Dies gilt für alle Formen des menschlichen Lebens. Dieses Leben in einer Gemeinschaft, auch in der abstrakten Gemeinschaft des Home-Office mit Lieferdiensten, erfordert vom Einzelnen Anpassungsleistungen und Ausgleich. Der Einzelne soll und muss, von Ausnahmefällen aufgrund Unvermögens abgesehen, seinerseits Beiträge zur Gemeinschaft leisten: Er muss sich in einer Gruppe benehmen und in einem Arbeitsteam seine Pflichten erfüllen können; er muss sich an Regeln im Straßenverkehr halten, Steuern zahlen und sollte sich zivilgesellschaftlich engagieren.

Die Existenz der Praxis Erziehung scheint vor allem durch ihr Fehlen aufzufallen, was der alltäglichen Beobachtung entspricht, mit der das Fehlverhalten eines jungen Menschen mit dessen „schlechter Erziehung" erklärt wird. Im Kontext der Jugendhilfe (vgl. ▶ Kap. 3) wird problematisiert, ob die Erziehung durch die Eltern geeignet ist, das Wohl des Kindes oder des Jugendlichen zu fördern, ob für auftretende Probleme und Konflikte angemessenen Lösungen gefunden werden. In diesen Fällen haben Eltern Anspruch auf Unterstützung in ihrer Erziehungsaufgabe. Versagen die Erziehungsberechtigten in ihrer Aufgabe weitgehend oder droht Verwahrlosung, kann und muss das Kind oder der Jugendliche von den Eltern getrennt und einer funktionierenden Erziehung zugeführt werden (Art. 6 GG).

1.4 Rückblick und Ausblick

1.4.1 Zusammenfassung

Dieses Kapitel führt in die **Pädagogik und ihre Kernthemen**, **Erziehung** und **Bildung**, ein. Überall und zu allen Zeiten wurden und werden Menschen erzogen und gebildet. Auch die theoretische Befassung mit diesem Themenbereich hat eine lange Tradition, was am Beispiel von Philosophen, Theologen und Vertretern anderer Berufe von der Antike bis zur jüngeren Vergangenheit dargestellt wurde. Das Wohin und das Wie der Erziehung wurde schon diskutiert, bevor die Pädagogik im 18. Jahrhundert als eigenes Fach entstand und sich dieser Diskussion annahm.

Pädagogik ist die Wissenschaft, die sich in Theorie und Praxis mit Fragen der Erziehung und Bildung befasst. Nahezu synonym werden vor allem im Hochschulkontext die Bezeichnungen **Erziehungs- und/oder Bildungswissenschaft** verwendet. Durch Vorgehensweisen, deren Vielfalt durch die Pole empirisch und hermeneutisch abgesteckt werden kann, werden **Erkenntnisse über Erziehungs- und Bildungsprozesse** gewonnen und für Die Flächen unter den Begriffen Erziehung, Bildung und Sozialisation sind kaum bis nicht erkennbar, sie müssten dunkler eingefärbt werden (s. Anhang ◯ Abb. 1.2) **die Anwendung nutzbar** gemacht. Dabei hat sich die Pädagogik diversifiziert: Unterschiedliche Gruppen mit jeweils spezifischen Anforderungen an Erziehung und Bildung, unterschiedliche Methoden der Vermittlung, unterschiedliche Kontexte (Settings) und unterschiedliche Lebensanschauungen begründeten die aktuelle Vielfalt **pädagogischer Teil- und Subdisziplinen**. Als Beispiele wurden die **Sozialpädagogik**, die sich an Menschen in sozialen Problemlagen richtet, und die **Sonderpädagogik**, deren Zielgruppe Menschen mit Behinderung sind, genannt.

Erziehung beschreibt das Einwirken eines Menschen, des Edukators, auf einen zweiten Menschen, den Edukanden, um bei diesem Veränderungen zu bewirken, die dieser dauerhaft und selbstständig fortführt. Gewünscht werden Änderungen in ethischen und/oder motivationalen Grundhaltungen, wie Achtung der Menschenwürde, Höflichkeit im Umgang mit anderen oder Leistungsbereitschaft: Diese Haltungen oder Dispositionen werden **Erziehungsziele** genannt, sie beschreiben das Wohin der Erziehung. **Erziehungsmittel** sind die Maßnahmen, durch die Erziehungsziele erreicht werden sollen, das Wie der Erziehung. Erziehende unterscheiden sich darin, wie sie erziehen, also in ihrem **Erziehungsstil**, zum Beispiel wie stark lenkend sie auf den zu Erziehenden einwirken und welche emotional-motivationale Grundhaltung sie diesem gegenüber zeigen.

Bildung, als zweiter Kernbegriff der Pädagogik, beschreibt die Vermittlung von Wissen und Kompetenzen. Die Vermittlung findet im formalen Bildungssystem der

Schulen und Hochschulen statt (**formale Bildung**), in strukturierten Angeboten außerhalb dieses Systems (**non-formale Bildung**) und schließlich unstrukturiert (**informelle Bildung**). Vor allem für die formale Bildung wird vorgegeben, welche Wissensbestandteile und Kompetenzen erworben beziehungsweise welche **Bildungsziele** oder **Bildungsstandards** erreicht werden sollen. Darunter finden sich neben fach- oder domänenspezifischen Kompetenzen sogenannte **Schlüsselkompetenzen**, die die Fähigkeit beschreiben, sich eigenständig neues Wissen und Kompetenzen anzueignen. Methoden beziehungsweise Prinzipien zur Vermittlung von Wissen und Kompetenzen werden in der **Didaktik** beschrieben, in der Lehr- und Lernprozesse aufeinander bezogen werden.

Neben Erziehung und Bildung als Kernthemen der Pädagogik wird mit **Sozialisation** ein weiterer Begriff eingeführt, der auf die Entwicklung eines Menschen in eine Gemeinschaft oder Gesellschaft hinein fokussiert. Neben Erziehungs- und Bildungsprozessen umfasst Sozialisation auch nicht-intentionale Effekte und bezieht ein, dass ein Individuum seinerseits seine soziale Umgebung beeinflusst. Nach dem Ort der Sozialisation in Familie, im Umgang mit Gleichaltrigen oder der beruflichen Umgebung werden **primäre**, **sekundäre** und **tertiäre** Sozialisation unterschieden.

Die **Notwendigkeit von Erziehung und Bildung** wird mit der Fiktion, was aus Menschen ohne Erziehung und Bildung werden würde oder geworden wäre, begründet. Empirische Hinweise auf deren Notwendigkeit lassen sich **Biografien** entnehmen, in denen aus verschiedenen Gründen ein Mangel an Erziehung und Bildung bestand.

1.4.2 Bedeutung für Psychotherapeuten

Erziehung, Bildung und Sozialisation sind unabdingbar mit menschlicher Entwicklung und menschlichem Leben verbunden und damit Thema in einer Psychotherapie. Ein Klient ist keine Black Box, die einen zu reparierenden Fehler hat, sondern ein Mensch, der, auch außerhalb psychoanalytischer Determinismen, durch Erziehung und Bildung zu dem geworden ist, was er ist.

In der **Anamnese** werden die Bedingungen der individuellen Sozialisation erfasst. Die Erziehung durch die Eltern prägt ein Kind in den ersten Lebensjahren. Normen und Werte der Eltern sowie deren eigene Erziehungserfahrungen bestimmen Ziele und Stile der Erziehung. Je nach Anlass der Psychotherapie wird diese Zeit einbezogen und die Sicht des Klienten auf seine Erziehung erfragt. Diese anamnestischen Informationen können anhand der zur Erziehung gehörenden Konzepte strukturiert und in die psychotherapeutische Planung einbezogen werden.

Durch den Besuch einer Kindertageseinrichtung oder spätestens mit dem Schulbesuch beginnt eine neue Phase der Sozialisation; das Kind muss außerhalb des geschützten Bereichs der Familie allein zurechtkommen, hat Kontakte mit Erziehern und Lehrern, aber auch mit Gleichaltrigen, die bei der Ausbildung von Haltungen und Vorlieben eine zunehmend wichtigere Rolle übernehmen. In der Schule werden Leistungs- und soziale Anforderungen gestellt, die als anregend oder als belastend empfunden werden. Hier erworbene positive Erfahrungen und Ressourcen können psychotherapeutisch genutzt werden.

Sowohl Pädagogik als auch Psychologie als Grundlagenfach der Psychotherapie befassen sich mit dem Menschen. Die normative Zielstellung der **Kernkonzepte der**

Pädagogik, Erziehung, Bildung und Sozialisation, unterscheidet diese von der Psychologie mit ihren Kernkonzepten Erleben und Verhalten. Dennoch haben praktisch-pädagogisch Tätige und Psychotherapeuten viele Berührungspunkte, nicht nur in der Psychotherapie von Kindern und Jugendlichen. Auch die Psychotherapie von Erwachsenen kann durch sonder- und sozialpädagogische Bildungs- oder Trainingsmaßnahmen unterstützt werden. Ein **Verständnis** für Grundkonzepte der Pädagogik ist für Psychotherapeuten daher genauso nötig wie die Kenntnis pädagogischer Termini, um pädagogische Ansätze auf ihren Nutzen in der Begleitung oder Unterstützung einer Psychotherapie zu bewerten und eine Zusammenarbeit beider Professionen zu fördern.

Literatur

Vertiefende Literatur

Marotzki, W., Nohl, A.-M., & Ortlepp, W. (2021). *Einführung in die Erziehungswissenschaft* (3. Aufl.). Verlag Barbara Budrich.

Verwendete Literatur

Bundesministerium für Familie, Senioren, Frauen und Jugend. (2006). Einstellungen zur Erziehung. Kurzbericht zu einer repräsentativen Bevölkerungsumfrage im Frühjahr 2006. https://www.ifd-allensbach.de/fileadmin/studien/7053_Erziehung.pdf. Zugegriffen am 08.05.2023.

Huber, S., & Kirchschlager, S. (2019). *Grenzen und Strafen in der Heimerziehung*. Budrich UniPress Ltd.

Krüger, H.-H. (2019). *Erziehungs- und Bildungswissenschaft als Wissenschaftsdisziplin*. Verlag Barbara Budrich. [utb].

Kultusministerkonferenz. (2020). Ländervereinbarung über die gemeinsame Grundstruktur des Schulwesens und die gesamtstaatliche Verantwortung der Länder in zentralen bildungspolitischen Fragen. Beschluss der Kultusministerkonferenz vom 15.10.2020. In Kraft getreten am 09.02.2021. https://www.kmk.org/fileadmin/veroeffentlichungen_beschluesse/2020/2020_10_15-Laendervereinbarung-gemeinsame-Grundstruktur.pdf. Zugegriffen am 02.08.2022.

Marotzki, W., Nohl, A.-M., & Ortlepp, W. (2021). *Einführung in die Erziehungswissenschaft* (3. Aufl.). Verlag Barbara Budrich.

Meseth, W. (2011). Erziehungswissenschaft – Systemtheorie – Empirische Forschung. Methodologische Überlegungen zur empirischen Rekonstruktion pädagogischer Ordnungen. *Zeitschrift für Qualitative Forschung, 12,* 177–197.

Müller, E. (2021). *Einführung in das Thema Schlüsselkompetenzen*. Springer.

Pfeiffer, D. K. & Püttmann, C. (2018). *Methoden empirischer Forschung in der Erziehungswissenschaft. Eine Einführung* (6., vollst. überarb. u. erw. Aufl.). Waxmann.

Raithel, J., Dollinger, B., & Hörmann, G. (2009). *Einführung Pädagogik* (3. Aufl.). Verlag für Sozialwissenschaften.

Reinders, H., Ditton, H., Gräsel, C., & Gniewosz, B. (Hrsg.). (2011). *Empirische Bildungsforschung. Strukturen und Methoden*. Verlag für Sozialwissenschaften/Springer.

Ruhloff, J. (2012). Nur durch Erziehung Mensch? *Pädagogische Korrespondenz, 45,* 7–19.

Terhart, E. (2009). *Didaktik. Eine Einführung*. Reclam.

Trabandt, S., & Wagner, H.-J. (2020). *Pädagogisches Grundwissen für das Studium der Sozialen Arbeit*. Verlag Barbara Budrich. [utb].

Uhlendorff, H. (2001). *Erziehung im sozialen Umfeld. Eine empirische Untersuchung über elterliche Erziehungshaltungen in Ost- und Westdeutschland*. Springer.

Pädagogik über die Lebensspanne

Inhaltsverzeichnis

2.1 Kindheit und Jugend – 26
2.1.1 Charakterisierung von Kindheit und Jugend – 26
2.1.2 Pädagogik in Kindheit und Jugend – 29

2.2 Erwachsenenalter – 38
2.2.1 Charakterisierung des Erwachsenenalters – 38
2.2.2 Erwachsenenbildung (Andragogik) – 40

2.3 Alter – 45
2.3.1 Charakterisierung des Alters – 45
2.3.2 Altersbildung (Geragogik) – 46

2.4 Rückblick und Ausblick – 49
2.4.1 Zusammenfassung – 49
2.4.2 Bedeutung für Psychotherapeuten – 51

Literatur – 52

© Der/die Autor(en), exklusiv lizenziert an Springer-Verlag GmbH, DE,
ein Teil von Springer Nature 2024
G. Rössler, W. Mack, *Pädagogik für Psychotherapeutinnen und Psychotherapeuten*,
https://doi.org/10.1007/978-3-662-68500-6_2

Einleitung

Erziehung soll Veränderungen beim Menschen bewirken, durch Bildung sollen ihm Kenntnisse und Kompetenzen vermittelt werden. Der Mensch wird befähigt, eigenverantwortlich zu handeln, sich in seiner physischen und sozialen Umwelt zu behaupten und aktiv an der Gemeinschaft teilzuhaben. Diese Prozesse beginnen mit der Geburt und dauern über das gesamte Leben hinweg an, von Kindheit und Jugend über das Erwachsenenalter bis hin zum hohen Alter.

Die Anforderungen an den Menschen verändern sich über seinen Lebenslauf, sie sind beschreibbar durch psychische, physische und soziodemografische Merkmale im Austausch mit seiner Umgebung. Pädagogik begleitet den Menschen und muss den jeweiligen Anforderungen entsprechen.

In Kindheit und Jugend sind Erziehung und Bildung am notwendigsten, Fehler oder Mängel wirken sich weitreichend aus und sind schlecht zu kompensieren. In der frühkindlichen Erziehung, in Familie und Kindertageseinrichtungen werden Bildungsprozesse angestoßen, die zunächst in der Schule, über die Herausforderungen des Jugendalters und dann über das gesamte Leben hinweg fortgesetzt werden. Wesentliche Veränderungen im Erwachsenenalter werden durch die Arbeitswelt bestimmt, aber auch durch die Rollenveränderung vom jungen Erwachsenen zum jungen Senior. Und schließlich ist mit der Verlängerung der Lebenserwartung die Zeit zwischen der aktiven beruflichen Phase und dem Tod bedeutsamer geworden: Das Individuum muss sich auf sein Alter und die Gesellschaft auf einen zunehmenden Anteil alter Menschen vorbereiten.

Lernziele dieses Kapitels

In diesem Kapitel
- erhalten Sie einen Überblick über die drei wesentlichen Lebensabschnitte von Menschen (Kindheit, Erwachsenenalter, Alter) anhand der körperlichen und psychischen Entwicklung sowie soziodemografischer Angaben,
- erfahren Sie die besonderen Anforderungen an Erziehung und Bildung in diesen Lebensabschnitten und
- lernen Sie beispielhaft Fachrichtungen und Konzepte der Pädagogik kennen, die (mehr oder weniger) spezifisch für diese Lebensabschnitte sind.

Das Kapitel schließt mit einer Zusammenfassung und der Bedeutung der Thematik für angehende Psychotherapeutinnen und Psychotherapeuten.

2.1 Kindheit und Jugend

2.1.1 Charakterisierung von Kindheit und Jugend

Die Zeit von der Geburt bis zur Volljährigkeit, vom hilflosen Neugeborenen zum Erwachsenen, der für sich selbst und andere Verantwortung übernimmt, ist eine Zeit großer Veränderungen. Ohne Erziehung und Bildung könnten diese nicht stattfinden. Das Neugeborene bringt seinerseits alle Anlagen und Fähigkeiten mit, um von den Einwirkungen zu profitieren und sich zu entwickeln. Zwar dauert es ungefähr ein Jahr, bis ein Kind auf den eigenen Beinen stehen kann, und ungefähr genauso lange, bis es erste Wörter spricht, aber schon davor kommuniziert das Kind mit seinen Eltern: Es sucht Blickkontakt, lächelt, schreit, und erzeugt so Reaktionen seiner Eltern. Sieben Jahre später kann das Kind schon sehr gut argumentieren, warum eine Nuss-Nugat-Creme ein viel besserer Brotaufstrich ist als ein Frischkäse mit Kräutern. Und mit 16 Jahren entscheidet der junge Mensch, sich vegan zu ernähren, greift zur Linsenpaste und versucht, seine Eltern zu seiner Ernährungsweise zu bekehren.

Bei der körperlichen Entwicklung imponieren das Wachstum und die damit verbundene Veränderung der Proportionen, vor allem das Verhältnis von Kopf zu Rumpf und Extremitäten. Mit der hormonellen Veränderung in der Pubertät wird das Längenwachstum weitgehend beendet. Die Reifung des Nervensystems der „biologischen Frühgeburt Mensch" wird hingegen erst in der Mitte des dritten Lebensjahrzehnts im frühen Erwachsenenalter abgeschlossen (Konrad, 2011).

Mit dem körperlichen Wachstum wachsen die Fähigkeiten und Fertigkeiten der Kinder. Entwicklungstabellen bilden ab, was ein Kind in welchem Alter können sollte (s. entsprechende Kapitel in Schneider & Lindenberger, 2018; Lohaus & Vierhaus, 2019). Auf sie bauen die medizinischen Früherkennungsuntersuchungen U1 bis U9 auf. Die erste dieser Untersuchungen findet unmittelbar nach der Geburt statt, die letzte im Alter von ca. 5 Jahren (Gemeinsamer Bundesausschuss, 2022). Darin werden neben somatischen Erkrankungen und Fehlentwicklungen kognitive, soziale, emotionale und Verhaltens-Aspekte erfasst. Sie bieten einen guten Überblick über die durchschnittliche Entwicklung und Anhaltspunkte dafür, ob die körperliche, geistige oder psycho-soziale Entwicklung gefährdet ist und Förderung notwendig sein könnte. Grundsätzlich besteht die Möglichkeit, diese Untersuchungen in Schulkindzeit und Jugend fortzusetzen.

Die emotionale, kognitive und soziale Entwicklung werden in der Entwicklungspsychologie beschrieben (s. Lohaus & Vierhaus, 2019; Schneider & Lindenberger, 2018).

Die **Bindungstheorie** nach Ainsworth und Bowlby befasst sich in psychoanalytischer Tradition mit dem Aufbau von Selbstvertrauen durch eine sichere Bindung des Kindes bis zum Alter von ca. 3 Jahren an seine primäre Bezugsperson, die als Grundlage für die Entwicklung einer stabilen, sich selbst vertrauenden Persönlichkeit gilt.

Die **kognitive Entwicklung** steht im Mittelpunkt der Theorien von Piaget sowie der kognitiv orientierten Entwicklungspsychologie. Sie beschreibt die Lösungsstrategien, mit denen ein Kind Anforderungen aus der Umwelt bewältigt. Unterschieden werden die sensumotorische Phase der frühen Kindheit (0–2 Jahre), das präoperatorische Vorschulalter (2–6 Jahre), das konkret-operatorische Grundschulalter (7–11 Jahre) und schließlich die formal-logische Phase, die mit der Jugendzeit beginnt.

Mit dem Konzept der jeweils in einer Altersstufe zu lösenden **Entwicklungsaufgaben** bezieht Havighurst – neben kognitiven – soziale und gesellschaftliche Kompetenzen ein. Die frühe Kindheit (bis 6 Jahre) ist geprägt vom Erlernen motorischer Fertigkeiten (einschließlich des Sprechens) und des familiären Beziehungsaufbaus. In der mittleren Kindheit werden diese Fähigkeiten vervollkommnet. Das Kind beginnt nach Unabhängigkeit von der Familie zu streben und baut Kontakte zu Personen außerhalb der Familie auf. Das wird in der Adoleszenz verstärkt, wo die Ablösung von zu Hause, der Aufbau sexueller Beziehungen und die Vorbereitung auf den Beruf im Vordergrund stehen.

Die **rechtliche Betrachtung** von Kindern und Jugendlichen spiegelt diese Entwicklungsprozesse wider. Bis zum Erreichen der Volljährigkeit sind Kinder und Jugendliche **minderjährig**; ihre Eltern entscheiden in allen Lebensbereichen für sie und sind für sie verantwortlich. Sofern Eltern dieser Verantwortung nicht mehr nachkommen können, wird für Kinder und Jugendliche ein **Vormund** eingesetzt (§ 1773 BGB). Mit zunehmendem Alter wird Kindern und Jugendlichen zunehmend Verantwortung zuerkannt. Ab sieben Jahren sind Kinder eingeschränkt geschäftsfähig und ab dem 14. Lebensjahr schuldfähig. Jugendliche ab 14 Jahren, unter Umständen auch junge Erwachsene bis 21 Jahre, werden bei Straffälligkeit nach Jugendgerichtsgesetz (JGG) be- und verurteilt, das dem Erziehungsgedanken verpflichtet ist.

Zum Stichtag 31.12.2021 lebten 13,86 Mio. Kinder und Jugendliche bis 18 Jahre in Deutschland, das entspricht etwa 17 % der Gesamtbevölkerung (◘ Tab. 2.1).

Die meisten Kinder leben in **Familien** bzw. bei Lebensgemeinschaften: Die Hochrechnung aus dem Mikrozensus gibt für das Jahr 2022 8,45 Mio. Familien (bzw. Lebensgemeinschaften) mit minderjährigen Kindern an; davon sind 5,87 Mio. Ehepaare, 1,01 Mio. Lebensgemeinschaften und 1,57 Mio. Alleinerziehende, davon wiederum 1,33 Mio. alleinerziehende Mütter. (Statistisches Bundesamt (Destatis), 30.03.2023a). Da sowohl Alleinerziehende als auch Familien mit drei und mehr Kindern über ein deutlich niedrigeres Einkommen als der Durchschnitt verfügen, gelten Kinder in Deutschland als Armutsrisiko (Statistisches Bundesamt (Destatis), 05.10.2022c).

Bis zum Alter von drei Jahren werden Kinder tagsüber meist in der Familie betreut, danach ist die Betreuung in **Kindertageseinrichtungen** nahezu selbstverständlich: Zum Stichtag 01.03.2022 wurden 35,5 % der Kinder zwischen 0 und 3 Jahren und 91,7 % der Kinder im Vorschulalter zwischen 3 und 5 Jahren in Kindertageseinrichtungen betreut (Statistisches Bundesamt (Destatis), 21.10.2022b). Nach der **Grundschule** besuchen 45 % der Kinder und Jugendlichen ein Gymnasium, 22 % eine integrierte Gesamtschule, 15 % eine Realschule, 11 % Schulen mit mehreren Bildungsgängen und 7 % eine Hauptschule (Angaben für das Schuljahr 2021/2022 (Statistisches Bundesamt (Destatis), 29.09.2022d)).

◘ **Tab. 2.1** Kinder und Jugendliche in Deutschland zum Stichtag 31.12.2021. (Datenquelle: Statistisches Bundesamt [Destatis], Genesis-Online [Abrufdatum 10.05.2023]; dl-de/by-2-0, ▶ www.govdata.de/dl-de/by-2-0; eigene Berechnung)

Alter in Jahren	Anzahl	Anteil an der Gesamtbevölkerung
0 bis 2	2.361.194	3 %
3 bis 5	2.430.281	3 %
6 bis 11	4.559.265	5 %
12 bis 17	4.512.519	5 %
über 17	69.373.865	83 %
Gesamtbevölkerung	83.237.124	

2.1.2 Pädagogik in Kindheit und Jugend

2.1.2.1 Frühpädagogik

Füttern, wickeln, wärmen: In der frühesten Kindheit scheint die Betreuung der Kinder im Vordergrund zu stehen. Aber mit diesen Tätigkeiten untrennbar verwoben sind Aktivitäten, mit denen die kognitive, soziale und emotionale Entwicklung des Kindes gefördert werden. Schon mit den ganz Kleinen wird geredet, Blickkontakt gesucht oder die Versuche, das Köpfchen zu heben, unterstützt. Durch Körperkontakt wird nicht nur Wärme, sondern auch Sicherheit und Vertrauen vermittelt, also die Bindung gefestigt. Eine anregende, nicht überfordernde Umwelt zu bieten, ist pädagogische Aufgabe der frühen Kindheit.

Unter der Bezeichnung **Frühpädagogik** werden die pädagogischen Ansätze und Maßnahmen zusammengefasst, die sich auf den Entwicklungsabschnitt zwischen der Geburt und dem Anfang oder auch dem Ende der Grundschulzeit beziehen.

> **Definition**
>
> **Frühpädagogik** oder **Elementarpädagogik** ist der Überbegriff für die Maßnahmen der Betreuung, Erziehung und Bildung für Kinder zwischen der Geburt und dem Beginn beziehungsweise dem Ende der Grundschulzeit. Frühpädagogik bezieht sich sowohl auf die familiäre Erziehung als auch die in Kindertageseinrichtungen.

Einige frühpädagogische Programme richten sich an Eltern und zielen darauf, diese in ihrer **Erziehungskompetenz** zu stärken. Eltern werden angeregt, die Bedürfnisse ihrer Kinder kennenzulernen und auf diese einzugehen. Ein wichtiger Zugang ist die Förderung der Bewegung: Das Kind soll sich spielerisch erproben, seine körperlichen, geistigen und sozialen Fähigkeiten kennenlernen und erweitern.

Das Prager Eltern-Kind-Programm (**PEKiP®**) ist ein Beispiel für eine solche Maßnahme. Es richtet sich an Eltern während des ersten Lebensjahres ihres Kindes, die in kleinen Gruppen zu Bewegungsspielen mit ihren Kindern angeleitet werden. Die körperliche und geistige Entwicklung von Babys wird gefördert und sie gewöhnen sich an Gleichaltrige. Neben dem positiven Effekt für die Kinder werden den Eltern Erziehungskompetenzen und Kontakte zu anderen jungen Eltern vermittelt, mit denen sie ihre Erfahrungen austauschen und Netzwerke für die gegenseitige Unterstützung aufbauen können.

Weitere Programme, die sich an Kinder in der frühen Phase des Lebens wenden, sind **OPSTAPJE** (nl. für Stufe), das sich zunächst und vor allem an Kinder mit ersten Problemen in der Betreuung richtet, wenn deren Eltern aus unterschiedlichen Gründen die Bedürfnisse ihrer Kinder nicht erfüllen können. **HIPPY** (Home Instruction for Parents of Pre-school Youngsters) richtet sich an Vorschulkinder. Bei beiden Programmen werden Eltern Aufgaben bzw. Anregungen gegeben, wie sie über einen spielerischen Zugang die Fähigkeiten ihres Kindes erkennen und fördern können.

Mit den **Frühen Hilfen**, einem durch die Bundesregierung geförderten Ansatz, werden besonders belastete Eltern in ihrer Erziehungsaufgabe unterstützt. Solche Belastungen können eine Überforderung durch ein Schreikind, eine Zwillingsschwangerschaft, eine eigene psychische Erkrankung oder soziale Problemlage sein.

Die Frühen Hilfen werden ab der Schwangerschaft bis zum zweiten oder dritten Lebensjahr des Kindes gewährt. Wie der Mehrzahlbegriff nahelegt, handelt es sich nicht um eine spezifische Maßnahme, sondern um die Zusammenstellung verschiedener Hilfen. Finanziert durch Jugendhilfe und Gesundheitssystem bauen sie auf Hilfe zur Selbsthilfe und nutzen den Eltern zur Verfügung stehende Ressourcen. Hebammen, Sozialpädagogen und ehrenamtliche Helfer übernehmen Betreuungsaufgaben beim Kind selber oder älteren Geschwistern; sie unterstützen Eltern bei der Kinderpflege und weisen sie in den Umgang mit kleinen Babys ein. Je nach Bedarf können Angebote der Jugendhilfe, der Gesundheitsvorsorge, der Frühförderung eingebunden werden (vgl. Nationales Zentrum Frühe Hilfen, 2014).

Der Vollständigkeit halber soll kurz auf die Möglichkeit einer **begleiteten Elternschaft** hingewiesen werden. Durch vielfältige Hilfs- und Unterstützungsmaßnahmen soll Eltern mit Behinderung ermöglicht werden, ihre Kinder selbst zu betreuen. Handicaps wie eine körperliche, eine Sinnes-, geistige oder seelische Behinderung werden ausgeglichen, damit Kinder nicht in Pflegefamilien oder Heimen für Kleinkinder aufgenommen werden müssen. Diese Betreuung endet natürlich nicht mit dem Erreichen des Schulalters.

Ein umfassendes frühpädagogisches Konzept für Kinder bis zum Ende der Grundschulzeit (0 bis 10 Jahre) wurde in den **Bayerischen Bildungsleitlinien** zusammengestellt, die unter Begleitung durch das ifp (Staatsinstitut für Frühpädagogik und Medienkompetenz) entstanden sind. Es richtet sich an die institutionalisierten Angebote der Kindertagesbetreuung: Tagespflege durch Kindertagesmütter, Krippen, Kindergärten, Horte und Tagesstätten. Ergänzt um Lehrfilme bieten die Bildungsleitlinien ein gutes Beispiel für Frühpädagogik und deren umfassenden Anspruch. Entlang dieser Leitlinien sollen wesentliche Prinzipien der Frühpädagogik erläutert werden (Bayerisches Staatsministerium für Bildung und Kultus, Wissenschaft und Kunst, 2014).

- **Grundlage/Ausgang (Menschenbild)**

Jedes Kind hat das Recht auf Erziehung und Bildung. Dabei wird das Kind, auch der Säugling, als ein aktives Individuum verstanden, das lernbereit und motiviert ist, sich zu entwickeln („groß zu werden"). Es verfügt über die Basiskompetenzen, die es zur Entwicklung befähigen. Kein Kind wird ausgeschlossen, das bedeutet, das Recht auf Bildung, sogar das Recht auf gemeinsame Bildung, haben alle Kinder, behinderte und nicht behinderte Kinder, Kinder mit und ohne Migrationshintergrund (vgl. ▶ Kap. 3).

- **Bildungsziele**

Ziel ist der eigenverantwortliche Mensch, der sich mit seiner physischen und sozialen Umwelt kompetent auseinandersetzt. Um dies zu erreichen, sollen Kinder Wissen und Kompetenzen aller Kompetenzarten – personale, soziale, methodische – erwerben, damit sie resilient mit Herausforderungen aus der Umwelt umgehen und Verantwortung für sich selbst und andere übernehmen können. Diesem allgemeinen Bildungsziel zugeordnet sind Bildungsbereiche, in denen Wissen und Kompetenzen erworben werden. Als wichtigster Bereich ist Sprache/Literacy benannt, weitere Bereiche sind Mathematik/Numeracy und Naturwissenschaften, Medien oder Ästhetik, Bewegung und nicht zuletzt Werte.

- **Bildungsorte**

Zwar richten sich die Bildungsleitlinien an die institutionalisierten Erziehungs- und Bildungsstrukturen, dennoch wird die Bedeutung der Familie als **primärer Bildungsort** deutlich hervorgehoben. Eltern als primäre Bezugspersonen erfüllen die körperlichen und mentalen Grundbedürfnisse eines Kindes, die auf der Basis einer vertrauensvollen Beziehung die Balance zwischen Autonomie und Eingebundenheit schaffen (vgl. Bindung). Institutionalisierte Erziehung und Bildung beziehen sich auf diese und arbeiten im Idealfall Hand in Hand mit den Eltern.

Die verschiedenen Einrichtungen der Erziehung und Bildung von Kindern bis 10 Jahren sollen über die Leitlinien zu einem gemeinsamen Verständnis von Bildung gelangen, damit Übergänge von einem zum anderen Bildungsort und dessen spezieller Aufgabe gut gelingen.

- **Bildungsprozess/Methoden**

Bildung wird sowohl als individueller als auch als sozialer Prozess verstanden. Ein Kind trifft mit seinen bereits gemachten Erfahrungen auf andere, auf Eltern, Erzieher, Gleichaltrige, und interagiert mit diesen. Die Aktionen des Kindes führen zu Re-Aktionen der anderen, die wiederum zu Re-Aktionen des Kindes führen. Durch diesen Kreislauf lernt das Kind und baut Erfahrungen auf. Auch Eltern und Erzieher lernen von den Kindern, verstehen und berücksichtigen deren Bedürfnisse. Das Kind zeigt an, welche Aktivitäten es wünscht und welche nicht, es kommuniziert seine Interessen und Motivation und wird damit zum aktiven Mitgestalter und Mitwirkenden seiner Erziehung und Bildung (**Partizipation**).

Bildung wird in dieser Altersgruppe **spielerisch** gestaltet, womit gemeint ist, dass Unterschiedliches probiert wird und eine begonnene Problemlösung nicht unbedingt und nicht in einer vorgegebenen Zeit zum Ziel führen muss. Allerdings sollte die Ausdauer kleiner Kinder im Erproben ihrer Kompetenzen nicht unterschätzt werden: Wie oft fällt ein Kind beim Laufenlernen hin, wie oft rutscht das Essen vom Löffel nicht in den Mund? Wer als europäischer Erwachsener lernte, mit Stäbchen zu essen, kann diese Eigenschaft von Kindern nur bewundern.

- **Haltung/Aufgaben der Pädagogen**

Der Pädagoge ist nicht der Kinder-Gärtner, der mit Schere, Bast und Pflanzstab Kinder er-zieht, sondern ein Fachmann in der Planung und Gestaltung von Bildungsprozessen. Er kennt den Erfahrungshintergrund des Kindes und bindet diesen aufgrund seiner fachlichen Ausbildung und Erfahrung ein. So kann das Kind aktiv mitwirken, partizipieren. In der Evaluation des Bildungsfortschritts werden Methoden und Ansätze stetig angepasst und sichern den individuellen Bildungserfolg (vgl. ▶ Kap. 4).

2.1.2.2 Schulpädagogik

Mit sechs Jahren beginnt für Kinder in Deutschland der „Ernst des Lebens". Das durch Spaß und Spiel geprägte Leben des Klein- und Vorschulkindes endet und dem Kind wird mit der Schulpflicht eine erste Pflicht auferlegt, für deren Erfüllung allerdings die Eltern geradestehen müssen. Rituale wie die Schultüte oder die Einschulungsfeier versüßen diesen Schritt.

Tertiärer Bereich	Fachschulen / Fachakademien	Hochschulen für angewandte Wissenschaften	Universität
Sekundarbereich II	Berufsschule	Oberstufe (fachgebundene Hochschulreife)	Oberstufe (allgemeine Hochschulreife)
Sekundarbereich I	Haupt-, Real-, Mittelschule	Gesamtschule	Gymnasium
Primarbereich	Grundschule		
Elementarbereich	Kindertagesbetreuung (nicht obligatorisch)		

Abb. 2.1 Formales Bildungssystem

In der Schule werden Wissen und Kompetenzen in verschiedenen Fächern und Domänen vermittelt. Bildungspläne und Curricula beschreiben, was und in welcher Abfolge gelernt werden soll; sie sind auf Landesebene verbindlich und werden bundes- und europaweit abgestimmt. Schule soll bilden und erziehen, damit Kindern, unabhängig von Herkunft oder Behinderung, Chancen auf Teilhabe an Gesellschaft, öffentlichem und Berufsleben eröffnet werden. Die Schule, unterteilt in **Primarbereich** (1. bis 4. bzw. 6. Klasse) und **Sekundarbereich** (vgl. Abb. 2.1), ist Teil des **formalen Bildungssystems**. Den Primarbereich besuchen grundsätzlich alle Kinder gemeinsam, Ausnahmen existieren für Kinder, die aufgrund einer Behinderung besondere Schulformen nutzen (s. hierzu ► Kap. 3).

Die Akteure im formalen Lernort Schule sind **Lehrer**, nicht mehr Erzieher. Sie erwerben neben pädagogischen fachspezifische Kenntnisse, z. B. in Deutsch oder Mathematik. Unterrichtsmethoden und Didaktik unterscheiden sich in den verschiedenen Altersgruppen, daher erhalten Grundschullehrer eine andere Ausbildung als die Lehrer an weiterführenden Schulen. Mit zunehmendem Alter der Schüler geht der allgemein pädagogische Anteil zugunsten des fachlichen Anteils zurück, in der Unterrichtsgestaltung wird von wachsenden Vorkenntnissen und zunehmend formalen Denkprozessen ausgegangen.

Schulpädagogik befasst sich mit allen Aspekten der Schule, von der in der Lehrerausbildung vermittelten Unterrichtsgestaltung und Didaktik über die Organisation bis hin zur gesellschaftlichen Relevanz von Schule.

> **Definition**
>
> **Schulpädagogik** ist die Teildisziplin der Pädagogik, die sich in Theorie und Praxis mit der Gestaltung des Unterrichts in der Schule als formalem Lernort und der Organisation des schulischen Alltags befasst. Sie ist Teil der Lehrerausbildung.

Schule ist für alle Menschen weltweit eine prägende Einrichtung, deren Bedeutung erst dann erkannt wird, wenn Kindern die Möglichkeit zum Schulbesuch verwehrt wird. Die Alphabetisierungsquote, also der Prozentsatz der Menschen, die lesen und schreiben können, gilt als Gradmesser der weltweiten Entwicklung für gesellschaftlichen und wirtschaftlichen Fortschritt. Die **Organisation for Economic Co-operation and Development (OECD)** betrachtet daher regelmäßig den Bildungsstand in den Ländern der Welt und initiierte die sogenannten PISA-Studien.

2.1 · Kindheit und Jugend

■ **PISA**

Im Jahr 2000 wurde in Deutschland die **PISA-Studie** (PISA: Programme for International Student Assessment) erstmalig durchgeführt. Dabei wurden 15-jährige Schüler aus 32 Ländern hinsichtlich ihrer Leistung in verschiedenen Domänen (Lesen bzw. Literacy, Rechnen bzw. Mathematics) verglichen. Deutschland, das hoch entwickelte Industrieland, stolz auf sein ausgefeiltes Bildungssystem und die Humboldt'sche Bildungstradition, landete dabei nur im unteren Drittel. Neben dem vergleichsweise niedrigen Leistungsniveau deutscher Jugendlicher konnte aufgezeigt werden, dass Schule nicht sozialkompensatorisch wirkt, also herkunftsbedingte Bildungsunterschiede nicht ausgeglichen, sondern eventuell verstärkt werden.

Eine breite Diskussion über das Bildungssystem setzte ein: Ist ein streng stratifiziertes Schulsystem besser als ein kompensatorisches (Gesamtschule vs. Hauptschule, Realschule und Gymnasium)? Gibt es zu wenige Ressourcen für die Schule? Sind die Lehrer zu schlecht aus- und weitergebildet? Einfache Antworten auf diese Frage waren nicht zu finden, doch einige Kernpunkte ließen sich identifizieren. Lehrer und Pädagogen sollten durch Fortbildungen in der Kompetenz gestärkt werden, Unterricht auf der Basis des individuellen Lernstands von Kindern aktivierend zu gestalten. Die Zusammenarbeitsstrukturen innerhalb von Schulen sollten ausgebaut werden, der Lehrer sich nicht als Einzelkämpfer, sondern als Teil eines Teams verstehen. Rektoren sollten die Zusammensetzung der Schülerschaft stärker berücksichtigen und, gemeinsam mit den Lehrern, größere Freiheiten in der Gestaltung des Unterrichts und des Schulalltags erhalten.

Die Benachteiligung von Schülern wurde vor allem in Schulen deutlich, in denen ein hoher Anteil von Schülern nicht-deutscher Muttersprache unterrichtet wurde, wenn sich sprachliche und soziale Probleme verknüpften. Kompensatorische Maßnahmen sollten diese Benachteiligung reduzieren, ohne zu diskriminieren. Die Schlüsselkompetenzen (vgl. ▶ Kap. 1) als Kompetenzen, die für unterschiedliche Bildungs- und Lebensbereiche gültig sind, rückten in den Vordergrund.

Der *PISA-Schock*, wie er danach genannt wurde, löste eine bundesweite Diskussion um Aufgabe und Aufgabenerfüllung von Schule an (Messner, 2016). Zwar wurde die PISA-Studie zum Beispiel wegen inadäquater Bildungsindikatoren kritisiert, doch blieb die Erkenntnis, dass die kompensatorischen Leistungen von Schule deutlich verbessert werden müssen, um nicht Einzelne oder ganze Gruppen von der gesellschaftlichen Teilhabe auszuschließen.

Nach der *Bildungskatastrophe* der 60er-Jahre des 20. Jahrhunderts und dem *PISA-Schock* der 2000er-Jahre zeigen sich erneut Defizite in der Bildung. Mit dem *IQB-Bildungstrend 2021* (Stanat et al., 2022), dem regelmäßigen Bildungsmonitoring der Bundesländer, durchgeführt vom Institut für Qualitätsentwicklung im Bildungswesen (IQB), wurden die Leistungen *Lesen*, *Zuhören*, *Orthografie* und *Mathematik* von Viertklässlern erfasst. Neben dem Vergleich zwischen den Bundesländern konnten die Leistungen in *Lesen*, *Zuhören* und *Mathematik* mit der Studie 2011 verglichen werden. Es ergab sich ein deutlicher Leistungsabfall bei diesen Fähigkeiten, was auf die coronabedingten Schulschließungen 2020 und 2021 zurückgeführt wurde.

Die formale Bildung in der Schule wird durch pädagogische, sozialpädagogische und psychologische Angebote ergänzt: Schulpsychologie, Ganztagsangebote, Schulsozialarbeit und Jugendsozialarbeit an Schulen.

Schulpsychologen unterstützen den Bildungsprozess in Schulen, sie beraten Einzelne und Gruppen (Lehrer, Leitungskräfte, Eltern, Schüler) bei allen Fragen rund um die Bildung in Schulen und deren Organisation. Lehrer können sich an Schulpsychologen wenden, wenn Schüler auffällig sind oder auch, wenn sie sich selber durch Unterrichtssituationen belastet fühlen. Eltern können Befürchtungen thematisieren, ob ihr Kind über- oder unterfordert ist oder sogar gemobbt wird. Schüler können ihre Ängste formulieren und in deren Bewältigung unterstützt werden. Und nicht zuletzt bieten Schulpsychologen Unterstützung in akuten Krisen, bezogen auf einzelne Personen, aber auch auf die gesamte Schule. Schulpsychologen können in Beratungsstellen der Länder oder direkt an der Schule angestellt sein. Allerdings ist man von einer flächendeckenden schulpsychologischen Betreuung weit entfernt: Der Berufsverband Deutscher Psychologinnen und Psychologen e. V. (bdp) gibt eine Relation von durchschnittlich einem Schulpsychologen für je 6302 Schüler und 480 Lehrkräfte an (Berufsverband Deutscher Psychologinnen und Psychologen, November 2020).

Horte, Ganztagsschulen und Internate sind Angebote, in denen Schulkinder ganztägig betreut werden.

In der **Ganztagsschule** ist die Schule federführend für die Nachmittagsbetreuung verantwortlich; sie findet im Schulgebäude statt. In einer **gebundenen Ganztagsschule** erstreckt sich das Unterrichtsangebot auch über den Nachmittag, für die Kinder besteht Anwesenheitspflicht; hingegen sind die Nachmittagsangebote der **offenen Ganztagsschule** freiwillig: die Eltern können dieses Angebot nutzen, müssen das aber nicht. Neben der Hausaufgabenbetreuung werden in der Ganztagsschule Freizeitaktivitäten angeboten oder Projekte durchgeführt. Schulen arbeiten mit externen Trägern zusammen, um diese Angebote zu realisieren, wobei nicht ausschließlich sozialpädagogische Fachkräfte eingesetzt werden. **Horte** sind Einrichtungen, die räumlich und organisatorisch getrennt von der Schule eine Nachmittags- und Ferienbetreuung für Schulkinder bis zum Alter von etwa 12 Jahren anbieten. Vergleichbar dem Kindergarten werden die Kinder in Gruppen von Fachkräften nach einem pädagogischen Konzept betreut. Neben angeleiteten Aktivitäten sind Zeiten für die Erledigung von Hausaufgaben vorgesehen. In **Internaten** leben Schüler; lediglich Wochenenden und Ferien werden bei den Eltern verbracht. Häufig sind Internate an Schulen angebunden bzw. bilden eine Einheit. Auch in Internaten wird (je nach besuchter Schulform) eine außerschulische bzw. nachmittägliche schulische Betreuung angeboten. Neben Internaten, in denen spezifische Begabungen gefördert werden (z. B. Musik, Sport, Sprachen, Hexerei und Zauberei), gibt es auch Internate, in denen besondere Unterstützung bei Schulschwierigkeiten angeboten wird. Die Kosten für eine Internatsunterbringung sind von den Eltern aufzubringen; besteht die Notwendigkeit für die Unterbringung in einem Internat, z. B. bei Eltern mit reisenden Tätigkeiten, kann das Jugendamt einen Zuschuss bewilligen (§ 21 SGB VIII).

Ziel dieser Betreuungsangebote, vor allem des Angebots einer **verlässlichen Ganztagsschule**, ist zum einen, die Eltern von Betreuungsaufgaben zu entlasten und damit die Vereinbarkeit von Kindern und Berufstätigkeit zu fördern. Zum anderen können diese Angebote sozialkompensatorisch die Bildung und Chancen von Kindern fördern. Das beginnt mit einem regelmäßigen Mittagessen und reicht über unterstützende Hausaufgabenbetreuung bis zur Möglichkeit, sich im sprachlichen Ausdruck zu üben oder durch Bewegungsspiele die körperliche Fitness zu erhöhen. Die unterschiedliche Intensität der pädagogischen Betreuung und die Kosten für die Eltern bestimmen die Nachfrage nach diesen Angeboten.

2.1 · Kindheit und Jugend

Stärker problemfokussiert sind Schulbegleitung und Schulsozialarbeit. Diese Angebote gehören systematisch der Jugendhilfe und Eingliederungshilfe an (vgl. ▶ Kap. 3), sollen aber als schulbezogene Angebote im Kontext Schule vorgestellt werden.

Schulbegleiter begleiten Schüler, denen aufgrund einer Einschränkung oder Behinderung ein Schulbesuch ohne Hilfestellung nicht oder nur eingeschränkt möglich ist. Schulbegleiter helfen bei motorischen Schwierigkeiten und in lebenspraktischen Dingen, unterstützen die Kommunikation und motivieren Schüler. Eine spezielle Ausbildung wird in der Regel nicht vorausgesetzt; Schulbegleiter sind weder Nachhilfelehrer noch Therapeuten oder Fachkräfte für körperlich-medizinische Pflege. Schulbegleiter sind jeweils für einen oder einige Schüler zuständig und werden auf Antrag der Eltern durch Träger der Schulbegleitung, nicht durch die Schule selbst, eingestellt.

Auch die **Schulsozialarbeit** sowie die **Jugendsozialarbeit an Schulen (JaS)** sind keine schulischen, sondern Jugendhilfeangebote, die bei besonderen Problemen im schulischen Setting, in Absprache mit der Schule, aber dieser nicht weisungsgebunden, realisiert werden. Während Schulsozialarbeit sich an die Gesamtheit der Schüler einer Schule wendet und bei besonderen Belastungen der gesamten Schule z. B. durch Gewalt, Drogen oder soziale Probleme eingesetzt wird, richtet sich die Jugendsozialarbeit an Schulen (JaS) an einzelne Schüler oder Gruppen. In beiden Formen werden Schüler, Lehrer und Eltern beraten oder themenspezifische Projekte durchgeführt. Schulsozialarbeit soll eine gute Atmosphäre des gemeinsamen Lernens schaffen, Jugendsozialarbeit an Schulen darüber hinaus auch einzelne Schüler fördern. Mittels beider Angebote sollen Gefährdungen einzelner Schüler möglichst frühzeitig erkannt und gebannt werden. Für die Tätigkeit in beiden Formen der schulbezogenen Sozialarbeit wird ein Abschluss als Sozialpädagoge vorausgesetzt.

Den Komplex Schule abschließend werden nun zwei Themen angesprochen, die auch, aber nicht nur in der Schule vermittelt werden: Sexualpädagogik und Medienpädagogik.

- **Sexualpädagogik**

Heute ist es selbstverständlich, dass Schulen als Teil des öffentlichen Bildungssystems sexualpädagogisch tätig werden und eine Bundeszentrale für gesundheitliche Aufklärung (BZgA) auf großflächigen Plakaten auf sexuell übertragbare Erkrankungen aufmerksam macht. Der Weg von einer restriktiven Sexualerziehung, die vor allem auf die Verhinderung sexueller Aktivitäten außerhalb einer Ehe zielte, bis zur Diskussion über Geschlechtsidentitäten in der Grundschule war weit.

Sexualität gehört zum Menschen und ist genauso vielfältig wie die Menschen: Biologisch gesehen dient sie der Fortpflanzung, sie kann Ausdruck von Liebe und gegenseitiger Zuneigung sein, kann aber auch Machtverhältnisse abbilden und missbraucht werden. Sexualpädagogik sollte die verschiedenen Aspekte vermitteln und jungen Menschen dabei helfen, ihre Sexualität ihren Wünschen und Bedürfnissen entsprechend und mit Respekt vor etwaigen Partnern zu leben.

Neben dem Wissen über die Bezeichnungen der Geschlechtsorgane und über die körperlichen Vorgänge, die zur menschlichen Sexualität gehören, sind auch deren emotionale, soziale und moralische Aspekte wichtige Themen der Sexualpädagogik. Der damit verbundene fächerübergreifende Ansatz wird im Schulalltag zum Beispiel durch Thementage realisiert oder durch die Hinzuziehung speziell ausgebildeter Sexualpädagogen. Die Vermittlung der Inhalte erfolgt altersgemäß und altersentsprechend, mit einem Blick für individuelle Haltungen, Herkunft und Milieus der Schüler.

- **Medienpädagogik**

Medien, also Mittel, mit deren Hilfe Menschen kommunizieren oder Informationen verbreiten, sind ein alltäglicher Bestandteil unseres Lebens. Neben den herkömmlichen Druckmedien, Radio und Fernsehen hat das Internet eine bestimmende Rolle in Kommunikation und Information junger Menschen übernommen.

Medienpädagogik bezieht sich auf verschiedene Aspekte des Umgangs mit Medien. Zum einen geht es um die Gestaltung des Unterrichts und der Nutzung unterschiedlicher Medien im Unterricht (Mediendidaktik). Ein Lehrer kann im Präsenzunterricht eine Rechercheaufgabe stellen, die mit Hilfe des Internets gelöst werden kann, vorausgesetzt, alle Kinder verfügen über ein entsprechendes Endgerät. Der Unterricht kann aber auch gänzlich als Online-Unterricht mit virtuellen Gruppenräumen, White-Boards und Dokumentationen gestaltet werden.

Schülern müssen in der Medienerziehung über die Nutzung hinaus weitere Kompetenzen im Umgang mit Medien vermittelt werden (vgl. Raithel et al., 2009). Die hier angesprochenen Kompetenzen beziehen sich zum einen auf das Wissen um verschiedene Medien (auch Bücher und Bibliotheken) und der Zugänge dazu. Medien sollten immer darauf überprüft werden, welche Interessen und Haltungen dahinterstehen (kritische Kompetenz), um die dadurch erhaltenen Informationen werten zu können. Auch die aktive Nutzung von Medien muss geübt werden. Über soziale Medien können schon Kinder Informationen über sich veröffentlichen, die unter Umständen weltweit genutzt und nur schlecht gelöscht werden können, oder Kontakte zu Personen aufbauen, die dies ausnutzen. Zwar regelt das **Jugendschutzgesetz (JuSchG)** den Bereich der Medien und sollte Kinder und Jugendliche vor unangemessenen Inhalten schützen. Eine Überwachung, ob Kinder sich Zugänge zu Inhalten für Erwachsene verschaffen, ist allerdings nur schwer möglich und obliegt den Eltern. Neben der Schule unterstützt zum Beispiel die Polizei bei der Aufklärung über die Gefahren der neuen Medien. Medienkompetente Kinder und Jugendliche sollten die Risiken sozialer Medien und des Internets kennen, damit sie von deren Vorteilen profitieren können.

2.1.2.3 Pädagogik der Jugendzeit

Das Klagen über die Jugend ist wahrscheinlich ebenso alt wie die Menschheit: Sie halten sich nicht an Regeln, sie sind faul, ohne Erfahrungen, aber vorlaut, sie wollen nur ihr Vergnügen, aber nicht arbeiten. Und wenn diese Vorurteile über Jugendliche nicht zutreffen, gilt die Jugend als überangepasst und es wird befürchtet, dass sie zu bequem sind und nichts Neues wagen.

Alles ist richtig, und alles ist falsch. Aus wissenschaftlich-psychologischer Distanz sind Verallgemeinerungen in der Regel nicht haltbar: Jugendliche, und hier ist das Alter ab 12 Jahren bis zum Erwachsenwerden gemeint, sind genauso unterschiedlich wie Erwachsene. Die Besonderheiten dieses Alters lassen sich aus der psychologischen und somatischen Entwicklung und dem rechtlichen Status des jungen Menschen ableiten. Die kognitive und körperliche Entwicklung hinsichtlich Größenwachstum und Geschlechtsreife wird abgeschlossen, die Gehirnreifung setzt sich aber noch fort und auch eine rechtliche Selbstständigkeit gibt es noch nicht.

2.1 · Kindheit und Jugend

Im Konzept Havighurstscher Entwicklungsaufgaben ist dies eine Zeit hoher, sich stark ändernden Anforderungen. Junge Menschen sollen sich neben der Familie in weiteren sozialen Gruppen organisieren, Schule abschließen und sich für einen Beruf entscheiden, sich ihrer sexuellen Identität vergewissern und sich auf ihre Rolle in der Gesellschaft vorbereiten. Die dabei verlangte Selbstständigkeit kontrastiert die immer noch bestehende rechtliche und finanzielle Abhängigkeit von Eltern.

Die Konflikthaftigkeit dieses Lebensabschnitts kann sich in wechselhaftem, nicht immer nachvollziehbarem Verhalten bis hin zu Verhaltensauffälligkeiten äußern. Die pädagogischen Ansätze für diese Altersgruppe müssen diesen besonderen Anforderungen Rechnung tragen, sei es in der Schule, in der Betreuung von Jugendlichen oder der Beratung von Eltern. Der Begriff Jugendpädagogik findet sich jedoch eher selten und bezieht sich zum einen auf spezifische schulpädagogische Ansätze der Jugendzeit, zum anderen auf die sozialarbeiterische/sozialpädagogische Komponente der Arbeit für Jugendliche. Letzterer Aspekt wird im Sozialgesetzbuch VIII als **Jugendarbeit** gekennzeichnet:

„**§ 11 Jugendarbeit**

(1) Jungen Menschen sind die zur Förderung ihrer Entwicklung erforderlichen Angebote der Jugendarbeit zur Verfügung zu stellen. Sie sollen an den Interessen junger Menschen anknüpfen und von ihnen mitbestimmt und mitgestaltet werden, sie zur Selbstbestimmung befähigen und zu gesellschaftlicher Mitverantwortung und zu sozialem Engagement anregen und hinführen. Dabei sollen die Zugänglichkeit und Nutzbarkeit der Angebote für junge Menschen mit Behinderungen sichergestellt werden.

(2) Jugendarbeit wird angeboten von Verbänden, Gruppen und Initiativen der Jugend, von anderen Trägern der Jugendarbeit und den Trägern der öffentlichen Jugendhilfe. Sie umfasst für Mitglieder bestimmte Angebote, die offene Jugendarbeit und gemeinwesenorientierte Angebote.

(3) Zu den Schwerpunkten der Jugendarbeit gehören:

1. außerschulische Jugendbildung mit allgemeiner, politischer, sozialer, gesundheitlicher, kultureller, naturkundlicher und technischer Bildung,
2. Jugendarbeit in Sport, Spiel und Geselligkeit,
3. arbeitswelt-, schul- und familienbezogene Jugendarbeit,
4. internationale Jugendarbeit,
5. Kinder- und Jugenderholung,
6. Jugendberatung.

(4) Angebote der Jugendarbeit können auch Personen, die das 27. Lebensjahr vollendet haben, in angemessenem Umfang einbeziehen."

Die Zielstellung der Jugendarbeit ist also die der Persönlichkeitsentwicklung, Verselbstständigung und aktiven Teilhabe an Gemeinschaft und Gesellschaft. In der Methodenauswahl erkennt man die besonderen Anforderungen an eine Jugendliche ansprechende Pädagogik, in der neben Bildung auch körperliche Aktivierung und Gruppenunternehmungen angeboten werden. Die Inanspruchnahme ist nicht an Bedingungen wie etwa einen besonderen Förderbedarf geknüpft.

Eine Wurzel hat die Jugendarbeit in der Sozialarbeit für junge Menschen, die im ausgehenden 19. und beginnenden 20. Jahrhundert teilweise schon mit 14 Jahren wegen eines Arbeits- oder Ausbildungsverhältnisses ihr Elternhaus verlassen mussten und sich in ihrer knappen Freizeit selbst überlassen blieben. Aus der Befürchtung, dass diese jungen Menschen verwahrlosen würden, keine positive Perspektive für sich entwickeln oder sogar kriminell werden könnten, entstanden verschiedene Aktivitäten, den Jugendlichen eine Tagesstruktur und Ansprechpartner bzw. Betreuung zu vermitteln. Bereits damals engagierten sich Wohlfahrtsverbände und Kirchen in dieser Arbeit.

Die Defizitorientierung ist in den Hintergrund gerückt, allerdings kann Jugendarbeit immer noch als ein sozialkompensatorisches Angebot wirken, um Jugendlichen mit weniger finanziellen Möglichkeiten eine ansprechende Freizeit- oder Feriengestaltung zu ermöglichen.

- **Erlebnispädagogik**

Einige der Angebote der Jugendarbeit haben Erlebnischarakter, wenn beispielsweise eine mehrtägige Wanderung oder ein Zeltlager im Freien veranstaltet werden. Jugendliche sollen gemeinsam Aufgaben bewältigen, meist in der Natur, von Erwachsenen begleitet und nicht angeleitet. Die **Erlebnispädagogik** ist aus reformpädagogischen Ansätzen hervorgegangen (vgl. Raithel et al., 2009) und entspricht dem Wunsch Jugendlicher nach Eigenständigkeit, nach Unabhängigkeit von Erwachsenen und Gemeinschaft. Ziel ist es, dem einzelnen Jugendlichen die Gelegenheit zu bieten, sich selbst in einer Gruppe, anhand einer neuen, zeitlich begrenzten Aufgabe und in einer für ihn neuen Umgebung zu erproben und dadurch Selbstwert und Selbstwirksamkeitsüberzeugungen aufzubauen. Die teilnehmenden Jugendlichen sollen sich weitestgehend selbstständig organisieren, ihre individuellen Stärken und Kompetenzen nutzen, um die Gruppe gemeinsam zum Erfolg zu führen. Die Aufgabe des Erlebnispädagogen ist dabei, das Erlebnis vorzubereiten und zu begleiten.

2.2 Erwachsenenalter

2.2.1 Charakterisierung des Erwachsenenalters

Das Erwachsenenalter beschreibt den Zeitraum zwischen dem Erreichen der Volljährigkeit und dem Renteneintritt, in Deutschland ist das die Zeit zwischen der Vollendung des 18. Lebensjahrs und dem gesetzlich festgelegten Renteneintrittsalter, gegenwärtig in Abhängigkeit vom Geburtsjahrgang zwischen dem 65. und dem 67. Lebensjahr.

Auch wenn diese Zeit mit weniger Veränderungen des Körpers einhergeht als die Kindheit, altern Menschen erkennbar (zur Entwicklungspsychologie des Erwachsenenalters s. Schneider & Lindenberger, 2018). Zwar sind im frühen Erwachsenenalter Längenwachstum und Geschlechtsreifung abgeschlossen, aber die strukturelle Hirnentwicklung dauert wahrscheinlich noch bis in das 3. Lebensjahrzehnt hinein an (Konrad, 2011). In dieser Zeit liegt ein Maximum der körperlichen und geistigen Fähigkeiten und Fertigkeiten, gemessen an Leistungsparametern wie

Atemvolumen (Aspekt der konditionellen Fitness), Reaktionszeit (Aspekt koordinativer motorischer Fertigkeiten) oder fluider Intelligenz. Ab dem Alter von 30 bis 40 Jahren lässt diese Fitness nach, was durch Training, Ausdauer und kristallisierte Intelligenz kompensiert werden kann. Gut erkennbar ist das im Leistungssport: Junge Sportler dominieren in Sportarten, für die Kraft und Schnelligkeit (konditionelle Fitness) gebraucht werden, vergleichsweise ältere den Marathon. Ab Mitte 40 bis Mitte 50 nimmt die Reproduktionsfähigkeit ab bzw. verschwindet bei Frauen mit der Menopause, altersbedingte körperliche Veränderungen wie das Ergrauen noch vorhandener Haare, vermehrte Faltenbildung und Altersweitsichtigkeit lassen das Alter spürbar werden.

Die Persönlichkeit sollte zu Beginn des Erwachsenenalters stabilisiert sein, wobei sich die Stabilität vor allem auf das Persönlichkeitsprofil, also das Verhältnis verschiedener Persönlichkeitsmerkmale zueinander bezieht.

Die deutlichsten Entwicklungen bzw. Veränderungen während dieses Zeitraums lassen sich anhand der Entwicklungsaufgaben nach Havighurst darstellen. Im jungen Erwachsenenalter befinden sich die meisten Menschen in der westlichen Welt noch in der Ausbildung beziehungsweise in der Phase des beruflichen Beginns. Da eine wirtschaftliche Unabhängigkeit bzw. Eigenständigkeit in dieser Zeit noch nicht vorhanden ist, wird diese Phase als verlängerte Adoleszenz bezeichnet. Ebenfalls dem jungen Erwachsenenalter zugeordnet sind Gründung und Aufbau einer Familie. Im mittleren Erwachsenenalter ist das Erreichte zu konsolidieren, eigene Kinder in die Selbstständigkeit zu begleiten und der körperliche Wandel zu akzeptieren. Im höheren Erwachsenenalter steht die Vorbereitung auf das eigene Alter im Vordergrund und mittlerweile auch die Pflege für hochbetagte Eltern.

In Deutschland lebten zum Stichtag 31.12.2021 51 Mio. Menschen im Alter zwischen 18 und 65 Jahren (Tab. 2.2). Die meisten dieser Menschen sind erwerbstätig: Das Statistische Bundesamt gibt für das zweite Quartal 2022 Erwerbstätigkeitsquoten von 74 % (55 bis 64 Jahre), 84 % (25 bis 34 Jahre) und 87 % (35 bis 44 Jahre sowie 45 bis 54 Jahre) an (Statistisches Bundesamt (Destatis), 03.11.2022a). Im Alter zwischen 25 und 65 Jahren lebten 2022 ca. 9,5 Mio. Menschen alleine in einem Haushalt (Statistisches Bundesamt (Destatis) 2022, 30.03.2023b).

Tab. 2.2 Erwachsene in Deutschland zum Stichtag 31.12.2021. (Datenquelle: Statistisches Bundesamt [Destatis], Genesis-Online [Abrufdatum 10.05.2023]; dl-de/by-2-0, ▶ www.govdata.de/dl-de/by-2-0; eigene Berechnung)

Alter in Jahren	Anzahl	Anteil an der Gesamtbevölkerung
0 bis 17	13.863.259	17 %
18 bis 35	17.634.498	21 %
36 bis 50	15.372.625	18 %
51 bis 65	18.992.052	23 %
über 65	17.374.690	21 %
Gesamtbevölkerung	83.237.124	

2.2.2 Erwachsenenbildung (Andragogik)

Schule, Berufsausbildung oder Studium sind abgeschossen, Jahre des Lernens und der Angst, Prüfungen nicht zu bestehen, liegen hinter den jungen Erwachsenen. Der Abschluss wird gefeiert und die Absolventen freuen sich, erworbenes Wissen einzusetzen, nicht nur, um wirtschaftlich selbstständig zu werden. Diese Freude kann sich in einer Einarbeitungsphase trüben, wenn festgestellt wird, dass ein Studium auf vieles vorbereitet, aber nicht auf den Praxisschock. Ist dieser überwunden, stellen sich neue Herausforderungen: Eine neue Software wird eingeführt und muss bedient werden, eine neue Stelle verlangt neue Kenntnisse. In der sich ständig entwickelnden Arbeitswelt kann Lernen nicht mit dem Berufseinstieg enden: Wissen und Kompetenzen müssen stetig erweitert und an neue Anforderungen angepasst werden. Auf **lebenslangem Lernen** basiert nicht nur das berufliche Fortkommen, sondern die Teilnahme am gesellschaftlichen Leben insgesamt. Der Begriff beschreibt die in einer Wissensgesellschaft notwendige Fähigkeit Erwachsener, zu lernen und Lernprozesse selbstständig zu organisieren.

Bildungsangebote für Erwachsene sind nicht erst mit der Digitalisierung entstanden. Schon seit dem 19. Jahrhundert wird Erwachsenenbildung gefordert und angeboten. Hintergrund waren beispielsweise Demokratisierungsbestrebungen: Erwachsene sollten über politische Zusammenhänge informiert sein, um als mündige Bürger Gesellschaft mitzugestalten. Auch lebenspraktisches Wissen sollte vermittelt werden: So wurde 1912 in Dresden eine *Volksbildungsstätte für Gesundheitspflege* eröffnet, die bis heute als Deutsches Hygiene-Museum existiert.

> **Definition**
>
> **Erwachsenenbildung** umfasst alle organisierten Maßnahmen, mit denen erwachsene Menschen, nach bzw. neben ihrer grundständigen Berufsqualifikation, Wissen und Kompetenzen erwerben.

Erwachsenenbildung ist also ein sehr weit gefasster Begriff, es besteht lediglich die Anforderung, dass es sich um organisierte Maßnahmen handelt, an denen meist mehrere Personen gemeinsam teilnehmen. Grundsätzlich könnte auch ein grundständiges Hochschulstudium, das im Erwachsenenalter als Zweitstudium begonnen wird, zur Erwachsenenbildung gezählt werden. Bisweilen wird der analog zur Pädagogik gebildete Begriff **Andragogik** (von gr. *andros* für *des Mannes*) verwendet, hat sich im allgemeinen Sprachgebrauch aber nicht durchgesetzt.

Die Inhalte der Erwachsenenbildung sind genauso vielfältig wie deren Zielstellungen. Für die weitere Ausarbeitung werden drei Bereiche unterschieden: der große Bereich der beruflichen Aus-, Fort- und Weiterbildung, der Bereich der Allgemeinbildung und der Bereich lebenspraktischer Kompetenzen.

2.2.2.1 Berufsbezogene Erwachsenenbildung

Aus-, Fort- und Weiterbildung zählen zur beruflichen Erwachsenenbildung. In der **Ausbildung** werden Kenntnisse und Kompetenzen erworben, die für die Ausübung bestimmter Berufe qualifizieren oder für deren Ausübung sogar vorausgesetzt werden. Berufsqualifizierende Abschlüsse können die klassischen dualen Ausbildungsberufe wie Elektroniker oder Friseur sein, dabei werden neben praktischen Fähigkeiten in einem Ausbildungsbetrieb in der Berufsschule fachliches und allgemeinbildendes Wissen erworben. Das Bundesinstitut für Berufsbildung (BIBB) liefert Übersichten über diese Berufe. Stärker theoretisch sind Ausbildungen wie die zum Erzieher oder zur Fachkraft in der öffentlichen Verwaltung, die an Akademien absolviert werden. Und schließlich sind Hochschul- und Universitätsabschlüsse berufsqualifizierend: Akademische Grade wie Bachelor oder Master müssen erworben bzw. Staatsexamina bestanden werden. Zunehmend werden Bachelor-Studiengänge dual angeboten: Vergleichbar den dualen Ausbildungsberufen teilen Studierende ihre Zeit zwischen einem theorievermittelnden Studium und praktischen Tätigkeiten im angezielten Berufsfeld auf.

Fort- und Weiterbildung nehmen Personen wahr, die bereits einen Beruf ausüben und/oder eine Berufsqualifikation erworben haben. In einer **Fortbildung** werden Kenntnisse und Kompetenzen erworben, die nötig sind, um eine berufliche Tätigkeit auch weiterhin ausüben zu können. Beispiele hierfür sind das Training in der Nutzung einer Textverarbeitungs-Software, die neu in einem Unternehmen eingeführt wird, oder das Vertiefen von Sprachkenntnissen vor einem berufsbedingten Auslandsaufenthalt. Eine **Weiterbildung** qualifiziert für weitere Tätigkeiten, zum Beispiel eine Zusatzausbildung in einer weiteren Therapierichtung, eine bestimmte Fachkunde in einem Ausbildungsberuf oder ein Zertifikat als Fachkraft für Arbeitssicherheit.

Ausbildung lässt sich weitestgehend dem formalen Bildungssystem zuordnen, bei Fort- und Weiterbildungen sind die Freiheitsgrade größer, wobei sich Fort- und Weiterbildung nicht exakt voneinander trennen lassen.

Die bislang beschriebenen Ansätze der berufsbezogenen Erwachsenenbildung beziehen sich auf Gruppenangebote. **Coaching** beschreibt hingegen einen interaktiven, individuellen Beratungs- und Begleitungsprozess. Ein Coach begleitet meist einen Coachee, seltener zwei oder mehr Personen bei der Entwicklung von Lösungs- und Bewältigungsstrategien bezogen auf eine bestimmte Fragestellung oder eine Problematik. Es wird davon ausgegangen, dass der Coachee selbst die Lösung kennen und entwickeln kann, jedoch in der Entwicklung gehemmt wird, Hürden überproportional aufwertet, eigene Kompetenzen oder Erfahrungen abwertet.

Fragestellungen im Coaching beziehen sich häufig auf berufliche Themen wie die Frage nach einer beruflichen Neuorientierung, der Übernahme neuer Aufgaben oder Führungsaufgaben, der Herstellung einer optimalen Work-Life-Balance, in Teamkonflikten, bei drohender Überlastung. Coaching kann sich auch auf private Fragen der Partnerschaft etc. beziehen. Diese Form der Begleitung hat sich in den letzten Jahren etabliert; allerdings ist die Bezeichnung Coach nicht geschützt.

2.2.2.2 Allgemeinbildung und Lebensführungskompetenzen

Quiz-Shows sind beliebt. Kandidaten werden Fragen aus unterschiedlichsten Wissensbereichen gestellt; sie können bis zu einer Million € gewinnen. Der Reiz für den Zuschauer besteht, neben der Spannung, ob der Kandidat die Frage richtig beantwortet, darin, mitzuraten, sich seines eigenen Wissens zu vergewissern. Und kann man die Frage, ob Friedrich Schiller ein Dichter oder ein Komponist war, nicht aus dem Stand beantworten, stehen Lexika, ob gedruckt oder digital, zur Verfügung, mit der die richtige Lösung innerhalb kürzester Zeit gefunden werden kann.

Beides, sowohl das Basiswissen als auch Fähigkeiten, sich Wissensbestände verschiedenster Domänen zu erschließen und anzuwenden, sind eine Voraussetzung dafür, am gesellschaftlichen und politischen Leben teilzuhaben. Sie werden unter dem Begriff **Allgemeinbildung** zusammengefasst.

> **Definition**
>
> **Allgemeinbildung** bezeichnet die Kenntnisse und Fertigkeiten, die in einer Gesellschaft notwendig sind, um am gesellschaftlichen (sozialen, kulturellen und politischen) Leben teilhaben und teilnehmen zu können.

Gesellschaftliche Teilhabe wird hier als Überbegriff verwendet. Menschen sollen Interessen entwickeln und verfolgen, sei es das Interesse für Fußball oder klassische Musik, und mit Gleichgesinnten darüber sprechen können. Sie kennen die wichtigsten kulturellen Konventionen von der üblichen Begrüßung über Tischmanieren bis hin zum Dresscode bei einem Vorstellungsgespräch. Damit können sie über die Familie hinaus soziale Kontakte knüpfen, sich in Freizeit und Arbeitswelt sicher bewegen und sich persönlich weiterentwickeln. Auch die Fähigkeit zur politischen Mitbestimmung zählt im weitesten Sinne zur Allgemeinbildung. Wissen über Strukturen und Prozesse einer repräsentativen Demokratie auf den verschiedenen Ebenen befähigt Menschen, ihr Recht auf Mitgestaltung des Gemeinwesens wahrzunehmen.

In diesem umfassenden Sinne macht Allgemeinbildung den erwachsenen Menschen zu einem mündigen Bürger, der für sich selbst und andere Verantwortung übernehmen kann. Daher ist Allgemeinbildung auch eine Aufgabe der Schule, zunächst durch die Vermittlung der Kulturtechniken Lesen, Schreiben, Rechnen. Ohne diese Fertigkeiten wäre eine selbstständige Weiterentwicklung nicht möglich. **Volkshochschulen** als traditionelle Struktur der Erwachsenenbildung und andere Bildungseinrichtungen bieten nachholend Kurse an, z. B. zur Alphabetisierung, aber auch zur Vermittlung von Grundkenntnissen in anderen, üblicherweise in der Schule erworbenen Kenntnissen und Kompetenzen bis hin zum Nachholen von Schulabschlüssen. Volkshochschulen sind nicht nur kompensatorisch tätig, sondern vermitteln darüber hinaus Kenntnisse in verschiedenen Wissensdomänen. Universitäten und andere wissenschaftliche Einrichtungen oder Museen öffnen sich mit Vorträgen für die Allgemeinheit, Konzert- oder Ausstellungseinführungen vertiefen Kenntnisse über Musik und Kunst.

Bildung wird seitens des Staates durch die Gewährung eines Steuervorteils (Gemeinnützigkeit) unterstützt. Mit dem **Bildungsurlaub** steht ein weiteres Instrument zur Verfügung: In allen Bundesländern (außer Bayern) haben Arbeitnehmer das Recht, einige Tage im Jahr an einer Bildungsmaßnahme unter Fortzahlung der Bezüge teilzunehmen.

Die bislang angesprochenen Bildungsangebote, mit Ausnahme der Vermittlung von Kulturtechniken, beziehen sich vor allem auf die Vermittlung von Wissen und Kenntnissen. Daneben müssen Erwachsene über weitere Fähigkeiten und Fertigkeiten verfügen, die hier als **Lebensführungs- oder alltagspraktische Kompetenzen** bezeichnet werden sollen (Voß, 2001; Zeiher, 2001). Diese sind sehr vielfältig, beginnend bei Körperhygiene oder der Zubereitung von gesunden Mahlzeiten für sich selbst und eine Familie. Die Einhaltung und Überwachung des zur Verfügung stehenden Haushaltsbudgets verhindert Überschuldung, die Nutzung von Informationstechnologie erleichtert den Zugang zu Informationen. Diese Kompetenzen bzw. Fertigkeiten müssen geübt werden, gegebenenfalls unter Anleitung. Am Beispiel der Eltern- bzw. Familienbildung sowie der Gesundheitspädagogik wird dies erläutert.

- **Elternbildung bzw. Familienbildung**

In einem Buch über Pädagogik sollte der Hinweis auf Bildungsangebote für Eltern, besonders werdende und junge Eltern, nicht fehlen (Iller, 2012).

> **Definition**
>
> **Elternbildung** bzw. **Familienbildung** umfasst alle Angebote, mit denen das Wissen und die Kompetenzen von Eltern über Kindererziehung und die Lebensführung in einer Familie, vergrößert oder vertieft werden.

Eine klassische Maßnahme der Familienbildung sind **Geburtsvorbereitungskurse**, in denen vor allem Mütter auf die körperlichen, seelischen und sozialen Veränderungen im Zusammenhang mit einer Geburt vorbereitet werden. Wie in anderen Kursen der Familienbildung wechseln sich Wissensvermittlung und praktische Übungen ab. Auch die bereits genannten frühpädagogischen Programme (PEKIP, Opstapje, HIPPY) sind der Elternbildung zurechenbar: Es geht darum, die Kompetenzen von Eltern im Umgang mit ihren (kleinen) Kindern zu stärken.

Eher der Wissensvermittlung dient die nahezu unüberschaubare Ratgeberliteratur, die Eltern und Familien für die verschiedensten Lebenslagen zur Verfügung steht. Wohlfahrtsvereine und Volkshochschulen vermitteln ebenfalls Wissen, z. B. über die Entwicklung eines Kindes oder die Vor- und Nachteile der Mediennutzung, aber auch praktische Kompetenzen zum Beispiel in Kochkursen zur gesunden und schmackhaften Ernährung von Kindern und Jugendlichen. **Familienzentren**, die in verschiedenen Gemeinden eingerichtet sind, bieten neben Bildung auch die Möglichkeit zum Austausch oder vermitteln Unterstützung. Und grundsätzlich können Eltern, vor allem bei Problemen, Erziehungsberatung in Anspruch nehmen (vgl. ▶ Kap. 3).

- **Gesundheitspädagogik**

Nach der Definition der Weltgesundheitsorganisation (World Health Organisation, WHO) bedeutet Gesundheit nicht nur die Abwesenheit von Krankheit, sondern einen Zustand des körperlichen, geistigen und seelischen Wohlbefindens. Gesundheit ist von hohem individuellen Wert: Sie wird nicht nur Hochbetagten zum Geburtstag gewünscht, der Wunsch findet sich auf Karten zum Neuen Jahr und wurde während der Coronapandemie zur Abschlussformel vieler E-Mails: „Bleiben Sie gesund." Die Coronamaßnahmen belegen neben dem individuellen auch den Wert, den ein Gemeinschaftswesen der Gesundheit seiner Bevölkerung zuerkennt, nicht nur, um die immensen Kosten, die durch Krankheiten und deren Behandlung entstehen, zu minimieren. Zwar steigt die Lebenserwartung in westlichen Ländern stetig, doch nehmen auch Krankheiten zu, die zumindest anteilig verhaltensbedingt sind und vermeidbar wären. Daher wird verstärkt auf Prävention geachtet: In den **Gesundheitswissenschaften** und darunter der Gesundheitspsychologie werden Modelle und Ansätze entwickelt, Krankheiten zu verhindern oder möglichst früh im Krankheitsverlauf zu erkennen. Die pädagogischen Anteile der Gesundheitsförderung, wie Gesundheitserziehung, Gesundheitsaufklärung und Gesundheitsbildung, werden in der **Gesundheitspädagogik** (vgl. Raithel et al., 2009) zusammengefasst.

> **Definition**
>
> **Gesundheitspädagogik** umfasst alle pädagogischen Maßnahmen, mit denen Menschen befähigt werden, sich gesund zu erhalten, die Vermittlung von gesundheitsbezogenen Kenntnissen und Kompetenzen. Sie umfasst Ansätze wie Gesundheitserziehung, Gesundheitsaufklärung und Gesundheitsbildung.

Auch wenn der Begriff der Gesundheitserziehung mittlerweile weniger gebräuchlich ist, passt er doch gut auf gesundheitsbezogene Erziehung. Ein Spruch wie: „Nach dem Klo und vor dem Essen: Händewaschen nicht vergessen", verbunden mit dem gemeinsamen Gang zum Händewaschen ist eine klassische Erziehungsmaßnahme. Erwachsene werden durch verschiedene Medien über Zusammenhänge zwischen ihrem Verhalten und der Entstehung von Krankheiten aufgeklärt. In bundesweiten Kampagnen wurde die Bevölkerung beispielsweise über HIV und AIDS oder die Bedeutung von Impfung zur Verhinderung einer schweren Coronainfektion informiert. Die **Bundeszentrale für gesundheitliche Aufklärung (BZgA)** wurde eingerichtet, um die staatlichen Aufgaben der Gesundheitsaufklärung und Gesundheitsbildung zu erfüllen.

Es fällt jedoch schwer, gesundheitsbezogenes Wissen in eigenes Verhalten zu übertragen: In psychologischen Gesundheitsverhaltensmodellen wird dieser Transfer modelliert und daraus **Gesundheitsförderungsmaßnahmen** entwickelt (Schwarzer, 2004). Während der Coronapandemie wurde das erwünschte Verhalten beispielsweise durch Verbote (Kontaktverbote, Schließungen, Maskenpflicht) und Anreize („Frei-Impfen" und „Frei-Testen") gefördert. Unterstützend wirkte, dass zwischen einer Coronainfektion und einer schweren bis tödlichen Coronaerkrankung ein deutlicher Bezug hergestellt werden konnte. Anders ist dies bei chronischen Erkrankungen, die häufig multifaktoriell bedingt sind und bei denen zwischen schädlichem Verhalten und dem Erkrankungsbeginn ein langer Zeitraum liegt. Den meisten Menschen in Deutschland dürfte bekannt sein, dass Übergewicht riskant für die Gesundheit ist, dennoch gelten mehr als die Hälfte der Erwachsenen als übergewichtig. Gewicht dauerhaft zu reduzieren, bedeutet eine umfassende Verhaltens- bzw. Lebensstiländerung. **Gesundheitsbildung** vermittelt nicht nur Wissen über Gesundheit und Krankheit, sondern auch Kompetenzen zur Verhaltensänderung. Volkshochschulen und gesetzliche Krankenversicherungen bieten Kurse an. Hier geht es nicht nur um die Zusammensetzung eines gesunden Essens, sondern auch darum, wie gesundes Essen in den Alltag mit beruflichen und familiären Anforderungen integriert werden kann; und natürlich nicht nur um Ernährung, sondern auch um andere Aspekte eines gesundheitsförderlichen Lebens wie Bewegung, Stressreduktion oder auch die gesunde Gestaltung eines Home-Office-Arbeitsplatzes.

2.3 Alter

2.3.1 Charakterisierung des Alters

Als Gulliver, der große Reisende, dessen Abenteuer von Jonathan Swift im Jahr 1726 beschrieben wurden, in das Land Luggnag kommt, erfährt er, dass dort unsterbliche Menschen, Struldbruggs genannt, leben. Er beneidet diese Menschen, sie seien weise, ideale Berater und Lehrer. Ihm ist unverständlich, warum die Geburt eines Struldbruggs als Unglück bejammert wird. Bis er einige von ihnen kennenlernt: Sie sind neidisch und zänkisch, haben die Freude am Leben, Haare, Zähne, Gesundheit und ihr (Neu-)Gedächtnis verloren.

Beide Altersbilder, der gereifte Mensch, der die nachwachsenden Generationen von seinen Erfahrungen profitieren lässt, und der altersabgebaute Mensch, der aufgrund seiner Einschränkungen zur Belastung für andere wird, bilden bis heute die Pole der Sichtweise auf das Alter.

In diesem Buch wird die Bezeichnung **Alter** für den Lebensabschnitt vom Renteneintritt bis zum Tod verwendet. Dieser Zeitraum wird mit zunehmender Lebenserwartung immer länger, und mit der Lebensphase des *hohen Alters* bzw. der *Hochbetagten* ab dem 81. Lebensjahr weiter differenziert (zur Entwicklungspsychologie des Alters s. Schneider & Lindenberger, 2018).

In dieser Lebensphase setzt sich die Alterung, die im *jungen Alter*, der späten Erwachsenenzeit, begonnen hat, fort. Sowohl körperliche als auch geistige Fähigkeiten gehen zurück. Vor allem die fluiden Intelligenzanteile sind betroffen, wohingegen die kristallinen länger stabil bleiben und beispielsweise bei altersveränderten Personen als Schätzer für eine frühere Grundintelligenz verwendet werden können. Altersweitsichtigkeit, Altersschwerhörigkeit, der Rückgang an Muskelmasse und Beweglichkeit schränken Sensorik und Mobilität zunehmend ein. Häufigkeit und Schwere von Krankheiten nehmen zu. Dieser Abbau ist biologisch bedingt, durch Lebensstil und genetische Faktoren kann er verzögert oder beschleunigt werden, wobei die interindividuellen Unterschiede im Alter größer sind als in der Kindheit. Allerdings scheinen sich die genannten Einschränkungen zunächst nicht negativ auf das Wohlbefinden auszuwirken, nur die Affektivität als dynamische Komponente der Emotionalität geht zurück. Erst in der letzten Lebensphase vor dem Tod sinkt das Wohlbefinden (vgl. Wahl & Schilling, 2018).

Die Berufstätigkeit als Quelle sozialer Kontakte und auch sozialer Unterstützung entfällt, der Verlust kann durch ehrenamtliches Engagement oder Sorgearbeit für jüngere Familienmitglieder (Enkel) kompensiert werden. Mit zunehmendem Alter wird dies anstrengender, Netzwerke werden kleiner oder verschwinden sogar. **Alterseinsamkeit** als Folge dieser Veränderungen wird zum gesellschaftlichen Problem und führte beispielsweise 2018 zur Gründung eines Einsamkeitsministeriums in Großbritannien.

Die Entwicklungsaufgaben in dieser Lebensphase korrespondieren mit den beschriebenen Altersphänomenen. Nach dem Eintritt in den Ruhestand muss sich der Mensch der neuen Situation anpassen, soziale Kontakte aufrechterhalten oder neu aufbauen, auch gesellschaftliche oder familiäre Verpflichtungen können eingegangen werden. Mit zunehmendem Alter werden diese Aktivitäten beschwerlicher, körper-

Tab. 2.3 Alte Menschen in Deutschland zum Stichtag 31.12.2021. (Datenquelle: Statistisches Bundesamt [Destatis], Genesis-Online [Abrufdatum 10.05.2023]; dl-de/by-2-0, ► www.govdata.de/dl-de/by-2-0; eigene Berechnung)

Alter in Jahren	Anzahl	Anteil an der Gesamtbevölkerung
0 bis 65	65.862.434	79 %
66 bis 80	12.032.300	14 %
über 80	5.342.390	6 %
Gesamtbevölkerung	83.237.124	

licher und geistiger Abbau müssen bewältigt werden. Schließlich müssen Sterben und Tod mental und rechtlich vorbereitet und akzeptiert werden.

Zum Stichtag 31.12.2021 wohnten in Deutschland 17 Mio. Menschen, die über 65 Jahre alt sind, das sind ca. 20 % der Bevölkerung, darunter mehr als 5 Mio. *Hochbetagte*, also Menschen über 80 (◘ Tab. 2.3). Die Zahl der *Hundertjährigen*, also der Menschen, die 100 Jahre und älter sind, wurde für das Jahr 2020 mit 20.465 angegeben (Statistisches Bundesamt (Destatis), 03.08.2021).

Mit dem Alter steigt die Wahrscheinlichkeit, alleine zu leben oder pflegebedürftig zu werden. 2022 lebten 4,8 Mio. Menschen zwischen 65 und 85 Jahren und 1,2 Mio. Menschen über 85 Jahre alleine (Statistisches Bundesamt (Destatis), 30.03.2023b). Sind bei 70- bis 74-Jährigen lediglich 8 % pflegebedürftig, steigt ihr Anteil ab dem 90. Lebensjahr auf 76 %; die meisten pflegebedürftigen Menschen (ca. 50 %) werden zu Hause von Angehörigen versorgt. Sofern dies nicht der Fall ist, verteilt sich die Pflege auf ambulante Pflegedienste und stationäre Pflegeeinrichtungen (Statistisches Bundesamt (Destatis), 21.12.2022e).

Unabhängig vom Alter entscheiden Menschen selber über sich und ihre Angelegenheiten: Sie sind erwachsen bzw. mündig. Nur bei starken Einschränkungen der Urteils- und Entscheidungsfähigkeit z. B. durch eine fortschreitende Demenz kann eine **rechtliche Betreuung** eingerichtet werden, allerdings nur für die Themenkreise, in denen eine Betreuung notwendig ist (§ 1896 BGB). Diese sind beispielsweise der Aufenthaltsort, Vermögensangelegenheiten oder gesundheitliche Belange.

2.3.2 Altersbildung (Geragogik)

Der Anstieg der Lebenserwartung im 20. Jahrhundert und die soziale Absicherung durch eine Rente bedeutet, dass viele Menschen nach ihrem Eintritt in die Rente mehrere Jahre vor sich haben, in denen sie gesund und finanziell abgesichert ihr Leben selbstständig gestalten und eigene Interessen verfolgen können. In dieser Zeit sollten ältere Menschen für Lebenssituationen vorsorgen, in denen kognitive und oder Mobilitätseinschränkungen zu bewältigen sind. Dazu gehört die Kenntnis des Unterstützungs- und Hilfesystems, das alten Menschen abgestuft nach dem Grad des Unterstützungsbedarfs zur Verfügung steht, bis hin zu ambulanten oder stationären Pflegeangeboten.

Altersbildung oder Geragogik (von *geron,* griechisch für *Greis*) umfasst sowohl Bildungsangebote für alte Menschen als auch für Personen, die mit alten Menschen im privaten oder beruflichen Kontext umgehen und sie betreuen. Altersbildung richtet sich darauf, Einschränkungen zu kompensieren und die Lebens- und Teilhabefähigkeit alter Menschen möglichst lange zu erhalten.

> **Definition**
>
> **Altersbildung** oder **Geragogik** umfasst die pädagogischen bzw. Bildungsanstrengungen, mit denen Leben und Teilhabefähigkeit von alten Menschen verbessert werden. Geragogik richtet sich sowohl an alte Menschen als auch an Menschen, die alte Menschen begleiten, betreuen oder versorgen.

2.3.2.1 Bildung für alte Menschen

Zu den Bildungsangeboten, die sich direkt an ältere oder alte Menschen richten, werden im weitesten Sinne auch **Fort- und Weiterbildungsangebote für ältere Arbeitnehmer** gezählt. Mit der Erhöhung des Renteneintrittsalters und der Hoffnung, dass Fachkräfte auch über das Renteneintrittsalter hinaus tätig bleiben, wird der Bedarf an speziellen Angeboten steigen. Sei es, dass Kenntnisse und Fertigkeiten vermittelt werden, die notwendig sind, um neue Anforderungen zu bewältigen, oder wenn längere Übungsphasen beim Erwerb neuer Kompetenzen benötigt werden.

Bildung im Alter zielt vor allem darauf, in dieser Lebensphase ein gutes Leben führen und an Gesellschaft, Kultur, Familie teilhaben zu können. Zwar kann davon ausgegangen werden, dass Menschen über 65 über das notwendige Wissen und die erforderlichen Kompetenzen verfügen, um ihr Leben eigenverantwortlich zu führen. Doch Wissen veraltet, überholte Techniken werden abgelöst und andererseits macht es der geistige und körperliche Zustand aufwändiger, Neues zu lernen oder den erreichten Status zu halten. Bildung für ältere und alte Menschen (Senioren) orientiert sich zum einen an den für sie relevanten Themen und berücksichtigt zum anderen deren Lernfähigkeit. In Kursen oder anderen **Bildungsangeboten für Senioren** werden Alltagskompetenzen wie die Nutzung von Computern und Internet vermittelt. Kognitive Trainings sollen die geistige Flexibilität fördern, die Mobilität durch Seniorensport und Bewegungsangebote erhalten bleiben. In anderen Bildungsmaßnahmen wird geübt, wie entstandene Beeinträchtigungen bewältigt werden können. Die eigene Wohnung kann altersgerecht gestaltet werden, Gedächtnisstützen helfen, sich an Wichtiges zu erinnern, und nach einem Rollatorentraining kann dieses Hilfsmittel optimal eingesetzt werden.

Trotz der in diesem Alter erhaltenen Lebensführungskompetenzen ist der Übergang in den Ruhestand ein nicht immer gut bewältigtes Lebensereignis. **Pensionsschock** oder **Empty-Desk-Syndrom** beschreiben die Situation von Menschen, die ihren Ausstieg aus dem Berufsleben belastend finden und niedergeschlagen sind: Mit der Arbeit gingen Tagesstruktur, soziale Kontakte und Anerkennung verloren. **Sinnstiftende Beschäftigungen** können dem entgegenwirken: Sie geben Struktur, erhöhen Selbstwert und soziale Einbindung. Auch bei begrenzten finanziellen Mitteln können Interessen ausgebildet oder frühere Hobbys wieder aufgenommen werden. Zwar wird nicht jeder über 65-Jährige ein Seniorenstudium aufnehmen oder den alten

Lebenstraum vom Klavierspielen realisieren, aber auch eine Reise oder der Besuch eines öffentlichen Vortrags vermitteln Kenntnisse und Erfahrungen, für deren Erwerb bislang keine Zeit war. In ehrenamtlichem Engagement, ob mit einem festen Einsatzplan oder bei bestimmten Anlässen, können erworbene Erfahrungen zum Wohle anderer genutzt werden.

Ältere und alte Menschen bilden sich meist **informell,** durch eine Reise mit organisiertem Besichtigungsprogramm, den Besuch einer Ausstellungseinführung oder den Austausch über Versicherungsfragen und neue Apps beim gemeinsamen Kneipenbesuch nach dem Sport. In **Seniorentreffpunkten,** die Gemeinden oder Pfarreien organisieren, werden Gelegenheiten dazu geschaffen. Treffpunkte und Volkshochschulen bieten strukturierte Kurse zu unterschiedlichen Themen an: von der Interessenbildung über kognitive und Mobilitätstrainings bis hin zu Informationsveranstaltungen zu Lebensgestaltung und sozialversicherungsrechtlichen Fragen. Und schließlich öffnen sich Universitäten für ein **Seniorenstudium** oder als „Universitäten des dritten Lebensalters" für ältere und alte Menschen.

Sinnstiftung und Akzeptanz der Lebenssituation sowie das Training der geistigen und körperlichen Flexibilität können als wesentliche **Bildungsziele des Alters** bezeichnet werden. Sie helfen, wenn im hohen Alter körperliche und mentale Einschränkungen spürbar werden, auch weiterhin erreichbare Ziele zu definieren und sich optimal an die neue Situation anzupassen (s. Wahl & Schilling, 2018).

Die **Pädagogische Biografiearbeit** ist ein Ansatz, der ein sich veränderndes, vielleicht überforderndes Leben zu bewältigen hilft.

Wenn Sie alte Angehörige in einer Einrichtung der Altenhilfe besucht haben, haben Sie vielleicht das eine oder andere Stück aus früheren Zeiten gesehen: Küchenutensilien wie eine handbetriebene Kaffeemühle, in ländlichen Regionen große Holzrechen, mit denen Heu gewendet wurde, Puppen sitzen in altmodischen Puppenwägen, an einer Art Litfaßsäule hängen Filmplakate aus den 1950er-Jahren. Das ist nicht nur dekorativ, sondern soll alte Menschen anregen, sich an frühere Zeiten zu erinnern. Erzählungen, Texte, Bilder, Musik, Filme und Düfte werden genutzt, damit Menschen in kleinen, angeleiteten Gruppen über sich erzählen. Relevant ist dabei die subjektive Bedeutung, die alte Menschen dem Erzählten beimessen, nicht die objektivierbare Übereinstimmung mit der Biografie oder der Geschichte. Neben der allgemeinen Aktivierung und der Stärkung von Gemeinschaftsgefühl wird erreicht, dass alte Menschen sich ihrer selbst vergewissern, sich an Kompetenzen und Interessen erinnern. Die Moderatoren reagieren positiv und verstärken positive, selbstwertsteigernde Erinnerungen. Können und Erfolge können identifiziert, anerkannt und damit das Gefühl der Sinnhaftigkeit des eigenen Lebens gesteigert werden (Jansen, 2009, für eine Übersicht siehe Hölzle & Jansen, 2009).

2.3.2.2 Bildung für Menschen, die alte Menschen begleiten oder betreuen

Nicht nur der alte Mensch, auch seine Angehörigen und seine Umwelt müssen sich mit den Veränderungen des Alters befassen und damit zurechtkommen. Mit dem größer werdenden Anteil alter Menschen an der Gesamtbevölkerung wird dies zu einem gesamtgesellschaftlichen Thema mit hoher medialer Aufmerksamkeit, sei es nun im redaktionellen Teil von Publikationen, wo demografischer Wandel und die Situation in der Pflege problematisiert werden, sei es in Literatur und Filmen, in denen Schicksale alter Menschen und deren Angehörigen geschildert werden.

In einer Filmkomödie mag es lustig sein, wenn ein alter Mensch schlecht hört, häufig und wiederholt nachfragt, und dann doch etwas anderes versteht, als gesagt wurde. In der Realität ist es das nicht. Sensorische, motorische, kognitive und psychische Veränderungen bis hin zum demenziellen Abbau können das Verhältnis von alten Menschen zu ihren Kindern oder jüngeren Angehörigen belasten und das gerade in einer Lebensphase, in der alte Menschen zunehmend auf Unterstützung angewiesen sind.

Ein wichtiger Aspekt ist daher die **Aufklärung** und Information über mögliche Folgen des Alters, um das soziale Miteinander in Familien und in der Gesellschaft zu gewährleisten. Medien, Bildungseinrichtungen und Beratungsstellen klären über Veränderungen im Alter auf und erläutern sozialversicherungsrechtliche Rahmenbedingungen. Tutorials im Internet geben Hinweise auf körperliche Unterstützung beim Aufstehen aus einem Sessel oder Bett.

Pflegende Angehörige sind besonderen Belastungen ausgesetzt. Der Rollenwechsel vom umsorgten zum sorgenden Kind oder vom Partner auf Augenhöhe zum Hilfeleistenden bei einfachsten Vorgängen muss bewältigt werden, auch mit dem Blick auf frühere Konflikte. In **Selbsthilfegruppen** für pflegende Angehörige wird der Austausch zwischen betroffenen Personen organisiert. Hier werden Erfahrungen ausgetauscht, auch über negative Gefühle, die pflegende Angehörige entwickeln können, wie das Unverständnis, wenn ein demenzkranker Angehöriger einen Tag nahezu normal, „wie früher" auftritt, und am nächsten Tag vergisst, dass er zwei Kinder hat. Neben Reflexion und Selbsterfahrung werden auch Kenntnisse erworben durch Tipps und Ratschläge zu Ansprüchen aus der Pflegeversicherung, der Organisation von Kurzzeitpflege oder entlastenden, tagesstrukturierenden Angeboten (zur Selbsthilfe s. ▶ Kap. 4).

Anders als pflegende Angehörige werden **Altenpflegehelfer** und **Altenpfleger** speziell für diese Tätigkeit ausgebildet; seit 01.01.2020 ist die Ausbildung zum Altenpfleger eine Spezialisierung der Ausbildung zur generalisierten Pflegefachkraft. Konzeptionelle und Leitungsfunktionen in der Altenhilfe nehmen meist Sozialpädagogen wahr. Auch diese Qualifizierungen können im weitesten Sinne der Geragogik zugerechnet werden.

Aufgrund der demografischen Entwicklung kann erwartet werden, dass zukünftig der Anteil Hochbetagter und damit verbunden der Bedarf, mit den Besonderheiten alter Menschen zurechtzukommen, deutlich ansteigt. Alterspädagogisches Wissen und Kompetenz sollten dann zur Allgemeinbildung zählen.

2.4 Rückblick und Ausblick

2.4.1 Zusammenfassung

Menschen und ihre Lebenssituationen verändern sich mit dem Alter. Aus Entwicklungspsychologie und Biologischer Psychologie sind die körperlichen und mentalen, alterskorrelierten Prozesse bekannt. Sie gehen einher mit der Lebenssituation: das Kind, das ohne Betreuung nicht lebensfähig ist, der Erwachsene, der selbstständig für sich und für andere sorgen soll, der unter Umständen unterstützungsbedürftige, alte Mensch. In der Pädagogik spiegeln sich diese Veränderungen in den unterschiedlichen Ansätzen und Vorgehensweisen.

Frühpädagogik umfasst die Ansätze der Betreuung, Erziehung und Bildung für Kinder von der Geburt bis zum Beginn beziehungsweise Ende der Grundschulzeit. Kindern soll eine anregende Umgebung geboten, ihrem natürlichen Drang nach Bewegung und Lernen Raum gegeben und Neues spielerisch eingeführt werden. Das Kind kann auswählen und wird in seinen Reaktionen ernst genommen. Unter Frühpädagogik werden sowohl Maßnahmen gefasst, mit denen die Erziehungskompetenz von Eltern erhöht wird, als auch die Betreuung und Erziehung von kleinen Kindern in Kindertageseinrichtungen.

Mit der Schulpflicht und dem Eintritt in das formale Bildungssystem trifft das Kind auf eine stärker formalisierte Form der Bildung, den Unterricht, mit dessen Gestaltung und Organisation sich die **Schulpädagogik** befasst. Mit dem Fortschreiten im **Bildungssystem** von der Primar- zur Sekundarstufe verändern sich die didaktischen Vorgehensweisen; den Schülern wird zunehmend Eigenverantwortung zuerkannt und der fachliche Anteil steigt an. Über die in der Schule zu erwerbenden **Kenntnisse und Kompetenzen** besteht nahezu weltweiter Konsens: Neben Sprachfähigkeit einschließlich Textkompetenz werden mathematische und naturwissenschaftliche Kompetenzen erwartet. Weltweite Vergleiche, z. B. durch die PISA-Studien, zeigen auf, dass das Bildungssystem seine sozialkompensatorische Funktion in Deutschland nur unzureichend erfüllen kann.

Um die Schule herum gruppieren sich weitere pädagogische Angebote, wie die Betreuung im **Hort** oder in der **Ganztagsschule**. Behinderte oder beeinträchtigte Schüler können durch einen **Schulbegleiter** unterstützt werden, bei sozialen oder Verhaltensproblemen einzelner Schüler oder Schülergruppen können **Schulsozialarbeit** oder **Jugendsozialarbeit an Schulen (JaS)** eingesetzt werden. Beispiele für Themen, die innerhalb des Unterrichts oder auch in Schulprojekten bearbeitet werden können, sind **Sexualpädagogik** und **Medienpädagogik**.

Die besonderen Anforderungen, die Jugendliche auf dem Weg in die Selbstständigkeit an Erziehung und Bildung stellen, sind zwar auch in der Schule spürbar, werden aber auch in nichtschulischen Angeboten der **Jugendarbeit** aufgegriffen. Jugendlichen werden Angebote einer Freizeitgestaltung gemacht, auch dort, wo die finanziellen Möglichkeiten dazu begrenzt sind. Dabei kann es sich um Bildung, Sport oder Reisen handeln. Mit **erlebnispädagogischen Maßnahmen**, bei denen sich Jugendliche relativ eigenständig in einer Gruppe einer herausfordernden Situation z. B. in der Natur stellen, sollen Selbstvertrauen und Selbstwirksamkeitsüberzeugungen aufgebaut werden.

Lebenslanges Lernen bezeichnet den ständigen Prozess des Erwerbs oder der Erweiterung von Wissen und Kompetenzen, ausgelöst durch Veränderungen in der Umwelt, und begründet die **Erwachsenenbildung**. Dabei stehen zunächst berufsbezogene Bildungsmaßnahmen im Vordergrund: Neben der **Fortbildung**, in der neue, zur Ausübung des Berufs notwendige Kompetenzen vermittelt werden, befähigt eine **Weiterbildung** zu weiterführenden, höher qualifizierten Tätigkeiten. **Coaching** ist ein Beratungsansatz für eine Person, zum Beispiel bei Übernahme eines Teams oder einer unklaren beruflicher Zielstellung. Darüber hinaus kann Erwachsenenbildung auch **kompensatorisch** oder nachholend wirken, zum Beispiel in der Alphabetisierung von Erwachsenen. **Allgemeinbildung** kann die Teilhabefähigkeit an Gesellschaft verbessern, zur Ausbildung von Interessen und zur Sinnstiftung beitragen. Und schließlich können lebenspraktische Kompetenzen beispielsweise in der **Elternbildung** oder der **Gesundheitspädagogik** erworben werden. Ein wesentlicher Träger der Erwachsenenbildung sind die **Volkshochschulen**.

Die Zeit zwischen dem Renteneintritt und dem Tod wird aufgrund der höheren Lebenserwartung länger, mehr Menschen erreichen ein hohes Alter, werden hundert Jahre und älter. **Geragogik** oder **Altersbildung** bezieht sich auf diesen Lebensabschnitt und umfasst Bildungsmaßnahmen, mit denen die Teilhabefähigkeit alter Menschen verbessert wird. Sie richtet sich zum einen auf den alten Menschen selber: Durch Bildung, Training und Aktivierung soll dieser befähigt werden, trotz beginnender oder deutlicher Einschränkungen ein gutes, zufriedenstellendes Leben zu führen. Zum anderen muss die Umwelt, mit dem fortschreitenden demografischen Wandel auch die gesamte Gesellschaft, auf den Umgang mit alten Menschen und deren besondere Anforderungen vorbereitet werden.

2.4.2 Bedeutung für Psychotherapeuten

Psychotherapie bezieht sich auf den Klienten in seiner gesamten Lebenssituation, nicht nur in der systemischen Therapie. Besonders in Kindheit und Jugend wird das Leben stark durch Erziehungs- und Bildungsprozesse geprägt, von der Betreuung durch Eltern oder in einer Kindertageseinrichtung, dem Besuch der Schule, der Teilnahme an organisierten Freizeitaktivitäten.

Die Geburt oder die Annahme eines kleinen Kindes ist eine einschneidende Lebensveränderung. Die erwartete positive Stimmung kann ausbleiben, junge Eltern können verunsichert oder überfordert sein, bestehende psychische Problemlagen können sich verschlechtern. Frühpädagogische Ansätze und Elternbildung helfen, die Beziehung zwischen Eltern und Kind zu stabilisieren und befähigen Eltern, ihren Aufgaben nachzukommen. Bei Bedarf sollten im Rahmen einer Psychotherapie Hinweise auf unterstützende und Bildungsangebote gegeben werden können.

Die Betreuung von Kindern in Kindertageseinrichtungen ist förderlich, was Gemeinschaftserleben und Bildungsanregungen anbelangt, sie kann aber größere Defizite nicht gänzlich ausgleichen, eine individuelle Förderung und Begleitung kann notwendig werden. Dies setzt sich noch deutlicher in der Grundschule fort, wo trotz eines hohen pädagogischen Anteils die Gruppensituation dominiert. Egal, ob Eltern oder Kinder im Zentrum einer Psychotherapie stehen, sollte der Psychotherapeut die Chancen und Begrenzungen des frühpädagogischen Systems einschließlich denen der Schule kennen.

Die Jugendzeit fordert sowohl Eltern als auch die Jugendlichen selbst heraus: Die Frage, ob „das alles noch normal ist", wird sicher häufiger gestellt. Für beide Seiten können Verweise auf Angebote der Jugendarbeit, die außerhalb des Elternhauses Raum für Selbstverwirklichung Jugendlicher schaffen und Eltern entlasten können, nützlich sein.

In der Therapie erwachsener Klienten sind die unterschiedlichen Bildungsangebote von Interesse, die die Heilung unterstützen können. Gesundheitspädagogische Maßnahmen können Klienten empfohlen werden, die beispielsweise unter einer verhaltensbedingten Adipositas leiden. Die Ausbildung von Interessen oder die Wiederaufnahme früherer Hobbys kann durch allgemeine Bildungsmaßnahmen gefördert werden. Psychotherapeuten sollten einen Überblick über entsprechende Bildungsangebote haben, die Klienten auch bei geringen finanziellen Möglichkeiten zur Verfügung stehen.

Die Zahl alter Menschen, die Psychotherapie benötigen, wird zunehmen, ebenso die Zahl von Angehörigen, die sich, selber schon dem Alter nähernd, um pflegebedürftige ältere Angehörige kümmern müssen. Altersbildung richtet sich an beide Gruppen und kann eine Psychotherapie unterstützen, wenn Bildungsmaßnahmen auf Alter vorbereiten, altersbezogene Veränderungen und deren Bewältigung versteh- und bewältigbar machen.

Unabhängig von der Lebensphase sollen Psychotherapeuten also einen Überblick über das pädagogische beziehungsweise das Bildungssystem haben, das den verschiedenen Altersgruppen zur Verfügung steht, sowie dessen Ansätze und Methoden kennen. Dieses System kann unterstützend wirken und genutzt werden, damit Ziele der Psychotherapie erreicht werden. Die Begrenzungen sind die, dass es sich bei den Angeboten weitestgehend um gruppenbezogene Angebote handelt, die kleinere Defizite ausgleichen, nicht aber individualisiert sind. Und schließlich kann das Bildungssystem, vor allem für Kinder und Jugendliche, eine Quelle von Stress und Belastung sein. Auch das ist zu berücksichtigen.

Literatur

Vertiefende Literatur

Nohl, A.-M. (2019). *AdressatInnen und Handlungsfelder der Pädagogik*. Verlag Barbara Budrich. (utb).

Schneider, W., & Lindenberger, U. (2018). *Entwicklungspsychologie* (8. Aufl.). Beltz.

Verwendete Literatur

Bayerisches Staatsministerium für Bildung und Kultus, Wissenschaft und Kunst. (2014). Gemeinsam Verantwortung tragen. Bayerische Leitlinien für die Bildung und Erziehung von Kindern bis zum Ende der Grundschulzeit. München. https://www.ifp.bayern.de/projekte/curricula/bayerische_bildungsleitlinien.php. Zugegriffen am 10.05.2023.

Berufsverband Deutscher Psychologinnen und Psychologen. (November 2020). https://www.bdp-schulpsychologie.de/aktuell/2021/210110_versorgungszahlen.pdf. Zugegriffen am 28.03.2023.

Gemeinsamer Bundesausschuss. (2022). Richtlinie des Gemeinsamen Bundesausschusses über die Früherkennung von Krankheiten bei Kindern (Kinder-Richtlinie). BAnz AT 22.06.2022 B3

Hölzle, C., & Jansen, I. (Hrsg.). (2009). *Ressourcenorientierte Biografiearbeit*. Verlag für Sozialwissenschaften.

Iller, C. (2012). Familienbildung. In K.-P. Horn, H. Kemnitz, W. Marotzki, & U. Sandfuchs (Hrsg.), *Klinkhardt Lexikon der Pädagogik* (S. 390–391). Verlag Julius Klinckhardt.

Jansen, I. (2009). Biografie im Kontext sozialwissenschaftlicher Forschung und im Handlungsfeld pädagogischer Biografiearbeit. In C. Hölzle & I. Jansen (Hrsg.), *Ressourcenorientierte Biografiearbeit* (S. 17–30). Verlag für Sozialwissenschaften.

Konrad, K. (2011). Strukturelle Hirnentwicklung in der Adoleszenz. In P. J. Uhlhaas & K. Konrad (Hrsg.), *Das adoleszente Gehirn* (S. 124–139). Kohlhammer.

Lohaus, A., & Vierhaus, M. (2019). *Entwicklungspsychologie des Kindes- und Jugendalters für Bachelor* (4., vollst. überarb. Aufl.). Springer.

Messner, R. (2016). Bildungsforschung und Bildungstheorie nach PISA – ein schwieriges Verhältnis. *Zeitschrift für Erziehungswissenschaft, 19*(Suppl. 1), 23–44.

Nationales Zentrum Frühe Hilfen (NZFH). (2014). *Leitbild Frühe Hilfen* (2. Aufl. 2016). BzgA. https://www.fruehehilfen.de. Zugegriffen am 10.05.2023.

Raithel, J., Dollinger, B., & Hörmann, G. (2009). *Einführung Pädagogik* (3. Aufl.). Verlag für Sozialwissenschaften.

Schwarzer, R. (2004). *Psychologie des Gesundheitsverhaltens. Einführung in die Gesundheitspsychologie*. Hogrefe.

Literatur

Stanat, P., Schipolowski, S., Schneider, R., Sachse, K. A., Weirich, S., & Henschel, S. (Hrsg.). (2022). *IQB-Bildungstrend 2022*. Waxmann.

Statistisches Bundesamt (Destatis). (2021, August 03). Pressemitteilung Nr. N 049 vom 3. August 2021. https://www.destatis.de/DE/Presse/Pressemitteilungen/2021/08/PD21_N049_12.html. Zugegriffen am 10.05.2023.

Statistisches Bundesamt (Destatis). (2022a, November 03). https://www.destatis.de/DE/Themen/Arbeit/Arbeitsmarkt/Erwerbstaetigkeit/Tabellen/ilo-quartal-geschlecht-alter.html. Zugegriffen am 10.5.2023.

Statistisches Bundesamt (Destatis). (2022b, Oktober 21). https://www.destatis.de/DE/Themen/Gesellschaft-Umwelt/Soziales/Kindertagesbetreuung/Tabellen/betreuungsquote.html. Zugegriffen am 10.05.2023.

Statistisches Bundesamt (Destatis). (2022c, Oktober 05). Pressemitteilung Nr. N 062 vom 5. Oktober 2022. https://www.destatis.de/DE/Presse/Pressemitteilungen/2022/10/PD22_N062_63.html. Zugegriffen am 10.05.2023.

Statistisches Bundesamt (Destatis). (2022d, September 29). https://www.destatis.de/DE/Themen/Gesellschaft-Umwelt/Bildung-Forschung-Kultur/Bildungsindikatoren/schueler-allgemeinbildende-schulen-tabelle.html. Zugegriffen am 10.05.2023.

Statistisches Bundesamt (Destatis). (2022e, Dezember 21). Pressemitteilung Nr. 554 vom 21. Dezember 2022. https://www.destatis.de/DE/Presse/Pressemitteilungen/2022/12/PD22_554_224.html. Zugegriffen am 10.05.2023.

Statistisches Bundesamt (Destatis). (2023a, März 30). Zeitvergleich Familien in Deutschland. https://www.destatis.de/DE/Themen/Gesellschaft-Umwelt/Bevoelkerung/Haushalte-Familien/Tabellen/2-8-lr-familien.html. Zugegriffen am 09.05.2023.

Statistisches Bundesamt (Destatis). (2023b, März 30). https://www.destatis.de/DE/Themen/Gesellschaft-Umwelt/Bevoelkerung/Haushalte-Familien/Tabellen/4-1-alleinstehende.html. Zugegriffen am 10.05.2023.

Voß, G. G. (2001). Der eigene und der fremde Alltag. In G. G. Voß & M. Weihrich (Hrsg.), *Tagaus-Tagein. Neue Beiträge zur Soziologie Alltäglicher Lebensführung* (S. 203–217). Hampp.

Wahl, H.-W., & Schilling, O. (2018). Hohes Alter. In W. Schneider & U. Lindenberg (Hrsg.), *Entwicklungspsychologie* (8. Aufl., S. 319–344). Beltz.

Zeiher, H. J. (2001). Alltägliche Lebensführung: ein Ansatz bei Handlungsentscheidungen. In G. G. Voß & M. Weihrich (Hrsg.), *Tagaus-Tagein. Neue Beiträge zur Soziologie Alltäglicher Lebensführung* (S. 165–188). Hampp.

Lebenslagen mit besonderen Anforderungen

Inhaltsverzeichnis

3.1 **Problemsituationen in Kindheit und Jugend – 56**
3.1.1 Erziehungsschwierigkeiten – 56
3.1.2 Kinder und Jugendliche mit Behinderung – 62

3.2 **Krankheit und Pflegebedürftigkeit – 65**

3.3 **Menschen mit Behinderung – 71**

3.4 **Menschen in materieller Problemsituation – 77**

3.5 **Migration – 79**

3.6 **Rückblick und Ausblick – 81**
3.6.1 Zusammenfassung – 81
3.6.2 Bedeutung für Psychotherapeuten – 83

Literatur – 84

© Der/die Autor(en), exklusiv lizenziert an Springer-Verlag GmbH, DE, ein Teil von Springer Nature 2024
G. Rössler, W. Mack, *Pädagogik für Psychotherapeutinnen und Psychotherapeuten*,
https://doi.org/10.1007/978-3-662-68500-6_3

Einleitung

Manche Lebenslagen können Menschen nicht mit eigenen Ressourcen bewältigen; sie benötigen Hilfe oder Unterstützung von anderen. Dies kann in Kindheit und Jugend der Fall sein, wenn Eltern in ihrer Erziehungsaufgabe zu scheitern drohen. Im Erwachsenenalter können Krankheit, Pflegebedürftigkeit oder Behinderung die gewohnte Lebensführung beeinträchtigen und neue Anpassungen erfordern. Materielle Notlagen müssen überwunden und beispielsweise eine Migrationsgeschichte bewältigt werden.

Menschen mit psychischen Erkrankungen oder Störungen sind diesen besonderen Anforderungssituationen häufiger ausgesetzt: Die psychische Problematik eines Kindes überfordert die Erziehungskompetenz der Eltern, eine psychische Erkrankung verläuft chronisch und behindert den Betroffenen in seiner Lebensführung, eine Suchterkrankung führt zu Überschuldung. Ob nun kausal oder in einer Wechselwirkung stehend: Die spezifischen Anforderungen in den genannten Lebenslagen müssen bewältigt werden. Die pädagogische Arbeit, die hier zu leisten ist, stärkt vorhandene Ressourcen, unterstützt durch Beratung und Hilfe, vermittelt das Wissen und die Kompetenzen Betroffener mit dem Ziel, (wieder) ein eigenverantwortliches Leben zu führen und an Gesellschaft und Kultur teilzuhaben. Sie wird vor allem in der pädagogischen Subdisziplin Sozialpädagogik beschrieben; auf die Belange von Menschen mit Behinderung ausgerichtet sind die Disziplinen Sonder- bzw. Rehabilitationspädagogik.

Lernziele dieses Kapitels

In diesem Kapitel
- lernen Sie einige Lebenslagen kennen, in denen ein besonderer Unterstützungsbedarf besteht (Erziehungsschwierigkeiten, Krankheit und Pflegebedürftigkeit, Behinderung, materielle Notlagen, Migration) und entwickeln Verständnis für deren Besonderheiten,
- erwerben Sie vertiefte Kenntnisse über die pädagogischen Ansätze, die in den verschiedenen Lebenslagen genutzt werden, um Menschen in entsprechenden Lebenslagen zu einem selbstbestimmten Leben und zur Teilhabe zu verhelfen,
- erhalten Sie erste Einblicke in die pädagogischen Professionen und Strukturen, die in diesen Fällen zur Verfügung stehen.

Das Kapitel schließt mit einer Zusammenfassung und der Bedeutung der Thematik für angehende Psychotherapeutinnen und Psychotherapeuten.

3.1 Problemsituationen in Kindheit und Jugend

3.1.1 Erziehungsschwierigkeiten

Am Frühstückstisch bleibt ein Platz frei. Katja fragt: „Weiß jemand, was mit Dana ist?" Paul antwortet: „Nein, aber ich schaue gleich mal nach." Schon kurze Zeit später ist er zurück: „Dana ist noch im Bett. Sie sagt, sie muss nicht zur Schule, weil sie einen Termin hat." Es ist Katja anzusehen, dass ihr die Antwort nicht gefällt. Aber sie kommentiert es nicht, sondern spricht in die Runde: „Dann macht euch mal fertig für die

Schule, stellt vorher aber das Geschirr in die Spülmaschine. Die Pausenbrote liegen hinten. Nicht wieder vergessen, auch du nicht, Boris. Schönen Tag." Boris lächelt Katja verschmitzt an: „Vergesse ich nicht, du hast doch extra meinen Lieblingskäse drauf getan." Er packt seine Frühstücksbox und lässt seine Tasse auf dem Tisch stehen.

Dana liegt noch im Bett und daddelt auf ihrem Smartphone herum. Als Katja hereinkommt, erläutert sie, genervt und doch verlegen: „Ich muss doch heute zu dem Termin, und da brauche ich vorher nicht in die Schule!" Katja setzt sich auf den Stuhl vor Danas Schreibtisch: „Das hatten wir letzte Woche doch schon geklärt: Du gehst zur Schule. Nach dem Mittagessen holt Manfred dich ab und begleitet dich zum Termin. Und jetzt bitte: Raus aus der Falle und angezogen! Was zum Frühstücken bekommst du noch, und dann ab in die Schule." Dana mault: „Zur ersten Stunde schaffe ich das aber nicht mehr. Schreibst du mir eine Entschuldigung?"

Eine Szene, die sich so oder so ähnlich in vielen Familien mit pubertierenden Kindern abspielen könnte. Aber Katja und Manfred sind nicht die Eltern oder Stiefeltern, sondern sozialpädagogische Fachkräfte in einer stationären Kinder- und Jugendhilfeeinrichtung.

Dana ist nicht gut in der Schule, sie schwänzte und wurde bei Ladendiebstählen erwischt. Ihre alleinerziehende Mutter war mit ihr und ihrem jüngeren Bruder überfordert. Die Unterbringung in der Wohngruppe soll Dana helfen, ihren Schulabschluss zu machen. Paul hingegen ist sehr fleißig und hilfsbereit. Sein Vater hat eine schwere psychische Erkrankung, die vor Jahren zur Trennung von seiner Frau führte; Paul blieb bei seinem Vater und half ihm, wo er nur konnte. Als sein Vater für einige Zeit in eine Klinik musste, zog er in die Wohngruppe. Sein Vater ist zwar mittlerweile wieder entlassen und drängt auf Rückkehr, doch Paul soll sich noch einige Zeit in der Gruppe stabilisieren. Björn schließlich ist ein Junge, der sehr charmant sein kann, aber ständig seine Grenzen austestet; er kann sehr wütend werden, auch gewalttätig. Nach zwei Stationen in Pflegefamilien soll er in einer Wohngruppe lernen, sich zu kontrollieren.

In dieser fiktiven, an der Realität orientierten Beschreibung soll deutlich werden, wie komplex Problematiken in Kindheit und Jugend sein können. Natürlich können in jeder Lebensphase Situationen entstehen, die Menschen nicht ohne Hilfe oder Unterstützung anderer bewältigen können. In Kindheit und Jugend ist dies besonders schwierig: Ein Kind oder ein Jugendlicher kann auch bei sehr positiver Entwicklung ohne andere nicht leben, es bzw. er ist auf Erziehung und Betreuung angewiesen. Eltern sind dazu verpflichtet und können auf vielfältige Weise in dieser Aufgabe unterstützt werden, beginnend bei Kindertagesbetreuung und Jugendarbeit, wie im vorigen Kapitel beschreiben. Wenn es Probleme gibt und eine dem Wohl des Kindes entsprechende Erziehung nicht (mehr) gewährleistet ist, können **Hilfen zur Erziehung** (geregelt in §§ 27–35 SGB VIII) beansprucht werden.

Dabei ist es unerheblich, warum dieser Hilfebedarf entsteht. Aufgrund eigener Probleme oder mangelnder Erziehungskompetenz können Eltern mit der Erziehung der Kinder überfordert sein, aber auch Kinder durch Hyperaktivität oder Aggressivität besondere Anforderungen an ihre Eltern stellen. Eltern und Kinder bilden eine Einheit, in der sich Störungen auf alle Mitglieder auswirken und gegenseitig verstärken können.

Hilfen zur Erziehung werden nach dem Maß der Notwendigkeit möglichst niederschwellig gewährt. Unabhängig von Anlass und Form entscheidet das bei der Kommune oder im Kreis angesiedelte **Jugendamt** über Art und Ausgestaltung der Hilfen zur Erziehung (mit). Tätig werden muss das Jugendamt, wenn eine Gefährdung des

Wohls des Kindes oder des Jugendlichen dem Jugendamt bekannt (gegeben) wird (**Kindeswohlgefährdung** nach § 8a SGB VIII). Das Jugendamt muss sich gemeinsam mit Fachleuten ein Bild von der Intensität der Gefährdung verschaffen und geeignete Maßnahmen ergreifen bis hin zur **Inobhutnahme**, also der Herausnahme des Kindes oder des Jugendlichen aus der gefährdenden Situation auch gegen den Willen der Eltern. Personen, die beruflich im Kontakt mit Kindern und Jugendlichen stehen, haben nach § 8a und 8b SGB VIII bei dem Verdacht oder bei Hinweisen auf Kindeswohlgefährdung den Anspruch auf Beratung durch eine **Insoweit erfahrene Fachkraft** (**IseF**), die für diese Fragestellungen spezifisch geschult wurde. Auch wenn strafunmündige Kinder, also Kinder unter 14 Jahren, eine Straftat begehen, wird das Jugendamt eingeschaltet und überprüft, ob die Erziehung durch die Eltern adäquat ist oder ob weitere Hilfen nötig sind. Bei Strafmündigkeit, also einem Alter von über 14 zum Zeitpunkt der Straftat, werden Jugendliche nach dem **Jugendgerichtsgesetz** (**JGG**) verurteilt, das sich am Erziehungsgedanken orientiert.

Die **Hilfen zur Erziehung** sind unterschiedlich ausgestaltet (ambulant, stationär und teilstationär), sie werden bis zum Erreichen der Volljährigkeit gewährt, in Abhängigkeit vom Bedarf des Einzelnen auch für junge Erwachsene bis zum 27. Lebensjahr. Werden Hilfen zur Erziehung für notwendig gehalten, werden in Absprache mit den betroffenen Kindern und Jugendlichen sowie deren Eltern vom Leistungserbringer und dem Kostenträger (Jugendamt) in einem **Hilfeplan** Ziele und Vorgehensweisen bei den jeweiligen Hilfen zur Erziehung festgelegt.

Ziel aller Hilfen ist die Sicherung einer angemessenen Erziehung, wobei als wichtiger Ansatz die Stärkung der elterlichen Erziehungskompetenz gilt. Mit zunehmendem Alter des Jugendlichen gewinnt die Verselbstständigung an Bedeutung: Junge Menschen sollen lernen, in allen Lebensbelangen die Verantwortung für sich selber zu übernehmen, Beruf, Wohnung und ein soziales Netzwerk zu finden. ◘ Tab. 3.1 liefert einen Überblick über die verschiedenen Hilfen zur Erziehung und die Häufigkeit der Inanspruchnahme.

In der **Erziehungsberatung** als der mit Abstand häufigsten Form der Hilfen zur Erziehung können sich Eltern in allen Fragen der Erziehung und der Partnerschaft, die sich auf Erziehung und das Wohl von im Haushalt lebenden Kindern auswirken, beraten lassen. Themen sind Erziehungsschwierigkeiten oder der Umgang mit einer bevorstehenden Trennung der Eltern verbunden mit der Frage des künftigen Sorgerechts. Die **Beratung** ist nicht nur der Titel, sondern auch die Form der Hilfe (zur Beratung als Methode s. ▶ Kap. 4). Die Schilderung der Problematik ist ein erster Ansatz zur Klärung; es können vermittelnde Gespräche zum Beispiel der Kinder mit den Eltern oder der Eltern folgen. Bei Bedarf werden weitere Hilfen oder Maßnahmen empfohlen.

Die **Sozialpädagogische Familienhilfe** richtet sich an Eltern bzw. Familien, fördert deren Erziehungs- und Alltagskompetenzen und unterstützt bei der Bewältigung problematischer Situationen. Das Vorgehen erfolgt in mehreren Schritten. Zunächst werden Situation und Bedarfe geklärt. Anschließend wird mit der Familie beraten, welche Schritte und Maßnahmen notwendig oder hilfreich sein könnten; gemeinsam werden Lösungswege und Ziele entwickelt. In der Umsetzung der Lösung wird die Familie von den sozialpädagogischen Fachkräften auch praktisch unterstützt: Sie kümmern sich um die Versorgung von Kindern mit speziellen Problemen, stellen bei-

Tab. 3.1 Übersicht über Hilfen zur Erziehung im Jahr 2021. (Datenquelle: Statistisches Bundesamt [Destatis], ▶ https://www.destatis.de/DE/Themen/Gesellschaft-Umwelt/Soziales/Jugendarbeit/Tabellen/hilfen-erziehung-jungevolljaehrige.html [Zugegrifen am 15.5.2023]; eigene Darstellung)

Art der Hilfe	Anzahl der Hilfen	Anteil an Hilfen
Familienbezogene Hilfen	**175.335**	**18 %**
• Flexible Hilfe zur Erziehung (§ 27 SGB VIII)	34.732	4 %
• Sozialpädagogische Familienhilfe (§ 31 SGB VIII)	140.603	15 %
Einzelhilfen	**782.268**	**82 %**
• Flexible Hilfe zur Erziehung (§ 27 SGB VIII)	24.398	3 %
• Erziehungsberatung (§ 28 SGB VIII)	434.102	45 %
• Soziale Gruppenarbeit (§ 29 SGB VIII)	15.577	2 %
• Erziehungsbeistand/Betreuungshelfer (§ 30 SGB VIII)	68.591	7 %
• Erziehung in einer Tagesgruppe (§ 32 SGB VIII)	22.938	2 %
• Vollzeitpflege in einer anderen Familie (§ 33 SGB VIII)	87.329	9 %
• Heimerziehung, sonst. betr. Wohnform (§ 34 SGB VIII)	122.659	13 %
• Intensive sozialpäd. Einzelbetreuung (§ 35 SGB VIII)	6674	1 %
Hilfen zur Erziehung insgesamt	**957.603**	

spielsweise einen Antrag auf finanzielle Hilfen oder begleiten Eltern zu einem Behördentermin. In einer abschließenden Ablösungsphase sollen die Familien dann ohne diese Hilfe auskommen und selbstständig agieren.

Stehen Schwierigkeiten des Kindes oder des Jugendlichen im Vordergrund, kann ein **Erziehungsbeistand** eingerichtet werden. Eine sozialpädagogische Fachkraft kümmert sich um das Kind bzw. den Jugendlichen, unterstützt beratend und praktisch bei der Verselbstständigung, wobei Familie und soziales Umfeld einbezogen werden.

In **Tagesgruppen** werden Schulkinder mit Lern- und Anpassungsschwierigkeiten betreut und ihnen für die Zeit außerhalb der Schule eine Tagesstruktur angeboten. Sie erhalten Unterstützung bei den Hausaufgaben, können gemeinsam mit anderen spielen und ihre Freizeit gestalten und werden nach individuellem Bedarf einzeln gefördert.

Die stationäre Unterbringung in einer **Vollzeitpflege**, einem **Betreuten Wohnen** oder in einem **Heim** ist angezeigt, wenn der Erziehungs- und Betreuungsbedarf in der Herkunftsfamilie nicht gedeckt werden kann. Hier werden alle Aspekte der Erziehung und Betreuung in der Vollzeitpflege von **Pflegeeltern** bzw. Fachkräften übernommen. In dieser außerfamiliären Betreuungssituation wird Kindern oder Jugendlichen ein erkennbarer Rahmen und Gemeinschaft mit anderen gegeben, ergänzt bei Bedarf um spezifische Trainings und Therapien. Der Kontakt zur Herkunftsfamilie wird, soweit möglich, aufrechterhalten und gestärkt: Ziel ist die Rückführung in die

Familie oder, so dies nicht möglich ist oder der Jugendliche vor der Volljährigkeit steht, die Verselbstständigung, also die Befähigung, Verantwortung für sich und sein Leben selber zu übernehmen.

Eine **intensive sozialpädagogische Einzelbetreuung** ist schließlich für Kinder und Jugendliche angezeigt, die deutliche Verhaltensauffälligkeiten zeigen, vor allem stark aggressiv, gewalttätig oder kriminell sind.

Mit dem 18. Geburtstag endet zunächst einmal die Jugendhilfe und die jungen Erwachsenen verlassen das Betreuungssystem; sie werden als **Careleaver** bezeichnet. Sie können im Gegensatz zu ihren Altersgenossen häufig nicht auf die Unterstützung ihrer Eltern zum Beispiel bei der Wohnungssuche oder privaten Sorgen zählen, sondern sind auf sich gestellt. Ist zu befürchten, dass die Vorbereitung auf die Selbstständigkeit nicht ausreichte, kann auch über das 18. Lebensjahr hinaus Jugendhilfe tätig werden, häufig in Form einer ambulanten sozialpädagogischen Begleitung, die den jungen Erwachsenen aktiviert und bei Fragen ansprechbar ist.

- **Prinzipien der Hilfen zur Erziehung**

Hilfen zur Erziehung werden in einer Einrichtung oder durch einen Dienst erbracht, dessen Träger (Betreiber) seine Eignung nachgewiesen hat, die aus einer wissenschaftlich begründeten pädagogischen Konzeption, einer angemessenen räumlichen Ausstattung und vor allem aus der Beschäftigung von Mitarbeitern mit fachlichpädagogischen Qualifikationen besteht. Das zugrunde liegende Konzept der pädagogischen Betreuung wird im individuellen Hilfeplan, den das Jugendamt mit dem Jugendhilfeträger und dem bzw. den Betroffenen vereinbart, konkretisiert.

Die fachlichen Konzeptionen unterscheiden sich nach Art der Hilfe, nach Art der Klienten und der spezifischen Ausrichtung des jeweiligen Trägers. Dennoch lassen sich einige Prinzipien pädagogischer Arbeit in den Hilfen zur Erziehung erkennen.

- **Beziehung und Bindung**

Erziehung setzt eine **Beziehung** zwischen Edukator und Edukanden voraus: Diese Konstellation, die sich in einer Familie durch Zusammenleben und Verwandtschaft quasi von selbst ergibt, muss zwischen der professionellen Kraft und dem Betreuten aufgebaut werden. Vor allem in stationären Wohnsituationen leben Kinder und Jugendliche, die mindestens einen, meistens sogar mehrere Beziehungsabbrüche erlebt haben und sich schwer dabei tun, Vertrauen zu Bezugspersonen aufzubauen. Sie provozieren, verhalten sich aggressiv, unbeherrscht oder explosiv. Dieses Verhalten kann zum Abbruch der Hilfe führen und damit erneut zum Beziehungsabbruch, eine neue Betreuung muss gesucht werden. Bei einigen Kindern oder Jugendlichen wiederholt sich dieser Ablauf immer wieder.

Das bestehende System der Jugendhilfe bietet diesen Kindern und Jugendlichen also keine adäquate Hilfe, sie „sprengen" dieses System und werden nicht unbedingt förderlich als Systemsprenger bezeichnet. In einem Herausgeberband (Kieslinger et al., 2021) werden die Ursachen für dieses Verhalten ebenso diskutiert wie pädagogische Ansätze, den Teufelskreis aus immer neuen Hilfeformen und Hilfeabbrüchen zu durchbrechen.

In der **Traumapädagogik** (nach Gebrande, 2021) wird dieses Verhalten vor allem auf traumatische Erfahrungen zurückgeführt. Unterbrochen werden kann das Verhalten durch einen emotional-orientierten Dialog zwischen Erzieher und Kind in einem geschützten Raum der Einrichtung, mit dem Vertrauen und Bindung aufgebaut, Re-Traumatisierung vermieden und eine Stabilisierung erreicht werden kann.

Auch ohne Bezug auf traumapädagogische Grundlagen wird in der Jugendhilfe häufig mit einer **Bezugsbetreuung** gearbeitet, d. h. ein Betreuer einer Jugendhilfeeinrichtung hat einen speziellen Ansprechpartner innerhalb des Fachpersonals, der erste Anlaufstelle ist und sich besonders mit den persönlichen Angelegenheiten des Betreuten beschäftigt. Vertrauen und Bindung werden aufgebaut und aus dieser Beziehung heraus inadäquates Verhalten korrigiert sowie adäquates Verhalten aufgebaut. Der Pädagoge lässt erkennen, dass provozierendes Verhalten nicht in Ordnung ist und gegebenenfalls sanktioniert wird, dass dieses aber nicht zu einem Beziehungsabbruch führt. Und das nicht nur einmal, sondern immer wieder. Der Pädagoge muss sich deshalb in seiner Haltung stets überprüfen: Ist die notwendige Distanz, um planvoll auf den Betreuten einzugehen, vorhanden, aber auch die erforderliche Nähe, um dessen Vertrauen zu gewinnen und aufrecht zu erhalten (vgl. ▶ Kap. 4)?

- **Ressourcenorientierung und Resilienz**

Das Aufdecken und Nutzbarmachen von **Ressourcen** ist ein wichtiger Schritt zur Ablösung von der professionellen Hilfe hin zur selbstständigen Aktivität von Familien und von Kindern bzw. Jugendlichen auf dem Weg in die Eigenverantwortung. Das aus der Psychologie bekannte Konzept der **Resilienz** hilft, persönliche und soziale Ressourcen zu identifizieren.

Persönliche Ressourcen wie Selbstwertgefühl und Selbstwirksamkeitsüberzeugungen und Kompetenzen lassen Kinder und Jugendliche eigenständig und unabhängig werden, auch wenn Eltern nicht stützend sind. Durch Gespräche, Trainings und (pädagogische) Therapien (vgl. ▶ Kap. 4), sollen selbstbezogene Überzeugungen und Kompetenzen gestärkt und verfügbar gemacht werden.

Soziale Ressourcen sind der zweite große Bereich. Hier ist es wichtig, dass Kinder und Jugendliche soziale Kompetenzen wie Empathie und Konfliktfähigkeit entwickeln, um sich soziale Ressourcen nutzbar machen zu können, Freunde oder Bekannte um Rat zu bitten oder auch sich selber zu helfen. Gruppenarbeit, gemeinsame Unternehmungen und die Stärkung der Impulskontrolle sind Ansätze auf diesem Weg. Über den sozialen Nahraum hinaus sollten v. a. in der Familienbegleitung Netzwerke erschlossen werden, die eine eigenständige Problembewältigung ermöglichen.

- **Alltagsstruktur, Regeln und Grenzen**

Den Alltag mit allen seinen Anforderungen zu bewältigen, ist für Kinder und Eltern bei Erziehungsschwierigkeiten nicht einfach. Zur notwendigen Alltagskompetenz gehört, den **Alltag zu strukturieren**, beispielsweise verlässliche Zeiten und Bedingungen für Aktivitäten wie den Schulbesuch und Hausaufgaben, Sport, Gemeinschaft sowie Entspannung und Ruhe zu schaffen. **Regeln** helfen, die Struktur transparent und einhaltbar zu machen.

Struktur und Regeln gemeinsam zu besprechen und sich freiwillig daran zu halten, ist das Vorgehen (und die Hoffnung) einer Pädagogik, die auf dem Verständnis kindlicher und jugendlicher Verhaltens- und Erlebensweisen aufbaut und eigenständige Entwicklung anregt. Deutliche, erkennbare **Grenzen** werden bei schädlichem Verhalten gesetzt, wenn beispielsweise Jugendliche aggressiv gegen andere sind (Huber & Kirchschlager, 2019). Sanktionen oder Strafen, die auf ein solches Verhalten folgen, sind im lerntheoretischen Sinn negative Konsequenzen, die zu einer Löschung führen sollen. Körperliche, demütigende oder verängstigende Strafen, die unter der Bezeichnung *Schwarze Pädagogik* zusammengefasst werden, sind natürlich ausgeschlossen.

In der **Konfrontativen Pädagogik** (Weidner & Gilb, 2008) folgen diese Konsequenzen unmittelbar auf unerwünschtes, aggressives Verhalten: Der Pädagoge konfrontiert den Jugendlichen mit der Unangemessenheit seines Verhaltens, es wird nicht geduldet. Konfrontative Pädagogik sieht sich damit als Gegenstück zu einer Laissez-faire-Haltung, die auf langsame Bewusstseinsveränderung beim Jugendlichen durch Beziehungsaufbau setzt. Auch der konfrontative Ansatz setzt eine positiven Haltung und Bindung des Pädagogen zum zu Erziehenden voraus: „Den Menschen mögen und verstehen, aber mit seinem (abweichenden bis kriminellen) Handeln nicht einverstanden sein!" (Weidner & Gilb, 2008, S. 9).

- **Krisen**

Krisen innerhalb der Hilfen zur Erziehung können unterschiedliche Gründe haben, wenn ein schulisches Ziel nicht erreicht wurde oder das so lange erwartete Weihnachtsfest in der Familie mit Streit endet und der Jugendliche vorzeitig vom Familienbesuch ins Heim zurückkehrt. Ob die Folgen beim Einzelnen nun übersteigerte Aggressivität oder extremer Rückzug sind: Es ist ersichtlich, dass dem Betreuten in dieser spezifischen Situation keine ausreichenden, adäquaten Bewältigungsmöglichkeiten zur Verfügung stehen und er stark, mit negativen Emotionen reagiert. Krisen müssen beachtet und die Schwere der Reaktion abgeschätzt werden. Unter Umständen müssen, je nach Hilfeform, weitere Instanzen eingeschaltet werden, um betroffene Kinder und Jugendliche zu schützen und unbeschadet aus der Krise zu begleiten.

3.1.2 Kinder und Jugendliche mit Behinderung

Bei den Jugendlichen, die zu Beginn des Kapitels in einer kleinen Szene auftraten, würde im Rahmen der Hilfeplanung sicher die Frage gestellt werden, ob die Gründe für die Problematiken vielleicht in einer psychischen Beeinträchtigung oder Krankheit liegen: Bei Dana, die die Schule schwänzt, eine Lernbehinderung, Paul, der die Erkrankung seines Vaters erlebt und auszugleichen versucht, ist überangepasst, vielleicht depressiv, und Boris, einerseits charmant und andererseits ausagierend aggressiv, weist Symptome einer Sozialverhaltensstörung auf. Sofern diese Beeinträchtigungen oder Störungen nicht nur vorübergehend die Teilhabe an Gemeinschaft und Gesellschaft, an Bildung und sozialem Austausch beeinträchtigen, gelten sie als Behinderung. Kinder und Jugendliche, die beeinträchtigt oder behindert sind, stellen besondere Anforderungen, wenn es um ihr Recht auf Betreuung, Erziehung und Bildung geht, zunächst und vor allem an ihre Eltern und Geschwister. Eltern müssen besondere Bedarfe ihres Kindes erkennen und Wege finden, diese zu erfüllen, und Geschwisterkinder müssen akzeptieren, dass das behinderte Kind unter Umständen die Aufmerksamkeit der Eltern bevorzugt in Anspruch nimmt.

3.1 · Problemsituationen in Kindheit und Jugend

(Dieser Abschnitt bezieht sich auf die besondere Situation von Kindern und Jugendlichen mit Behinderung und deren Familien; im Abschnitt „Menschen mit Behinderung" wird das Thema vertieft und Inklusion im Allgemeinen besprochen.)

Im Jahr 2017 galten 1,8 % der Kinder und Jugendlichen unter 15 Jahren als beeinträchtigt (Bundesministerium für Arbeit und Soziales, April 2021b, S. 38). Bei Behinderung besteht der Anspruch auf Leistungen der Eingliederungshilfe auch in der Kindertagesbetreuung; im Jahr 2018 erhielten 0,5 % der Kinder bis drei Jahren und 3,1 % der Kinder ab drei Jahren eine solche Hilfe (Bundesministerium für Arbeit und Soziales, April 2021b, S. 131).

Der Anteil an behinderungsbedingtem Unterstützungsbedarf steigt in der Schule weiter an: 7 % der Schüler bis zum Ende der Pflichtschulzeit erhielten 2020 eine sonderpädagogische Förderung (Sekretariat der Ständigen Konferenz der Kultusminister der Länder in der Bundesrepublik Deutschland, Januar 2022). ◘ Tab. 3.2 zeigt die Verteilung über die verschiedenen, durch die Art der Behinderung oder Beeinträchtigung definierten Förderschwerpunkte und außerdem, welcher Anteil der geförderten Kinder eine allgemeine Schule besucht.

Erziehung und Bildung behinderter Kinder und Jugendlicher hat die gleiche Zielstellung wie die ihrer nichtbehinderten Altersgenossen: Kinder und Jugendliche sollen Verantwortung für sich und andere übernehmen, an der Gesellschaft aktiv teilnehmen und teilhaben. Behinderte und nichtbehinderte Kinder und Jugendliche soll-

◘ **Tab. 3.2** Schüler mit sonderpädagogischem Förderbedarf in Deutschland 2020. (Datenquelle: Sekretariat der Ständigen Konferenz der Kultusminister der Länder in der Bundesrepublik Deutschland, 2022; eigene Darstellung)

Bereiche	Anzahl	Anteil	davon in allg. Schulen	Förderrelation
Förderschwerpunkt Lernen	228.121	39 %	52 %	3,08
Andere Förderschwerpunkte:	343.087	59 %	39 %	4,63
• Sehen	9916	2 %	51 %	0,13
• Hören	21.970	4 %	53 %	0,30
• Sprache	59.230	10 %	48 %	0,80
• Körperliche und motorische Entwicklung	39.479	7 %	36 %	0,53
• Geistige Entwicklung	100.040	17 %	14 %	1,35
• Emotionale und soziale Entwicklung	103.571	18 %	57 %	1,40
• Förderschwerpunkt übergreifend oder ohne Zuordnung	7488	1 %	30 %	0,10
• Lernen, Sprache, emotionale und soziale Entwicklung	1393	0 %	0 %	0,02
Kranke	11.210	2 %	4 %	k. A.
Schüler insgesamt	**582.418**	**100 %**	**44 %**	**7,71**

ten diese Zeit gemeinsam erleben. In **Integrationskindergärten** oder allgemeinen Schulen mit **Integrationsplätzen** werden behinderte und nichtbehinderte Kinder gemeinsam erzogen und gebildet.

Das Ziel einer gemeinsamen, **inklusiven Erziehung** und Bildung behinderter und nichtbehinderter Kinder und Jugendlicher ist jedoch (noch) nicht erreicht, weder in der Betreuung, wie man der ◘ Tab. 3.2 entnehmen kann, noch in den gesetzlichen Grundlagen mit unterschiedlichen Zuständigkeiten für behinderte Kinder nach Art der Behinderung und nichtbehinderte Kinder. Es ist jedoch geplant, alle Hilfen für Kinder und Jugendliche in den nächsten Jahren im *Sozialgesetzbuch VIII Kinder- und Jugendhilfe* zu regeln (Hopmann, 2021).

Unabhängig von der Art der Beeinträchtigung stehen Kindern, die behindert oder von Behinderung bedroht sind, **Früherkennung** und **Frühförderung** (nach § 46 SGB IX), **heilpädagogische Leistungen** und **sonderpädagogische Förderung** in der schulischen und beruflichen Bildung sowie in der Lebensführungs- und sozialen Kompetenz zu (zur Begriffsbestimmung s. auch nächster Abschnitt).

Frühförderung umfasst alle Maßnahmen, die geeignet sind, Behinderung bei Kindern möglichst früh zu erkennen, bestehende Behinderungen auszugleichen oder zu mildern. Die Maßnahmen können psychologisch, nichtärztlich therapeutisch, sonder- oder heilpädagogisch sein. **Frühförderstellen**, die von den Ländern eingerichtet werden, beraten Eltern und koordinieren die Hilfen.

Mit **Förderkindergärten** und **Förderschulen** hat sich eine Struktur entwickelt, die sich speziell auf die Belange von Kindern und Jugendlichen mit Behinderung einstellt (die Bezeichnungen können sich je nach Bundesland ändern), wobei nach Förderschwerpunkten unterschieden wird (vgl. ◘ Tab. 3.2). Die spezifische Förderung für junge Menschen mit Behinderung setzt sich bei der beruflichen Ausbildung fort, wo es verschiedene Unterstützungsmaßnahmen gibt bis hin zu **Berufsbildungswerken** oder der **beruflichen Bildung** in einer Werkstatt für behinderte Menschen.

Heilpädagogische Methoden beziehen sich auf psychologische, v. a. lerntheoretische, und/oder pädagogische Grundlagen beispielsweise in der Tradition Montessoris; die Unterscheidung zwischen therapeutischer Erziehung und heilpädagogischer Therapie ist fließend (Neuhäuser & Klein, 2019). In der Heilpädagogik werden **alle** Sinne der Kinder genutzt, um eine Basis für Kommunikation zu finden und Lernen zu fördern. Neben Sehen und Hören werden durch verschiedene Materialien der Tast- und Geruchssinn, durch auch passive Bewegungen Gleichgewichtssinn und Propriozeption angeregt. Durch Spiel und/oder Übungen wird die Wahrnehmungsfähigkeit gestärkt, rhythmische und psychomotorische Elemente fördern Körpergefühl und -beherrschung sowie das Behalten des Gelernten.

In Abhängigkeit von Art und Ausmaß der Behinderung wurden Methoden entwickelt, teilweise unter speziellen Namen auch rechtlich geschützt, die in einem Einzel- oder Kleingruppen-Setting angewandt werden. Bekannt ist die **Basale Stimulation**, die sich an Personen mit schweren und multiplen Behinderungen richtet. In einer entspannten Atmosphäre werden Bewegungen eines behinderten Kindes aufgenommen, behutsam geführt und sensumotorische Erfahrungen vermittelt. Ziel ist, über Berührung und körperliche Nähe mit Kindern in Austausch zu treten, deren Mitteilungsfähigkeit eingeschränkt ist. Beim **Snoezelen** sollen sich Kinder entspannen, zur Ruhe kommen und wieder aufnahmefähig werden. In eigens dafür eingerichteten Räumen werden starke Reize wie Lärm oder grelles Licht ausgeschaltet, und durch beruhigende Geräusche oder Musik, durch gedämpftes Licht und angenehmen Duft eine ruhige, aber nicht deprivierende Umgebung geschaffen. Einen Überblick über diese und weitere Methoden liefern Theunissen (2016) sowie Thurmair und Naggl (2010).

In der schulischen Bildung werden Maßnahmen eingesetzt, um Beeinträchtigungen wie Lernschwierigkeiten oder Verhaltensauffälligkeiten zu verhindern oder zu reduzieren. Einen Überblick über **pädagogisch-psychologische Trainings** allgemeiner und spezieller Lernvoraussetzungen liefern Schneider und Berger (2011), unter speziellen Lernvoraussetzungen werden auch motivationale und emotional-affektive Voraussetzungen verstanden. Wird ein sonderpädagogischer Förderbedarf festgestellt, kann dieser entweder in der Regelschule oder einer Förderschule gedeckt werden. In der **Sonderpädagogik** als Subdisziplin der Pädagogik, die sich auf die besonderen Bedarfe und Anforderungen an Erziehung und Bildung von Menschen mit Behinderung richtet, wird die Didaktik vermittelt, mit der Kinder entsprechend ihrem spezifischen Förderbedarf unterrichtet werden. Kinder mit motorischen Einschränkungen können ein anderes didaktisches Vorgehen erwarten als Kinder mit einer Sinnesbeeinträchtigung, für Kinder mit sozial-emotionalen Störungen muss der Schulunterricht in einer Klasse wieder anders gestaltet werden. Die Spezialisierung von Förderschullehrern orientiert sich an den Förderschwerpunkten, z. B. der Lern- oder der Sehbehindertenpädagogik.

Behinderte und nichtbehinderte Kinder gemeinsam zu unterrichten, heißt mehr, als Plätze anzubieten, sondern auch entsprechende pädagogische Voraussetzungen zu schaffen. In der **inklusiven Pädagogik** werden die schul- und sonderpädagogischen Kompetenzen und Methoden beschrieben, die Inklusion im schulischen Kontext und damit die gemeinsame Bildung behinderter und nichtbehinderter Kinder fördern.

Heimlich (2019, S. 160) stellt acht Prinzipien für **inklusiven Unterricht** vor, wobei Prinzipien wie *Handlungsorientierung*, *Selbsttätigkeit*, *Fächerverbindung* und *Alltagsnähe* aus der allgemeinen Didaktik bekannt sind. Das Prinzip *Differenzierung und Individualisierung* und das Prinzip *Zielorientierung* weisen auf die besonderen Anforderungen einzelner zu unterrichtender Kinder hin: Der Lernstoff muss auf die individuellen Kompetenzen und Förderbedürfnisse der Schüler ausgerichtet sein, entsprechend werden die Ziele für den Einzelnen definiert. Bei Kindern, deren Sensorik, Motorik oder Lernfähigkeit eingeschränkt ist, müssen möglichst viele Sinne (Prinzip: Lernen mit vielen Sinnen) angesprochen werden, um Lernen zu ermöglichen und Gelerntes zu stabilisieren. Das Prinzip des *Sozialen Lernens* bekommt im inklusiven Unterricht eine weitere Dimension, wenn behinderte und nichtbehinderte Kinder im gemeinsamen Arbeiten gegenseitige Stärken kennenlernen und Schwächen in der Gemeinschaft ausgleichen.

3.2 Krankheit und Pflegebedürftigkeit

Krankheiten, vor allem längerdauernde Erkrankungen und deren Folgen, können zu einer Situation führen, in der ein erwachsener, ansonsten selbstständig lebender Mensch auf Hilfe und Unterstützung angewiesen ist. Krankheiten zu verhindern und Gesundheit zu fördern, soll beispielsweise durch **Gesundheitspädagogik** (s. ▶ Kap. 2) und andere Maßnahmen und Ansätze der Gesundheitsförderung erreicht werden. Wer dennoch krank ist, braucht Pflege. Wenn es gut geht, kann ein Erkrankter sich selber pflegen: Einen Schnupfen oder einen Magen-Darm-Infekt kann man in der Regel selber auskurieren. Ein Arztbesuch ist nicht nötig und auch der Arbeitgeber verlangt meist erst nach drei Krankheitstagen eine ärztliche Arbeitsunfähigkeitsbescheinigung. Auch bei längerdauernden Erkrankungen pflegt man sich manchmal selber: Man besorgt sich verordnete Medikamente und hält sich, so gut es geht, an ärztliche Anweisungen. Schwieriger wird es, wenn die Erkrankung schwerer ist und der Kranke sich nicht allein um sich und seine Gesundung kümmern kann, auch kein familiales Netzwerk hat, das beispielsweise Besorgungen übernehmen oder Hausarbeit erledigen kann.

Krankheit wird zunächst als Funktionsstörung eines Individuums verstanden; gestört können physische, kognitive und emotionale Funktionen sein. Ab wann eine Störung zu einer Krankheit wird, kann sowohl über das Ausmaß der Störung als auch die Qualität, z. B. das subjektive Krankheitsempfinden, bestimmt werden. Krankheiten werden nosologisch zu Gruppen zusammengefasst. Durch eine internationale Konvention, die **Internationale statistische Klassifikation der Krankheiten und verwandter Gesundheitsprobleme (ICD),** werden diese Einheiten international einheitlich verwendet (Bundesinstitut für Arzneimittel und Medizinprodukte, 2023). Dort sind Krankheiten in 22 Kapitel (A bis U) aufgeteilt, die wiederum in Gruppen unterteilt und numerisch indiziert werden. Das Kapitel F bezieht sich beispielsweise auf psychische und Verhaltensstörungen, die 30er Gruppe darin auf affektive Psychosen, die ganzzahligen Kodierungen von 30 bis 39 auf verschiedene Formen affektiver Psychosen, die Nachkommastellen auf den Schweregrad oder eine spezifische Ausformung. Die Kodierung F32.2 bedeutet also, dass der Patient an einer schweren depressiven Episode ohne psychotische Symptome leidet. Behandelnde Ärzte und Psychotherapeuten müssen z. B. für die Abrechnung ihrer Leistungen die Erkrankungen ihrer Patienten nach ICD kodieren. Dadurch sind statistische Auswertungen zu Krankheitsverteilung und Krankheitsfolgen möglich.

Egal welche Krankheit einen Menschen betrifft, sie sollte nicht zu materieller Not führen. Die Kosten von Behandlungen gesetzlich krankenversicherter Personen durch zugelassene Therapeuten werden durch die gesetzliche Krankenversicherung übernommen, sofern die Behandlung durch Richtlinien des **Gemeinsamen Bundesausschusses (G-BA)** anerkannt wurde. Beispielsweise wurden in der Psychotherapie-Richtlinie des G-BA folgende psychotherapeutische Verfahren anerkannt: die psychoanalytisch begründeten Verfahren, die Verhaltenstherapie und die systemische Therapie.

Durch weitere Regelungen wird das **Einkommen während einer Krankheit** gesichert, beginnend mit der Verpflichtung von Arbeitgebern, auch im Krankheitsfall Lohn bis zu sechs Wochen weiterzuzahlen (§ 3 Entgeltfortzahlungsgesetz (EntG)), und die Krankengeldzahlung, die die Krankenversicherung bei länger dauernder Krankheit übernimmt (§ 44 SGB V Krankengeld). Im Jahr 2021 waren Arbeitnehmer in Deutschland durchschnittlich 11,2 Tage arbeitsunfähig mit ärztlicher Bescheinigung, das heißt, die wirkliche Zahl dürfte, da i. d. R. eine ärztliche Bescheinigung erst nach drei Krankheitstagen notwendig ist, darüber liegen (Statistisches Bundesamt (Destatis) 2023a). Nach 78 Wochen endet die Krankengeldzahlung an Arbeitnehmer. Diese *Aussteuerung* kann bedeuten, dass eine Arbeitsfähigkeit absehbar nicht mehr hergestellt werden und ein Arbeitnehmer **Erwerbsminderungsrente** beantragen kann. Für das Jahr 2021 wurden von der Deutschen Rentenversicherung 165.803 Zugänge zur Erwerbsminderungsrente erfasst, davon 42 % wegen psychischer Störungen (Deutsche Rentenversicherung Bund, 2022). Das Risiko für Erkrankungen und schwerwiegendere Erkrankungen steigt mit dem Alter deutlich an, was man beispielsweise durch die Krankheitskosten abbilden kann. **Krankheitskosten** bilden die volkswirtschaftlich-ökonomische Komponente von Krankheiten ab, die Kosten, die pro Jahr unmittelbar einer medizinischen Heilbehandlung, einer Präventions-, Rehabilitations- oder Pflegemaßnahme zurechenbar sind. Während im Alter bis 15 Jahren pro Kopf durchschnittlich Krankheitskosten von 2440 € anfielen, waren es bei den über 84-Jährigen durchschnittlich 25.350 € pro Kopf (Statistisches Bundesamt (Destatis), 27.07.2022b).

Besteht bei einer akuten Erkrankung die Gefahr einer pflegerischen Unterversorgung, kann unter Umständen Anspruch auf **häusliche Krankenpflege** nach § 37 SGB V geltend gemacht werden, die die Behandlungspflege (also die Gabe von Medikamenten, Wundversorgung und die Versorgung von Kathetern und Magensonden), die Grundpflege (die Sicherstellung von Nahrung und Körperpflege, auch bei Ausscheidungen) und die hauswirtschaftliche Versorgung (Wäsche, Einkaufen etc.) umfasst, jedoch nur, wenn kein Haushaltsangehöriger oder eine andere Person dies übernehmen kann. Diese Aufgaben können dann durch **ambulante Pflegedienste** übernommen werden.

Bei schweren Erkrankungen, die eine ständige Verfügbarkeit ärztlicher und pflegerischer Behandlung notwendig machen, kann ein stationärer Krankenhausaufenthalt angezeigt sein. Nach einem längeren Krankenhausaufenthalt stellt sich unter Umständen die Frage der weiteren Versorgung: Ist diese in den eigenen vier Wänden möglich oder besteht der Bedarf für weitere Maßnahmen? Hier kann der **Krankenhaussozialdienst** als Teil der Sozialarbeit im Gesundheitswesen unterstützen. Hoy (2021) beschreibt die Aufgaben der sozialen Arbeit im Krankenhaus als Beratung und Begleitung von Patienten, die akut stationär versorgt werden. In der psychosozialen Intervention werden psychische und soziale Probleme des Patienten bearbeitet, beispielsweise die psychische Bewältigung einer Erkrankung oder die Klärung sozialer und familiärer Konflikte sowie existenzieller Ängste und Krisen bei möglicherweise tödlichen Erkrankungen. Mit der sozialen Intervention werden soziale Aspekte der Erkrankung angesprochen, Kommunikationsfähigkeit und Kontakt zur (bisherigen) sozialen Umwelt hergestellt. Die wirtschaftliche Intervention schließlich bezieht sich auf die Beratung und Unterstützung bei der Erlangung zustehender Leistungen. Und schließlich kann der Krankhaussozialdienst in die Organisation der ambulanten und stationären Nachsorge bzw. der Medizinischen Rehabilitation (**Entlassmanagement**) eingebunden sein.

Die Wiederherstellung der Gesundheit und damit der Arbeitsfähigkeit ist ein Ziel therapeutischer Behandlung und sozialpädagogischer Intervention. Arbeitswelt und Arbeit wurden bislang als stabilisierender Faktor dargestellt, als Quelle von Einkommen, sozialer Kontakte und Selbstwertgefühl. Doch Arbeit kann auch krank machen, durch physische und psychische Belastungen.

Gesetzlich vorgeschrieben sind **Arbeitsschutzmaßnahmen**, die ein Arbeitgeber treffen muss, um Unfälle zu verhüten und die Gesundheit der Mitarbeiter zu fördern. Dazu zählen, auch historisch gesehen zuerst, physische Schutzmaßnahmen wie das Tragen von Schutzbrillen und Helmen, die Absicherung gefährlicher Werkzeuge und die optimale Abstimmung von Bildschirm, Schreibtisch und Bürostuhl. Basis für das Einrichten dieser Maßnahmen sind **Gefährdungsbeurteilungen**, die für jeden Arbeitsplatz erstellt werden müssen und neben den gefährdenden Faktoren auch die Maßnahmen zu deren Behebung bzw. zum Umgang damit auflisten. Seit ca. zehn Jahren wird der Tatsache Rechnung getragen, dass ein hoher Teil an Belastung psychisch erzeugt oder vermittelt wird: Für Arbeitsplätze wird eine **Gefährdungsbeurteilung psychische Belastung** verlangt.

Die Berufsgenossenschaft für Gesundheitsdienst und Wohlfahrtspflege (BGW), der Unfallversicherer für Betriebe der gesundheitlichen und sozialen Versorgung, darunter auch für psychotherapeutische Praxen, hat einen Leitfaden für die Erstellung der Gefährdungsbeurteilung psychische Belastung entwickelt, der hier exemplarisch vorgestellt wird (Berufsgenossenschaft für Gesundheitsdienst und Wohlfahrtspflege, 2019). Durch einen Fragebogen werden psychische Belastungen in fünf Handlungsfeldern erfasst:

- Arbeitsinhalt und -aufgabe: Kontrollierbarkeit und Eigenverantwortlichkeit, zu emotionale Belastungen durch Klienten oder Betreute
- Arbeitsorganisation: Abläufe, Informationsfluss
- Soziale Beziehungen am Arbeitsplatz: im Team, zu Vorgesetzten
- Arbeitsumgebung: Ergonomie, Lärm
- Arbeitsformen: Work-Life-Balance, Zeitverträge, Home-Office

Die Auswertung der Fragebögen (und weiterer Angaben) ist Basis für die Entwicklung von Maßnahmen sowohl auf betrieblicher Ebene als auch auf Abteilungs- und Arbeitsplatzebene.

Die Durchführung und Überwachung des gesamten Prozesses ist Teil des **Betrieblichen Gesundheitsmanagements (BGM)** als einer betrieblichen Aufgabe, die in größeren Unternehmen bisweilen von einer eigenen Organisationseinheit wahrgenommen wird. Die Gefährdungsbeurteilungen werden genutzt, um Belastungen zu erkennen, zu beseitigen, zu reduzieren oder bewältigbar zu machen. Maßnahmen können eine Beratung zur Arbeitsorganisation und Informationsvermittlung im Betrieb oder bei Teamkonflikten regelmäßige Teamsupervisionen sein.

Eine weitere betriebliche Aufgabe, die dem Betrieblichen Gesundheitsmanagement zugerechnet werden kann, ist das **Betriebliche Eingliederungsmanagement (BEM)**. Diese Maßnahme muss ein Arbeitgeber Mitarbeitern anbieten, die aufgrund einer Erkrankung längere Zeit, mehr als 42 Tage in einem Kalenderjahr, arbeitsunfähig (AU) waren, wie es für Menschen mit chronischen, wiederkehrenden Erkrankungen, darunter auch psychischen Erkrankungen, nicht selten der Fall ist. Die AU-Tage müssen nicht unbedingt im zeitlichen Zusammenhang stehen und können durch unterschiedliche Erkrankungen verursacht sein. Der Arbeitnehmer muss weder am BEM teilnehmen noch die Ursache für die Erkrankung, die Diagnose, nennen; nimmt er teil, kann er sich begleiten lassen.

Das **BEM** wird von speziell geschulten Mitarbeitern des Betrieblichen Gesundheitsmanagements oder vom Vorgesetzten durchgeführt. Gemeinsam wird besprochen, ob es Faktoren in der Tätigkeit gibt, die die oder eine Erkrankung fördern, und der Umgang damit. Auch protektiv wirkende Faktoren werden besprochen. Ziel des BEM ist, Arbeitsfähigkeit dauerhaft zu erhalten und/oder eine neue Erkrankung zu verhindern. Eine Maßnahme kann sein, dass nach längerer Erkrankung eine stufenweise Wiedereingliederung erfolgt: Im sog. Hamburger Modell wird über einen Zeitraum von ca. 2 Monaten die tägliche Arbeitszeit von 2 h auf die übliche tägliche Arbeitszeit gesteigert.

3.2 · Krankheit und Pflegebedürftigkeit

Seitens des Versorgungssystems der gesetzlichen Krankenversicherung wird mit strukturierten Behandlungsprogrammen, den **Disease-Management-Programmen (DMP)**, versucht, Patienten bei der Bewältigung einiger chronischer Erkrankungen, darunter Diabetes Mellitus, chronische Rückenschmerzen und Depression als bislang einzige psychische Erkrankung, zu unterstützen und zu begleiten. Sofern die Krankenversicherung eines Patienten ein DMP für dessen Erkrankung anbietet, hat der Patient die Möglichkeit, sich einen behandelnden Arzt auszuwählen, der Behandlungen und Schulungen über Anbieter und Einrichtungen hinweg koordiniert, Termine vorbereitet und nachhält. Beim DMP für Patienten mit Depression sind dabei die medikamentöse und psychotherapeutische Behandlung zu koordinieren, darüber hinaus sollen in Schulungen Verständnis für die Art der Erkrankung auf der Basis des bio-psycho-sozialen Krankheitsmodells vermittelt werden. Der Patient soll bei einer eventuell notwendigen Lebensstiländerung unterstützt, in Krisen intensiv und auch zugehend begleitet werden.

Durch einige Angebote speziell für **Menschen mit psychischen Erkrankungen** sollen längerdauernde stationäre Aufenthalte oder ein steter Wechsel zwischen stationärer und ambulanter Betreuung (*Drehtürpsychiatrie*) vermieden werden. Durch organisierte Hilfestellungen sollen nach einem stationären Aufenthalt erreichte Stabilisierungen aufrechterhalten werden, damit Menschen mit chronischen oder wiederkehrenden psychischen Erkrankungen nicht immer wieder oder dauerhaft stationär behandelt werden müssen.

Die **Soziotherapie** (nach § 37a SGB V) ist eine Leistung für Menschen mit schweren psychischen Erkrankungen, die aufgrund ihrer Erkrankung nicht in der Lage sind, selbstständig ärztliche oder psychotherapeutische Leistungen in Anspruch zu nehmen. Soziotherapeuten koordinieren die Leistungen und motivieren die Erkrankten, die notwendigen medizinischen Leistungen in Anspruch zu nehmen. Damit sollen Krisen und gegebenenfalls (erneute) stationäre Aufenthalte vermieden werden. Soziotherapie muss ärztlich oder psychotherapeutisch verordnet werden. Die Leistung umfasst im Einzelnen laut Leistungsbeschreibung des Gemeinsamen Bundesausschusses (Bundesministerium für Gesundheit, 2015/2021) die Erstellung eines Behandlungsplans und die Koordination der Behandlungen, aber auch soziale Arbeit im Umfeld des Patienten wie die Beratung der Angehörigen oder des Patienten zu weiteren Unterstützungsmöglichkeiten. Ergänzend können Trainings eingesetzt werden, die sich auf emotional-motivationale und kognitive Kompetenzen zur Krankheitswahrnehmung und Krankheitsbewältigung richten.

Eine eigenständige Therapieausbildung für Soziotherapie gibt es nicht; zugelassen werden Personen mit einem einschlägigen Abschluss, häufig als Sozialpädagoge, und mehrjähriger Erfahrung mit psychisch kranken Menschen. Der Rechtsanspruch auf diese Leistung existiert seit 2020, scheint allerdings noch nicht flächendeckend vorhanden zu sein und gleichmäßig nachgefragt zu werden (Gemeinsamer Bundesausschuss, 23.09.2020).

Mit den **sozialpsychiatrischen Diensten** steht Menschen mit psychischen Erkrankungen, drohenden psychischen Behinderungen und ihren Angehörigen eine spezialisierte Anlaufstelle zur Verfügung. Wichtiges Ziel der sozialpsychiatrischen Dienste ist es, Menschen mit psychischen Erkrankungen niederschwellig zu unterstützen und zu begleiten. Vier Kernaufgaben sozialpsychiatrischer Dienste werden benannt (Albers et al., 2018).

- Niederschwellige Beratung und Betreuung

Menschen mit einer akuten oder chronischen psychischen Erkrankung sowie ihre Angehörigen sollen hinsichtlich gesundheitlicher und sozialer Aspekte beraten werden und gegebenenfalls an weitere Dienste oder Therapieangebote weitergeleitet werden. Auch aufsuchende und nachgehende Betreuung ist vorgesehen. Die Beratung ist niederschwellig, sie kann nicht gegen den Willen des Betroffenen erfolgen. Es kann bei einer einzelnen Beratung bleiben, Personen können auch über einen längeren Zeitraum begleitet werden.
- Krisenintervention und (im Notfall) Unterbringung

Auch im Fall von Krisen, z. B. bei akuten Schüben einer psychischen Erkrankung, können sozialpsychiatrische Dienste tätig werden und beispielsweise überprüfen, ob eine Zwangseinweisung nach PsychKG (s. u.) notwendig ist: Die Einweisung würde dann durch einen richterlichen Beschluss erfolgen.
- Planung und Koordination von Einzelfallhilfen

Menschen mit psychischen Erkrankungen haben häufig komplexe Hilfebedarfe, die sich aus ihrer Erkrankung und ggf. damit verbundenen sozialen Problemen ergeben. Diese zu erfüllen, verlangt viel Einsatz und ist für einen psychisch kranken Menschen häufig schwierig. Sozialpsychiatrische Dienste können hier agieren und unterstützen.
- Netzwerkarbeit und Steuerung im regionalen Verbund

Um Einzelfallhilfen zu koordinieren und zu steuern, müssen Mitarbeiter sozialpsychiatrischer Dienste die regionale Hilfestruktur und Gegebenheiten, mit Einrichtungen, Diensten und Angeboten, die unter dem Namen *Sozialraum* zusammengefasst werden, kennen und koordinieren. Dazu zählen Selbsthilfegruppen, Beratungsstellen genauso wie Ärzte und Therapeuten (vertiefend zum Thema Sozialraum s. ▶ Kap. 4).

Neben diesen Kernaufgaben bzw. mit diesen Aufgaben verbunden klären sozialpsychiatrische Dienste die Öffentlichkeit über psychische Erkrankungen und Behinderung auf, um Vorurteile abzubauen und im Sinne der Inklusion für das Zusammenleben von Menschen mit und ohne Behinderung zu werben. Die Ausgestaltung der sozialpsychiatrischen Dienste ist durch Ländergesetze geregelt; sie sind im öffentlichen Gesundheitsdienst oder bei freien Trägern angesiedelt.

Trotz aller Interventionen und stützenden Maßnahmen können Krankheit oder Alter zu einem überdauernden Pflegebedarf, der **Pflegebedürftigkeit**, führen. Diese ist in § 14 SGB XI *Soziale Pflegeversicherung* definiert: „Pflegebedürftig im Sinne dieses Buches sind Personen, die gesundheitlich bedingte Beeinträchtigungen der Selbständigkeit oder der Fähigkeiten aufweisen und deshalb der Hilfe durch andere bedürfen. Es muss sich um Personen handeln, die körperliche, kognitive oder psychische Beeinträchtigungen oder gesundheitlich bedingte Belastungen oder Anforderungen nicht selbständig kompensieren oder bewältigen können." Aspekte der Pflegebedürftigkeit sind Mobilität, kognitive und kommunikative Fähigkeiten, inadäquate Verhaltensweisen und psychische Problemlagen, Selbstversorgung hinsichtlich Körperhygiene und Ausscheidungen, Umgang mit notwendigen Behandlungen (Medikation, Therapien) sowie die Gestaltung des Alltagslebens und sozialer Kontakte.

Dies betrifft in hohem Maße (vgl. ▶ Kap. 2) alte und hochbetagte Menschen. Im Dezember 2021 galten in Deutschland 4,96 Mio. Menschen als pflegebedürftig im Sinne des SGB XI. Von diesen wurden 84 % in der eigenen Häuslichkeit versorgt, 16 % in vollstationären Pflegeheimen. Ein Drittel der Pflegebedürftigen ist mindestens 85 Jahre alt, bei den über 90-Jährigen sind 82 % pflegebedürftig (alle Angaben aus Pressemitteilung Nr. 554 des Statistischen Bundesamts vom 21.12.2022a).

Die **soziale Pflegeversicherung** deckt nicht alle Kosten der Pflege ab, sondern es wird in Abhängigkeit von der durch einen Pflegegrad 1 bis 5 indizierten Schwere der Pflegebedarfs ein Zuschuss zu pflegerischen Leistungen (im Sinne des SGB XI) gezahlt. Weitere Kosten müssen aus privaten Einnahmen oder Vermögen des Betroffenen oder auch der Familienangehörigen und Lebenspartner gezahlt werden. Wo dies nicht möglich ist, kann Sozialhilfe nach dem 7. Kapitel des SGB XII beantragt werden. Im Jahr 2021 traf das für ca. 400.000 Personen in Deutschland zu, davon 17 % für Pflege im häuslichen Umfeld und 84 % für stationäre Pflege z. B. in einem Altenheim (Statistisches Bundesamt (Destatis), 2023b).

Vor diesem Hintergrund bestehen pädagogische Bedarfe zunächst in der **Beratung von pflegebedürftigen Personen** und deren Angehörigen. Solche Beratung erfolgt zum Beispiel durch den Krankenhaussozialdienst am Ende eines Krankenhausaufenthalts alter Menschen, bei denen eine unbegleitete Rückkehr in die eigene Häuslichkeit nicht angezeigt scheint. Hier geht es um Angebote, die genutzt werden können, vom Hausnotruf bis zur stationären Pflege. Aber auch um die Finanzierung, beispielsweise durch die Beantragung und Zuerkennung eines Pflegegrads. Dazu muss ein Antrag an die Pflegeversicherung gestellt werden und es erfolgt eine Begutachtung durch den Medizinischen Dienst.

Stehen zunächst Fragen der Versorgung im Vordergrund, geht es später auch um Aktivierung, soziale Kontakte und Tagesstrukturierung. In einer Tagespflege werden pflegedürftige Menschen tagsüber begleitet, aktiviert. **Ergotherapeuten** bieten Beschäftigung, Aktivierung und Bewegungsprogramme an, Helfer lesen Zeitung vor oder es wird gemeinsam gesungen.

Ob in der familiären oder der professionellen Begleitung alter Menschen: Die Methode der **Validierung** oder Validation bietet einen Kommunikationsansatz, verwirrte alte Menschen zu begleiten und positiv zu beeinflussen. Sie beruht auf gesprächspsychotherapeutischen Ansätzen und nimmt den alten Menschen und seine Äußerungen ernst. Die Situation wird aus dessen subjektiver Sicht wahrgenommen. Fehlerhafte Wahrnehmungen oder Erinnerungen werden nicht korrigiert, sondern validiert, also akzeptiert. Damit werden Beschämung und Aggression vermieden, die entstehen können, wenn der Betroffene mit seiner Unfähigkeit konfrontiert und aufgefordert würde, etwaige Fehler zu berichten (Feil & Klerk-Rubin, 2013).

3.3 Menschen mit Behinderung

Wenn man in einer Suchmaschine das Wort „Behinderung" eingibt, findet man Bilder von Menschen im Rollstuhl – probieren Sie es aus! Der Rollstuhl als Hilfsmittel macht Behinderung erkennbar und man glaubt schnell zu verstehen, welche Hilfen nötig sind, damit ein auf den Rollstuhl angewiesener Mensch sich bewegen kann: Aufzüge, Lifte, stufenfreie Eingänge, abgesenkte Bordsteine, extrabreite Parkplätze, größere Toiletten mit Haltgriffen usw. Aber es schließen sich in Abhängigkeit vom Einzelfall weitere Anforderungen an: Kann ein Mensch, der auf den Rollstuhl angewiesen ist, sich auch ohne Rollstuhl bewegen, z. B. mit Gehhilfen? Kann er seinen Rollstuhl selber fortbewegen oder benötigt er einen Antrieb? Ist die Gehbeeinträchtigung die einzige Beeinträchtigung oder bestehen weitere? Nimmt der Betroffene seine Situation als bewältigbar wahr?

Am Beispiel des Menschen, der auf den Rollstuhl angewiesen ist, lassen sich verschiedene Aspekte von Behinderung erläutern. Beeinträchtigung bzw. Behinderung bedeutet zunächst eine Abweichung von üblicherweise vorhandenen, im statistischen Sinne erwarteten Kompetenzen, wie das Überwinden einer kleinen Strecke vom Parkplatz in das Büro, wobei fünf Eingangsstufen überwunden werden müssen. Für einen gehunfähigen Menschen können fünf Stufen ein unüberwindliches Hindernis sein, für einen Menschen mit einer Beinprothese nicht unbedingt. Die Beeinträchtigung wird zur Behinderung, wenn in der Umwelt Barrieren vorhanden sind, die die individuelle Kompetenz überfordern. Ressourcen können helfen, die Barrieren zu überwinden; im Beispiel der Eingangsstufen eine Rampe, die mit einem Rollstuhl genutzt werden kann. Soziale und persönliche Ressourcen ergänzen: Gibt es einen Partner, der unterstützt? Ist der behinderte Mensch sehr motiviert, seine Beeinträchtigungen zu überwinden, und sucht er aktiv Hilfe und Unterstützung oder muss das Lebensereignis einer erworbenen Behinderung noch verarbeitet werden?

Bei der Betrachtung der Lebenslagen von Menschen mit Behinderung und der darauf zugeschnittenen pädagogischen Ansätze werden diese Aspekte, unabhängig von der Art der Behinderung, aufscheinen: Die Abweichung von erwarteten Kompetenzen wird durch medizinische Diagnosen zur Art der Einschränkung und zur (vermutlichen) Dauer sowie zur Schwere gekennzeichnet. Der Aspekt der von der Umwelt gesetzten Barrieren spiegelt sich in der Zielstellung wider, Menschen mit Behinderung ihr Recht auf Teilhabe durch den Abbau bzw. die Bewältigung von Barrieren zu gewährleisten, nicht nur im physischen, sondern auch im sozialen und gesellschaftlichen Sinn. Und schließlich werden die Ressourcen der Person berücksichtigt, ihre Motive, ihre personalen, sozialen und materiellen Ressourcen.

Als **Beeinträchtigungen** werden Schädigungen von Körperstrukturen oder Körperfunktionen bezeichnet, die die **Teilhabe** (Partizipation) erschweren und in Wechselwirkung mit Barrieren der Umwelt zu einer Behinderung werden können. Die Schädigungen können körperlich, psychisch oder geistig sein, sie können angeboren oder erworben sein; sie werden gemäß der **ICD** klassifiziert. Entsprechend definiert das Sozialgesetzbuch IX (SGB IX) **Behinderungen** als körperliche, seelische, geistige oder Sinnesbeeinträchtigungen, die Menschen für einen gewissen Zeitraum oder dauerhaft an der Teilhabe an der Gesellschaft hindern. Das SGB IX regelt die *Rehabilitation und Teilhabe von Menschen mit Behinderung*, so der Titel des SGB IX, und damit die Ansprüche auf Leistungen, mit denen diese Behinderungen ausgeglichen werden können. ◘ Abb. 3.1 veranschaulicht diesen Zusammenhang zwischen Beeinträchtigung, Barrieren in der Umwelt und Behinderung.

Diese Definition von Behinderung als Wechselwirkung zwischen medizinisch definierten Beeinträchtigungen und (Barrieren aus) der Umwelt und damit das bio-psycho-soziale Modell von Gesundheit und Krankheit bzw. Behinderung liegt auch der **International Classification of Functioning, Disability and Health (ICF)** zugrunde. Die ICF erfasst und verknüpft die Aspekte Körperfunktionen, Körperstrukturen, Aktivitäten und Partizipation sowie Umweltfaktoren, die auf den Einzel-

3.3 · Menschen mit Behinderung

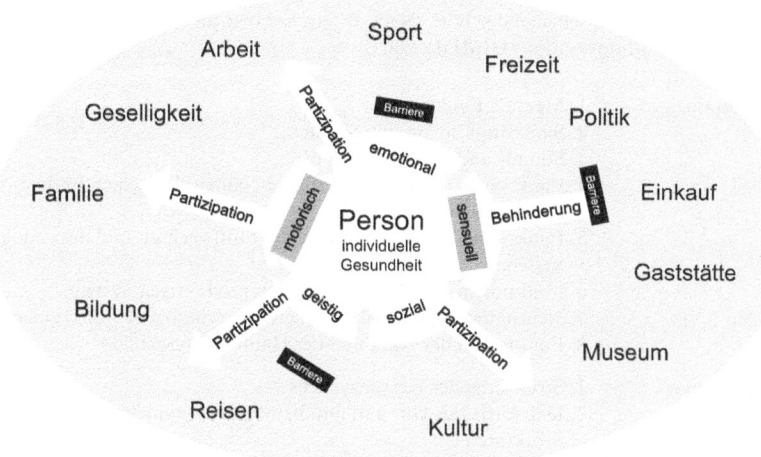

☐ **Abb. 3.1** Behinderung, Beeinträchtigung, Barrieren und Teilhabe

fall bezogen erhoben und dargestellt werden (Deutsches Institut für medizinische Dokumentation und Information, 2005). ☐ Tab. 3.3 zeigt eine Übersicht über die obersten Beschreibungs- bzw. Klassifikationsebenen der ICF; personbezogene beziehungsweise persönliche Faktoren werden in der ICF genannt, aber nicht klassifiziert. Die ICF soll standardmäßig zur Erfassung und Beschreibung von Behinderungen bzw. Beeinträchtigung eingesetzt werden.

Um Informationen über die Lebenssituation behinderter Menschen in Deutschland zu erhalten, müssen verschiedene Quellen genutzt werden; eine davon ist die Statistik der Eingliederungshilfe nach SGB IX. In Deutschland erhielten zum Jahresende 2021 über 7 Mio. Menschen Eingliederungshilfe; die Verteilung nach Art der (jeweils schwersten) Behinderung ist in ☐ Tab. 3.4 zu sehen. Zum Vergleich wurden die Werte von 2009 gegenübergestellt: Es fällt auf, dass die Zahl an psychischen Behinderungen durch Psychosen oder Persönlichkeitsstörungen stark zugenommen hat.

Lebenslagen beeinträchtigter Menschen einschließlich subjektiver Bewertungen werden im regelmäßig erstellen *Teilhabebericht der Bundesregierung* (Bundesministerium für Arbeit und Soziales, 2021b) beschrieben. Im Berichtszeitraum bis 2020 beurteilten Menschen mit Beeinträchtigungen demnach ihren Gesundheitszustand deutlich seltener als Menschen ohne Beeinträchtigung als „gut" oder „sehr gut" (13 % vs. 60 %). Sie leben häufiger alleine als Menschen ohne Beeinträchtigung (33 % vs. 18 %) und fühlen sich häufiger „oft einsam" (33 % vs. 16 %). Schwerbehinderte Menschen im Erwerbsalter sind deutlich seltener als nichtbehinderte Menschen erwerbstätig (53 % vs. 81 %).

Auch in diesem Bericht enthalten ist die Zahl der Unterbringungen nach PsychKG. Unter der Abkürzung PsychKG für Psychisch-Kranken-Gesetze werden die Ländergesetze zusammengefasst, die eine Unterbringung ohne oder gegen den Willen eines Menschen, der aufgrund einer psychischen Erkrankung sich selbst, andere oder die Allgemeinheit gefährdet, regeln. Im Jahr 2015 (als letztem berichteten Jahr) wurden in Deutschland insgesamt 84.677 Verfahren zur freiheitsentziehenden Unterbringung nach PsychKG durchgeführt.

Tab. 3.3 Beschreibungsebenen der ICF. (Nach Deutsches Institut für medizinische Dokumentation und Information (DIMDI), 2005)

Körperfunktionen	1. Mentale Funktionen 2. Sinnesfunktionen und Schmerz 3. Stimm- und Sprechfunktionen 4. Funktionen des kardiovaskulären, hämatologischen, Immun- und Atmungssystems 5. Funktionen des Verdauungs-, des Stoffwechsel- und des endokrinen Systems 6. Funktionen des Urogenital- und reproduktiven Systems 7. Neuromuskuloskeletale und bewegungsbezogene Funktionen 8. Funktionen der Haut und der Hautanhangsgebilde
Körperstrukturen	1. Strukturen des Nervensystems 2. Das Auge, das Ohr und mit diesen in Zusammenhang stehende Strukturen 3. Strukturen, die an der Stimme und an dem Sprechen beteiligt sind 4. Strukturen des kardiovaskulären, des Immun- und Atmungssystems 5. Mit dem Verdauungs-, Stoffwechsel und endokrinen System in Zusammenhang stehende Strukturen 6. Mit der Bewegung in Zusammenhang stehende Strukturen 7. Strukturen der Haut und der Hautanhangsgebilde
Aktivitäten und Partizipation	1. Lernen und Wissensanwendung 2. Allgemeine Aufgaben und Anforderungen 3. Kommunikation 4. Mobilität 5. Selbstversorgung 6. Häusliches Leben 7. Interpersonelle Interaktionen und Beziehungen 8. Bedeutende Lebensbereiche 9. Gemeinschafts-, soziales und staatsbürgerliches Leben
Umweltfaktoren	1. Produkte und Technologien 2. Natürliche und vom Menschen veränderte Umwelt 3. Unterstützung und Beziehungen 4. Einstellungen 5. Dienste, Systeme und Handlungsgrundsätze

Die **Behindertenrechtskonvention (BRK)** der Vereinten Nationen formuliert das Recht auf gleichberechtigte Teilhabe von Menschen mit Behinderung; sie legt Kriterien und Maßnahmen zur Durchsetzung dieses Rechts fest. Deutschland hat die BRK angenommen und sich somit verpflichtet, die Gleichberechtigung von Menschen mit Behinderung und Beeinträchtigung herzustellen (Bundesministerium für Arbeit und Soziales, 30.11.2020).

Durch gesetzliche Regelungen wie das SGB IX sollen das Recht von Menschen mit Behinderungen auf **gleichberechtigte Teilhabe an allen Lebensbereichen** (Arbeitsleben, Bildung und Gesellschaft) realisiert und dafür notwendige Unterstützungsleistungen finanziert werden. Arbeitnehmer mit einer anerkannten Schwerbehinderung haben Rechte wie zusätzliche Urlaubstage oder einen besonderen Kündigungsschutz. Sollte eine Behinderung zu einer Erwerbsminderung führen, besteht die Möglichkeit eines vorzeitigen Rentenbezugs (nach SGB IV). Menschen mit Behinderung können, müssen aber nicht pflegebedürftig sein: Sie haben dann Anrecht auf Pflegeleistungen (nach

Tab. 3.4 Leistungsempfänger der Eingliederungshilfe nach Art der Behinderung zum Stichtag 31.12.2009 und 31.12.2021. (Datenquelle: Statistisches Bundesamt [Destatis], 2022. Sozialleistungen Schwerbehinderte Menschen 2021. Fachserie 13, Reihe 5.01.2021.
▶ https://www.statistischebibliothek.de/mir/servlets/MCRFileNodeServlet/DEHeft_derivate_00074471/2130510219004.pdf [Abrufdatum 19.05.2023]; eigene Berechnung)

Art der Behinderung	2021 (in 1000)	2009 (in 1000)
Körperliche Behinderung (einschl. hirnorganischer Veränderungen)	4578	4523
Blindheit, Sehbehinderung	335	353
Sprach-, Sprechbehinderung, Hörbehinderung	319	295
Psychische Behinderung	732	433
Geistige und Lernbehinderung	346	277
Sonstige Behinderungen	1486	1221
Gesamt	7795	7102

SGB XI). Für Menschen mit Behinderung kann eine rechtliche Betreuung eingerichtet werden, zum Beispiel im Fall schwerer geistiger Behinderungen, wenn die Betroffenen die Tragweite von Entscheidungen nicht verstehen können.

BRK und darauf bezogene Gesetzgebung machen aus der historischen Fürsorge für Menschen mit Behinderung das Recht behinderter Menschen, sich zu bilden, am sozialen und kulturellen Leben teilzunehmen. Dieses Recht ist aber nicht nur ein Recht des Betroffenen, sondern auch eine Aufgabe für die Gemeinschaft, die sich für Menschen mit Behinderung öffnen muss. Diese Sichtweise auf Behinderungen wird als **Inklusion** bezeichnet.

> **Definition**
>
> **Inklusion** bezeichnet den Zustand einer Gesellschaft/Gemeinschaft, in der Menschen mit und ohne Behinderung in allen Lebensbereichen selbstbestimmt leben und zusammenleben.

Inklusion wird damit von Integration und einer Förderung in einem separierten Sondersystem (Separation) oder der Ausgrenzung (Exklusion) abgegrenzt; die unterschiedlichen Begriffe werden durch eine häufig abgewandelte Abbildung verdeutlicht (s. ◘ Abb. 3.2).

Ein Aspekt einer inklusiven Gesellschaft ist die **Barrierefreiheit**. Barrieren sind Umstände einer Umwelt, die eine Beeinträchtigung zu einer Behinderung werden lassen. Das können die Stufen vor einem Geschäft oder die Beschränkung auf optische Signale in der Wegführung an einem Bahnhof oder an einer Fußgängerampel sein. Rampen und Aufzüge helfen gehbeeinträchtigten Menschen, Bodenleitsysteme und akustische Signale blinden Menschen. Auch Sprache kann behindern, wenn sie komplex ist und ungebräuchliche Begriffe oder Fachtermini verwendet. Die standardisierte **Leichte Sprache**, mit der Texte nach bestimmten Regeln vereinfacht werden,

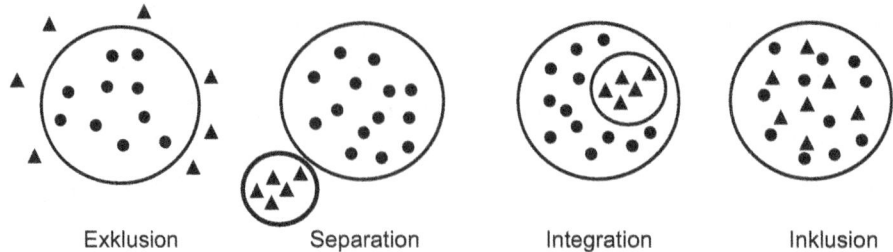

◘ Abb. 3.2 Inklusion von Menschen mit Behinderung

oder die **Einfache Sprache**, die zwischen der Standard- und der Leichten Sprache steht, erleichtern Menschen mit Lernbeeinträchtigungen (aber auch Nichtmuttersprachlern) das Verständnis komplexer Zusammenhänge.

Pädagogische Disziplinen, die sich mit den besonderen Bedarfen von Menschen mit Behinderung widmen, werden unter verschiedenen, sich in der Bedeutung leicht unterscheidenden Bezeichnungen zusammengefasst. **Sonderpädagogik** ist ein gebräuchlicher Begriff, er findet sich (noch) vor allem dort, wo es um die schulische Bildung von Kindern mit Behinderung geht (vgl. voriger Abschnitt); die sonderpädagogisch ausgebildete Lehrkraft ist z. B. auf Geistigbehindertenpädagogik spezialisiert. Mit der Bevorzugung der Bezeichnung Förderschule wird aus dem Sonderschullehrer ein Förderschullehrer.

Den Aspekt der (Re-)Integration in Lebens- und Arbeitswelt bei einer erworbenen Behinderung betont die Bezeichnung **Rehabilitationspädagogik**, die auch synonym zu *Sonderpädagogik* verwendet wird; der Rehabilitationsbegriff erscheint im Titel des SGB IX neben dem Teilhabebegriff. Auch **Heilpädagogik** wird bisweilen synonym zu Sonderpädagogik verwendet; dieser Begriff stellt die medizinisch-therapeutischen Aspekte beim Umgang mit einer Behinderung in den Vordergrund (Neuhäuser & Klein, 2019). Die Zielstellung einer inklusiven Gesellschaft übernimmt die **Inklusionspädagogik** oder **inklusive Pädagogik**, die fragt, wie Menschen mit und ohne Behinderungen sich gemeinsam bilden und gemeinsam leben können (Heimlich, 2019).

Auch wenn die Bezeichnungen für die pädagogischen Ansätze in diesem Feld im Umschwung sind, die Gemeinsamkeit liegt darin, dass bei Erziehung und Bildung individuelle Beeinträchtigungen kompensiert werden und, im besten Falle, Menschen mit und ohne Behinderung gemeinsam lernen, arbeiten und leben. Die spezialisierte Didaktik umfasst die Kenntnis der besonderen Anforderung, die Kompetenz zur Kommunikation und Techniken der Unterstützung. Neben diesen sonder- oder rehabilitationspädagogischen Vorgehensweisen werden sozialpädagogische Methoden bei der Begleitung von Menschen mit Behinderung eingesetzt, wenn es zum Beispiel um den Zugang zu Unterstützungsmöglichkeiten oder das gemeinsame Leben von Menschen mit und ohne Behinderung geht (Röh, 2018; Kuhlmann et al., 2018).

■ **Arbeit und Beruf**

Die Bildung erwachsener Menschen mit Behinderung bezieht sich zu einem großen Teil und aus historischen Gründen auf die Arbeitswelt. Auch hier besteht ein Sondersystem: **Berufsbildungswerke** bieten Ausbildungen und Berufsvorbereitung für junge Menschen mit Behinderungen; die Ausbildungen bieten einen Abschluss in anerkannten oder speziell definierten Berufen wie den theoriereduzierte **Fachpraktikerausbildungen** für lernbehinderte Menschen. Neben der Berufsausbildung bieten die Berufsbildungswerke auch Internate oder angeschlossene Wohnheime mit Freizeitmöglichkeiten an und unterstützen in allgemeinen Belangen. Menschen mit erworbenen Beeinträchtigungen oder Behinderungen können in **Berufsförderungswerken** als Einrichtungen der beruflichen Rehabilitation eine Umschulung auf der Basis ihrer Wünsche und Möglichkeiten machen und sich bei der Re-Integration in die Arbeitswelt unterstützen lassen. In **Werkstätten für Menschen mit Behinderung (WfbM)** arbeiten Menschen, die aufgrund einer Behinderung nicht im allgemeinen Arbeitsmarkt tätig sein, aber ein gewisses Maß an wirtschaftlich verwertbarer Arbeit leisten können. Sie werden durch sonderpädagogisch (weiter-)gebildetes Personal angeleitet. Unter den ca. 282.000 Menschen mit Behinderung, die am 01.01.2021 im WfbM arbeiteten oder in Eingangsverfahren und im Berufsbildungsbereich gefördert wurden, wiesen 22 % eine psychische Behinderung, 75 % eine geistige Behinderung und 3 % eine körperliche Behinderung auf (Bundesarbeitsgemeinschaft Werkstätten für behinderte Menschen, 12.05.2023).

Auch wenn durch dieses Sondersystem Menschen mit Behinderung am Arbeitsleben teilhaben können, wird die gemeinsame Arbeit von Menschen mit und ohne Behinderung gefördert. Entsprechende Integrationsleistungen werden durch öffentliche **Integrationsämter** bzw. **Inklusionsämter** gefördert. Sie erheben die **Ausgleichsabgabe**, die Unternehmen zahlen müssen, die weniger Menschen mit Behinderung beschäftigen als per Quote vorgegeben, und nutzen das Geld, um die Beschäftigung von Menschen mit Behinderung zu fördern, z. B. durch spezielle Vorrichtungen am Arbeitsplatz.

Menschen mit Behinderung haben nicht nur das Recht auf Teilhabe am Arbeitsleben, sondern auch auf Teilhabe am gesellschaftlichen Leben und der Freizeitgestaltung. Die Olympiaden für Menschen mit Behinderung, die **Paralympics** für Menschen mit Körperbehinderung und **Special Olympics** für Menschen mit geistiger und Mehrfachbehinderung sind hier eindrucksvolle Wettbewerbe, die behinderte Menschen zum Freizeitsport anregen können.

3.4 Menschen in materieller Problemsituation

Die meisten Menschen in Deutschland können ihren Lebensunterhalt sichern: Sie leben in einer eigenen oder angemieteten Wohnung und können an gesellschaftlichen Aktivitäten teilnehmen, z. B. einen Urlaub machen, essen gehen, sich Auto und Smartphone leisten. Doch auch in Deutschland gibt es Armut und von Armut bedrohte Menschen.

Als armutsgefährdet gelten Menschen, deren Nettoäquivalenzeinkommen unter 60 % des Medians der Nettoäquivalenzeinkommen liegt; **Armut** bzw. **Armutsrisiko** ist also ein relativer Begriff. Nicht nur das Einkommen unter der Armutsrisikoschwelle, sondern auch Arbeitslosigkeit und eine geringe Erwerbsintensität werden in einer Armutsdefinition im Armuts- und Reichtumsbericht der Bundesregierung (Bundesministerium für Arbeit und Soziales, 12.05.2021a) verwendet, gemäß dieser Definition gelten 11 % der Bevölkerung im 6. Armuts- und Reichtumsbericht als arm. Armut wird vom **Prekariat** abgegrenzt, der Situation von Menschen, die zwar erwerbstätig sind, sich wegen eines relativ geringen Einkommens, unsicherer Beschäftigung oder fehlender Rücklagen in materieller Unsicherheit befinden; dies trifft laut 6. Armuts- und Reichtumsbericht für 5,9 % der Bevölkerung zu (alle Angaben Bundesministerium für Arbeit und Soziales, 12.05.2021a).

Da sich die Armutsdefinition vor allem an der Höhe der Einkommen und in der Weiterung an dessen Verlässlichkeit orientiert, ist im Umkehrschluss eine verlässliche Erwerbsarbeit das beste Mittel gegen das Armutsrisiko. Arbeitslosigkeit ist jedoch nicht nur ein Armutsrisiko, sondern auch eine belastende Lebenssituation, in der soziale und gesundheitliche Schwierigkeiten entstehen können. Weitere Risikofaktoren für Armut sind die familiäre Situation als Alleinerziehender oder eine große Familie. Aufgrund des Teilkaskoansatzes der Pflegeversicherung ist auch Pflegebedürftigkeit im Alter ein Armutsrisiko (Bundesministerium für Arbeit und Soziales, 12.05.2021a).

Der **Sozioökonomische Status (SES)** bezieht neben dem Einkommen weitere Faktoren ein, um die soziale Stellung zu beschreiben: Bildung, erfasst durch den höchsten erworbenen Schulabschluss und Bildungsabschluss, beruflicher Status, aber auch weiche Faktoren wie die Teilhabe am kulturellen Leben. Aus diesen Merkmalen wird der SES als Indexmaß gebildet und beschreibt beispielsweise in den Stufen niedrig, mittel und hoch den Sozioökonomischen Status einer Person. Verbunden mit einem niedrigem SES bzw. mit (drohender) Armut sind **Wohnungslosigkeit** (Menschen haben eine Unterkunft, aber keinen Mietvertrag oder langfristige Perspektive) oder **Obdachlosigkeit** (eine Unterkunft besteht nicht), Überschuldung, ein reduziertes gesundheitliches Wohlbefinden oder risikoreicheres Gesundheitsverhalten und schließlich eine niedrigere Lebenserwartung (Bundesministerium für Arbeit und Soziales, 12.05.2021a).

Der korrelativ gesicherte Zusammenhang zwischen einem niedrigen SES und schlechterer Gesundheit ist vorsichtig zu interpretieren: Eine psychische Erkrankung kann durch eine schwierige soziale und finanzielle Situation ausgelöst werden, sie kann aber auch Ursache für den Verlust einer Arbeit und in Folge des Einkommens und vielleicht auch der Wohnung sein. Diese Wechselwirkung zeigt sich besonders deutlich daran, dass ca. 75 % der obdachlosen Menschen eine psychische Erkrankung aufweisen, häufig eine Suchterkrankung (Knörle et al., 2022).

Unabhängig von der Klärung der Kausalität: Das Recht auf Teilhabe, auch zur Unterstützung bei der Gesunderhaltung oder der Genesung, besteht für alle.

Staatliche bzw. staatlich regulierte Leistungen sollen das Armutsrisiko bei Krankheit (s. obiger Abschnitt) oder Arbeitslosigkeit abwenden. Das **Arbeitslosengeld** (nach SGB III) erhalten Personen nach Beendigung eines befristeten Arbeitsverhältnisses, nach Auflösung oder Kündigung eines sozialversicherungspflichtigen Arbeitsverhältnisses. Ist eine Person aus gesundheitlichen oder Behinderungsgründen auf absehbare Zeit nicht in der Lage, eine Erwerbstätigkeit auszuführen, kann sie **Erwerbsminderungsrente** nach SGB VI erhalten. Das **Bürgergeld** (bis 31.12.2022 Arbeitslosengeld II oder auch *Hartz IV*) nach SBG II ist die Grundsicherung für Arbeitssuchende, die kein Arbeitslosengeld (mehr) beziehen. Als letzte Rückfallposition stehen Leistungen der **Sozialhilfe** nach SGB XII zur Verfügung, als Hilfen zum Lebensunterhalt, Wohngeld, als Grundsicherung im Alter oder bei Pflege sowie in weiteren schwierigen Lebenslagen.

Ohne Anspruch auf Vollständigkeit soll der Abschnitt deutlich machen, dass innerhalb des Sozialsystems in Deutschland vieles möglich ist, um Armut zu verhindern oder deren Folgen abzumildern. Die **Sozialpädagogik** ist diejenige pädagogische Subdisziplin, die sich praktisch den Problemen widmet, die zur Armut führen oder Folge von Armut sind. Handlungsansätze sind dabei das Beraten und die Unterstützung (vgl. ▶ Kap. 4).

Die Betreuung und Begleitung von Menschen in materiell dominierten Notlagen wird durch das staatliche Unterstützungssystem oder von privaten Trägern (Freie Wohlfahrtspflege) übernommen, wobei letztere finanzielle Zuwendungen öffentlicher Strukturen erhalten können. Dabei kommt den Einrichtungen auch eine lenkende Funktion zu: Welcher Anspruch besteht und was muss getan werden, um diesen einzufordern. Das staatlich regulierte Unterstützungssystem hat an einigen Stellen eine nicht immer leicht zu erfüllende Doppelfunktion, zum Beispiel bei der Gewährung von Grundsicherung zu beraten und zu unterstützen, andererseits aber auch Auflagen zu machen, um die Mitwirkung Betroffener einzufordern.

Beratungsstellen helfen bei drohender **Wohnungslosigkeit** und/oder Obdachlosigkeit, bei Arbeitslosigkeit. Hier ist neben Beratung, Information und Unterstützung (z. B. bei der Antragstellung) auch eine Vermittlung in Selbsthilfe möglich. Notfalls können Schlafplätze und Notfallunterkünfte zur Verfügung gestellt oder vermittelt werden.

Schuldner- und Insolvenzberatungsstellen können aufgesucht werden, wenn Privatpersonen überschuldet sind oder eine Überschuldung droht. Das ist zum Beispiel der Fall, wenn Menschen mit einem geringen Einkommen Handy-Schulden machen, sich bei Anschaffungen übernehmen oder in Folge einer Scheidung eine veränderte Einkommens- und Ausgabensituation erleben. Schuldner- und Insolvenzberater suchen gemeinsam mit dem Betroffenen einen Weg aus den Schulden bis hin zur Einleitung einer Privatinsolvenz.

3.5 Migration

Wenn man dem Homo Sapiens einen weiteren Beinamen geben sollte, könnte das Homo Migrans sein. Von Afrika aus erwanderte er sich die Welt. Dort, wo er auf Neandertaler oder Denisova-Menschen traf, gab es wohl auch Begegnungen, die zu gemeinsamen Nachkommen führten. Menschen wandern bis heute, gegenwärtig seltener, aus Deutschland hinaus, als nach Deutschland hinein (das war auch mal anders).

Laut dem 12. Bericht der Beauftragten der Bundesregierung für Migration, Flüchtlinge und Integration (2019) zur Situation und Integration von Einwanderern lebten im Jahr 2017 knapp 20 Mio. Menschen mit Migrationshintergrund in Deutschland, das entspricht 23,6 % der Bevölkerung. Ein **Migrationshintergrund** wird einer Person zugeschrieben, wenn mindestens ein Elternteil bei Geburt der Person eine nichtdeutsche Staatsangehörigkeit hatte. Von den knapp 20 Mio. Menschen mit Migrationshintergrund wurden 32 % in Deutschland geboren.

Menschen mit Migrationshintergrund sind im Durchschnitt deutlich jünger als der Durchschnitt der Bevölkerung ohne Migrationshintergrund und häufiger männlich. Die meisten Zuwanderer (2018: 53 %) stammen aus EU-Staaten. Als Motive für die Einwanderung werden Familienzusammenführung, die Suche nach Arbeit oder Beschäftigung und schließlich die Gründe Flucht, Suche nach Asyl oder internationalem Schutz angeführt. Für **unbegleitete minderjährige Flüchtlinge (UMF)**, also Flüchtlinge unter 18 Jahren, die nicht von einem erwachsenen Familienangehörigen oder Personensorgeberechtigten begleitet werden, wird ein Vormund bestellt und sie haben Anspruch auf Leistungen der Jugendhilfe.

Im Vergleich zu Menschen ohne geben Menschen mit Migrationshintergrund eine bessere Gesundheit an. Allerdings ist ihr Armutsrisiko erhöht. Bildungschancen realisieren Kinder mit Migrationshintergrund schlechter: Sie besuchen seltener Kindertageseinrichtungen, verlassen die Schule häufiger ohne Abschluss und seltener mit Hochschulreife als Kinder ohne Migrationshintergrund. Ein besonderes Problem ergibt sich für Kinder, in deren Herkunftsfamilie und Wohnumgebung eine andere Sprache als Deutsch gesprochen wird: Sie sind häufig auf Sprachförderung angewiesen. Menschen mit Migrationshintergrund, darunter insbesondere junge, männliche Geflüchtete, werden häufiger kriminell, was zum Teil durch deren soziodemografischen Status (auch ohne Migrationshintergrund sind junge Männer mit geringem soziodemografischem Status die Gruppe mit der höchsten Kriminalität), zum Teil durch überlebte Männlichkeitsvorstellungen erklärt wird (alle Angaben aus dem Bericht der Beauftragten der Bundesregierung für Migration, Flüchtlinge und Integration, 2019).

Die letzten Befunde machen deutlich, warum Migration ein Thema ist, das genau wie Inklusion von beiden Seiten zu betrachten ist: Einmal die **Integration** von zuwandernden Menschen in die Gesellschaft, ihnen Teilhabe zu ermöglichen, und auf der anderen Seite die **interkulturelle Öffnung** der aufnehmenden Gesellschaft für Zuwanderer, die laut Demografen und Wirtschaftsverbänden wichtig für die weitere Entwicklung Deutschlands ist.

Angebote, die Integration zu fördern, sind Integrationskurse (nach dem Gesetz über den Aufenthalt, die Erwerbstätigkeit und die Integration von Ausländern im Bundesgebiet (Aufenthaltsgesetz – AufenthG)) und die soziale Beratung von Erwachsenen (Migrationsberatung) und Jugendlichen (Jugendmigrationsdienst).

Integrationskurse sind eine vom Staat gesetzlich geregelte Leistung, die Menschen zusteht oder sogar für diese verpflichtend sein kann. Der Schwerpunkt ist die Sprachvermittlung, der Erwerb der deutschen Sprache gilt als wichtige Voraussetzung für die Teilhabe am Berufsleben, am gesellschaftlichen Leben und der Sorge für die Kinder. Neben dem Sprachkurs vermitteln Orientierungskurse Inhalte zu den Grundlagen des Lebens, der Rechtsform, der Kultur und Geschichte in Deutschland. **Migrationsberatung** ist ein die Integrationskurse ergänzendes, staatlich gefördertes Beratungsangebot, das sich an erwachsene Neuzuwanderer richtet und sie in der sprachlichen, sozialen und beruflichen Integration unterstützen soll.

Junge zugewanderte Menschen zwischen 12 und 27 finden in den **Jugendmigrationsdiensten** Unterstützung in den verschiedenen Belangen des Lebens. Neben Einzelberatung des jungen Menschen und gegebenenfalls dessen Eltern werden auch Gruppenaktivitäten und Kurse durchgeführt, um die jungen Zuwanderer in ihrer Entwicklung und Bildung zu unterstützen.

Migrationsberatung und Jugendmigrationsdienste sind zunächst beratende Angebote für Betroffene, die gegebenenfalls an weitere Angebote weitervermitteln. Besonders die Jugendmigrationsdienste sind darüber hinaus auch mit weiteren Bildungs- und Freizeitangeboten aktiv, um die Integration zugewanderter junger Menschen zu unterstützen.

Ein spezieller Aspekt der Unterstützung von Menschen mit Migrationshintergrund und (noch) nicht vorhandenen oder eingeschränkten Deutschkenntnissen ist die sprachliche Komponente. Gerade in der gesundheitlichen und medizinischen Betreuung dieser Personen ist eine Übersetzung notwendig, wenn sehr persönliche und intime Dinge mitgeteilt werden sollen. Dabei werden **Dolmetschen** und **Sprachmittlung** unterschieden. Dolmetschen bedeutet, dass eine Person, die sowohl des

Deutschen und als auch der Sprache des Zugewanderten mächtig ist und die über eine entsprechende Ausbildung und Anerkennung verfügt, bei einem Gespräch persönlich oder mittlerweile per Video anwesend ist und das Gesprochene jeweils übersetzt.

Sprachmittlung wird durch Personen durchgeführt, die beide Sprachen sprechen und verstehen, und bei spezifischen Fragestellungen auch Fachkenntnisse haben. Die Tätigkeit muss nicht professionell ausgeführt werden, eine Ausbildung wird nicht vorausgesetzt. Sprachmittler können Mitarbeiter von Einrichtungen und Diensten sein, die über entsprechende Sprachkenntnisse z. B. aufgrund eines eigenen Migrationshintergrunds verfügen, Angehörige oder Nachbarn. Problematisch im gesundheitlichen/psychotherapeutischen Kontext kann es werden, wenn Kinder Sprachmittler für ihre Eltern sind. Bei Sprachmittlung geht es nicht um die wörtliche Übersetzung, sondern um interkulturelles Verständnis für kulturelle Besonderheiten oder idiomatische Ausdrücke (Martin, 2022).

Der früher bisweilen für die Ansätze der sozial(pädagogisch)en Hilfen für zugewanderte Menschen verwendete Begriff der Ausländerpädagogik wird als überholt betrachtet, da er Defizite in den Vordergrund stellt. Die Bezeichnung **Migrationspädagogik** wird allgemein für die Anforderungen an Pädagogik unter den Bedingungen einer Einwanderungsgesellschaft verwendet, wo neben dem Aspekt der Begleitung und evtl. notwendiger Unterstützung von zugewanderten Menschen auch die Veränderung der Gesellschaft hin zu einer interkulturellen Öffnung betrachtet wird. **Interkulturalität** wird dabei verstanden als Verständnis und Anerkennung für fremde Kulturen und Zuwanderungsgründe sowie den Abbau von Vorurteilen; in der **interkulturellen Pädagogik** wird dies als Bildungsziel für Schule und Gesellschaft formuliert.

3.6 Rückblick und Ausblick

3.6.1 Zusammenfassung

Einige Teil- und Subdisziplinen der Pädagogik beziehen sich auf Lebenslagen, in denen zwischen Anforderungen aus der Umwelt und den eigenen Ressourcen eine Imbalance besteht. Hilfe oder Unterstützung von außen kann notwendig und sinnvoll sein.

In **Kindheit und Jugend** ist das der Fall, wenn die Ansprüche von Kindern und Jugendlichen auf Betreuung und Erziehung von ihren Eltern nicht ausreichend erfüllt werden können, sei es, weil die Kinder besondere Anforderungen stellen und/oder weil die Erziehungskompetenzen der Eltern nicht ausreichen.

Mit den **Hilfen zur Erziehung** stehen Eltern gesetzlich verankerte Unterstützungsangebote zur Verfügung. Die **Erziehungsberatung** können Eltern beispielsweise bei einer Trennung und Sorgerechtsfragen oder familiären Krisen in Anspruch nehmen. In der **Sozialpädagogischen Familienhilfe** unterstützt eine sozialpädagogische Fachkraft Eltern und Kinder in schwierigen Situationen und aktiviert Ressourcen, mittels derer sich die Familien zukünftig selbst helfen können. Bei größeren Problemen können Kinder zumindest zeitweise nicht von ihren Eltern betreut und erzogen werden, sondern in einer **Vollzeitpflege** bei Pflegeeltern, stationär im **betreuten Wohnen** oder in einem **Heim**, bei besonderen Bedarfen auch in einer **intensivpädagogischen Maßnahme**. Ziel der Hilfen zur Erziehung ist die Rückführung der Kinder in das Elternhaus und die Stärkung der elterlichen Kompetenz. Erst bei älteren Jugendlichen rücken die Verselbstständigung, die Befähigung, alleine für sich selbst verantwortlich zu leben, in den Vordergrund. Prinzipien der Hilfen, vor allem der stationären Hilfen, sind **Bindung, Ressourcenorientierung, Strukturierung** und **Krisenbewältigung**.

Auch den Eltern von **Kindern und Jugendlichen mit Behinderung** stehen Hilfen zu; bei Kindern und Jugendlichen mit seelischen Behinderungen können die unter Hilfen zur Erziehung genannten Angebote und Maßnahmen greifen, weitere Hilfeformen richten sich an Kinder und Jugendliche mit körperlichen Behinderungen, mit Sinnesbehinderungen oder einer geistigen Behinderung. Allen Eltern behinderter Kinder stehen **Früherkennung** und **Frühförderung** zu. In der Förderung werden **heilpädagogische**, **sonder- oder förderpädagogische** Ansätze genutzt, entweder in speziellen Einrichtungen wie **Förderkindergärten** und **Förderschulen** oder **integrativ** bzw. **inklusiv**, wenn behinderte und nichtbehinderte Kinder und Jugendliche gemeinsam Kindergarten oder allgemeinbildenden Schulen besuchen.

In Abhängigkeit von Schwere, Dauer und Art kann eine **Krankheit** zu einer Lebenssituation werden, die ohne Unterstützung anderer nicht bewältigt werden kann; diese oder auch altersbedingte Einschränkungen können zu einer **Pflegebedürftigkeit** im Sinne der **sozialen Pflegeversicherung** führen. **Gesundheitspädagogik** und **Arbeitsschutz** sollen Krankheiten verhindern und **Betriebliches Eingliederungsmanagement** die Wiedereingliederung in die Arbeitswelt nach einer längeren Erkrankung unterstützen. Über das Versorgungssystem kann **häusliche Krankenpflege** in Anspruch genommen werden; der **Krankenhaussozialdienst** hilft beispielsweise bei der Entlassung nach einem längeren stationären Aufenthalt. Speziell für die vielfältigen Bedürfnisse von Menschen mit psychiatrischen Erkrankungen wurden **sozialpsychiatrische Dienste** eingerichtet, die von diesen oder ihren Angehörigen in Anspruch genommen werden können.

Überdauernde **Beeinträchtigungen** von Körperstrukturen und Körperfunktionen einschließlich psychischer Funktionen können zur **Behinderung** werden, wenn sie in Wechselwirkung mit Barrieren aus der Umwelt die Möglichkeit von Menschen, an Gesellschaft und Kultur teilzuhaben, einschränken oder verhindern. Menschen mit Behinderung haben das Recht auf gleichberechtigte Teilhabe an der Gesellschaft (**Inklusion**). Zur Realisierung einer inklusiven Gesellschaft werden auf der einen Seite Menschen mit Behinderung durch **rehabilitationspädagogische** und **heilpädagogische** Maßnahmen befähigt, trotz bestehender Beeinträchtigungen an Gesellschaft und insbesondere der Arbeitswelt teilzunehmen, zum Beispiel in **Berufsbildungs- und Berufsförderungswerken** oder **Werkstätten für Menschen mit Behinderung (WfbM)**. Auf der anderen Seite werden Barrieren der Umwelt abgebaut, durch bauliche Maßnahmen, durch **Kommunikationsförderung** wie der Verwendung verschiedener Kommunikationsformen (Gebärdensprache, akustische und haptische Informationen, leichte oder einfache Sprache) und durch den Abbau von Vorurteilen und die Förderung der Akzeptanz von Menschen mit Behinderung (**Inklusive Pädagogik**).

Auch **materielle** Notsituationen können verhindern, dass Menschen an Gesellschaft und Kultur teilhaben können; ein niedriger sozioökonomischer Status ist verbunden mit schlechterer Gesundheit. **Beratungsstellen** helfen bei **drohender Obdachlosigkeit** oder **Überschuldung,** akute Probleme zu lösen und eine dauerhafte Perspektive zu entwickeln.

Knapp ein Viertel der Menschen in Deutschland hat einen **Migrationshintergrund**, die meisten sind gut integriert, allerdings gibt es Gruppen, die dennoch Unterstützungsbedarf haben, beispielsweise aufgrund eines unklaren Aufenthaltsstatus oder mangelnder Deutschkenntnisse. An diese richten sich **Migrationsberatung**, **Integrationskurse** oder **Jugendmigrationsdienste**. **Sprachmittler** unterstützen die Kommunikation bei geringen Deutschkenntnissen. **Migrationspädagogik** bezieht sich sowohl auf den Aspekt der Integration von Menschen mit Migrationshintergrund als auch auf den der **interkulturellen Öffnung** der aufnehmenden Gesellschaft.

3.6.2 Bedeutung für Psychotherapeuten

Psychische Erkrankungen und problematische Lebenslagen, wie in diesem Kapitel beschrieben, stehen in gegenseitiger Beziehung. So können psychische Erkrankungen zu materiellen Notlagen führen oder sie können zu einer überdauernden Behinderung werden. Auf der anderen Seite kann eine schlecht bewältigte Überlastung durch Migration eine psychische Problematik auslösen oder verstärken.

Besonders deutlich wird der Zusammenhang in der **Kindheit**. Die Abhängigkeit der Kinder von ihren Eltern, die emotionale Beziehung zwischen Eltern und Kindern sowie das enge Zusammenleben führen dazu, dass Störungen, gleich auf welcher Seite, das gesamte System Familie betreffen und in der **systemischen Familientherapie** auch so betrachtet werden.

Mit **Hilfen zur Erziehung** und der **Eingliederungshilfe** steht Eltern und Kindern ein abgestuftes und spezialisiertes Unterstützungssystem zur Verfügung, mit dem Psychotherapeuten kooperieren. Sei es, wenn aus dem System die Anregung kommt, betreute Kinder oder Jugendliche psychotherapeutisch begleiten zu lassen, sei es, wenn im Lauf der Psychotherapie von Kindern und Jugendlichen erkennbar wird, dass neben der Psychotherapie weitere Hilfen notwendig sind.

Im Rahmen der Psychotherapie von Eltern sollte darauf geachtet werden, ob familiäre Überforderungssituationen drohen und gegebenenfalls auf Hilfesysteme hingewiesen werden. Eine Überlastung kann durch die psychische Erkrankung oder Störung von Eltern entstehen, aber auch durch die emotionale Belastung, wenn die Behinderung eines Kindes offenbar wird, oder durch die fehlende Kompetenz, mit den Verhaltensauffälligkeiten eines Jugendlichen umzugehen. Im Fall einer (drohenden) **Kindeswohlgefährdung** müssen Psychotherapeuten zwischen Schweigepflicht und unterlassener Hilfeleistung abwägen; in der notwendigen Entscheidung helfen Arbeitshilfen von Psychotherapeutenkammern oder eine Supervision.

Thema einer Psychotherapie kann neben der psychischen Erkrankung oder Störung auch die Bewältigung einer somatisch begründeten Erkrankung sein. Unabhängig von der Thematik können mit einer Erkrankung Ängste verbunden sein, auch die Angst vor dem Verlust des Arbeitsplatzes und daraus resultierender finanzieller Probleme. Krankheiten und/oder Funktionsstörungen können zu **Pflegebedürftigkeit** führen oder, in Zusammenhang mit Barrieren aus der Umwelt, zu einer **Behinderung**. Durch den Verweis auf mögliche **sozial- und rehabilitationspädagogische** Maßnahmen, vom Betrieblichen Eingliederungsmanagement bis zur Beantragung einer Erwerbsminderungsrente, können Ängste reduziert und Bewältigungsmöglichkeiten angeregt werden. Ein besonderer Partner in der Psychotherapie sind die **sozialpsychiatrischen Dienste**, die sich speziell an Menschen mit psychischen Erkrankungen, deren Angehörige und Umfeld wenden. Vor allem bei chronischen oder schubweisen Verläufen kann eine Zusammenarbeit den Patienten stützen und Krisen abwenden oder mildern.

Egal ob materielle Notlagen eine psychische Problematik auslösen oder deren Folge sind: Psychotherapie kann die materielle Situation nicht beseitigen, aber nützliche Hinweise auf konkrete Hilfeangebote wie eine **Obdachlosen- oder Schuldnerberatungsstelle** geben und damit den Boden für eine psychotherapeutische Bearbeitung der psychischen Problematik bereiten.

Bei einem Bevölkerungsanteil von einem knappen Viertel kann erwartet werden, dass Menschen mit Migrationshintergrund auch Psychotherapie benötigen, auch wenn spezifische Gründe wie Traumatisierung im Herkunftsland oder durch die Flucht nur auf einen Teil der Menschen mit Migrationshintergrund zutreffen. Kulturelle und sprachliche Vermittlung sind wichtig, um psychische Problematiken anzugehen.

Literatur

Vertiefende Literatur:

Graßhoff, G. Renker, A., & Schröer, W. (Hrsg.). (2018). *Soziale Arbeit*. Springer.

Verwendete Literatur:

Albers, M., Elgeti, H., & Netzwerk Sozialpsychiatrischer Dienste in Deutschland. (2018). *Fachliche Empfehlungen zu Leistungsstandards und Personalbedarf Sozialpsychiatrischer Dienste*. Netzwerk Sozialpsychiatrischer Dienste in Deutschland.

Beauftragte der Bundesregierung für Migration, Flüchtlinge und Integration (Hrsg.). (2019). Deutschland kann Integration: Potenziale fördern, Integration fordern, Zusammenhalt stärken. 12. Bericht der Beauftragte der Bundesregierung für Migration, Flüchtlinge und Integration. Stand: Dezember 2019.

Berufsgenossenschaft für Gesundheitsdienst und Wohlfahrtspflege (BGW). (2019). *Psychische Gesundheit im Fokus*. BGW.

Bundesarbeitsgemeinschaft Werkstätten für behinderte Menschen e.V. (2023, Mai 12). Menschen in Werkstätten. https://www.bagwfbm.de/page/25. Zugegriffen am 19.05.2023.

Bundesinstitut für Arzneimittel und Medizinprodukte. (2023). ICD-10-GM: Internationale Klassifikation der Krankheiten und verwandten Gesundheitsprobleme, German Modification. https://www.bfarm.de/DE/Kodiersysteme/Klassifikationen/ICD/ICD-10-GM/_node.html. Zugegriffen am 24.05.2023.

Bundesministerium für Arbeit und Soziales. (2021a, Mai 12). Lebenslagen in Deutschland. Der sechste Armuts- und Reichtumsbericht der Bundesregierung. https://www.armuts-und-reichtumsbericht.de/DE/Bericht/Der-sechste-Bericht/Der-Bericht/der-bericht.html. Zugegriffen am 19.05.2023.

Bundesministerium für Arbeit und Soziales. (Hrsg.). (2021b, April). Dritter Teilhabebericht über die Lebenslagen von Menschen mit Beeinträchtigungen.

Bundesministerium für Arbeit und Soziales. (2020, November 30). UN-Konvention über die Rechte behinderter Menschen. https://www.bmas.de/DE/Soziales/Teilhabe-und-Inklusion/Politik-fuer-Menschen-mit-Behinderungen/un-behindertenrechtskonvention-rechte-von-menschen-mit-behinderungen-langtext.html. Zugegriffen am 24.05.2023.

Bundesministerium für Gesundheit. (2015/2021). Richtlinie über die Durchführung von Soziotherapie in der vertragsärztlichen Versorgung (Soziotherapie-Richtlinie/ST-RL) in der Fassung vom 22. Januar 2015. Bundesanzeiger (BAnz AT 14.04.2015 B5). Zuletzt geändert am 18. März 2021 Bundesanzeiger (BAnz AT 15.04.2021 B3).

Literatur

Deutsche Rentenversicherung Bund. (2022). Rentenversicherung in Zeitreihen. DRV-Schriften, Band 22. Berlin.

Deutsches Institut für medizinische Dokumentation und Information (DIMDI) (Hrsg.). (2005). Internationale Klassifikation der Funktionsfähigkeit, Behinderung und Gesundheit (ICF). Copyright WHO, Genf.

Feil, N., & de Klerk-Rubin, V. H. (2013). *Validation in Anwendung und Beispielen: der Umgang mit verwirrten alten Menschen* (7., akt. u. erw. Aufl.). Reinhardt.

Gebrande, J. (2021). Traumapädagogik für Kinder, die das System sonst sprengt. In D. Kieslinger, M. Dressel, & R. Haar (Hrsg.), *Systemsprenger*innen* (S. 159–173). Lambertus.

Gemeinsamer Bundesausschuss. (2020, September 23). Evaluationsbericht: Routinedaten-Auswertung zur Evaluation der Neuerungen in der Soziotherapie-Richtlinie. https://www.g-ba.de/downloads/40-268-7310/2015-01-22_ST-RL_Neufassung_Evaluationsbericht.pdf. Zugegriffen am 19.05.2023.

Heimlich, U. (2019). *Inklusive Pädagogik*. Kohlhammer.

Hopmann, B. (2021). SGB VIII-Reform und Inklusion. *Sozial Extra, 6*, 414–418.

Hoy, M. (2021). Soziale Arbeit im Akutkrankenhaus. Eine empirische Untersuchung zum Professionsverständnis, Aufgaben- und Zuständigkeitsbereich der Sozialen Arbeit aus der Perspektive der Medizin und Pflege. In C. Rahnfeld, S. Plunger, & E. Rosch (Hrsg.), *Soziale Innovationen* (S. 341–362). Springer.

Huber, S., & Kirchschlager, S. (2019). *Grenzen und Strafen in der Heimerziehung*. Budrich UniPress Ltd.

Kieslinger, D., Dressel, M., & Haar, R. (Hrsg.). (2021). *Systemsprenger*innen*. Lambertus.

Knörle, U., Gutwinski, S., Willich, S., & Berghöfer, A. (2022). Zusammenhänge zwischen psychischen Erkrankungen und Wohnungslosigkeit: Ergebnisse einer Sekundärdatenanalyse in einem Berliner Gesundheitszentrum für Obdachlose. *Bundesgesundheitsblatt, 65*, 677–687.

Kuhlmann, C., Mogge-Grotjahn, J., & Balz, H.-J. (2018). *Soziale Inklusion*. Kohlhammer.

Martin, M. (2022). Sprachbarrieren überwinden. *Deutsches Ärzteblatt, 119*(47), 2090–2091.

Netzwerk Sozialpsychiatrischer Dienste in Deutschland. (2018). *Fachliche Empfehlungen zu Leistungsstandards und Personalbedarf Sozialpsychiatrischer Dienste*. Psychiatrie.

Neuhäuser, G., & Klein, F. (2019). *Therapeutische Erziehung. Resiliente Erziehung in Familie, Krippe, Kita und Grundschule*. BurckhardtHaus.

Röh, D. (2018). *Soziale Arbeit in der Behindertenhilfe* (2., völlst. überarb. Aufl.). Reinhardt.

Schneider, W., & Berger, N. (2011). *Verhaltensstörungen und Lernschwierigkeiten in der Schule*. Schöningh.

Sekretariat der Ständigen Konferenz der Kultusminister der Länder in der Bundesrepublik Deutschland (Hrsg.). (2022, Januar). Sonderpädagogische Förderung in Schulen 2011 bis 2020. Statistische Veröffentlichungen der Kultusministerkonferenz. Dokumentation Nr. 231.

Statistisches Bundesamt (Destatis). (2023a). Qualität der Arbeit – Krankenstand. https://www.destatis.de/DE/Themen/Arbeit/Arbeitsmarkt/Qualitaet-Arbeit/Dimension-2/krankenstand.html. Zugegriffen am 19.05.2021.

Statistisches Bundesamt (Destatis). (2023b). Sozialhilfe – Knapp 400.000 Personen erhielten im Laufe des Jahres 2021 Hilfe zur Pflege. https://www.destatis.de/DE/Themen/Gesellschaft-Umwelt/Soziales/Sozialhilfe/empfaenger-hilfe-pflege.html. Zugegriffen am 19.05.2023.

Statistisches Bundesamt (Destatis). (2022a, Dezember 21). Pressemitteilung Nr. 554 vom 21. Dezember 2022. https://www.destatis.de/DE/Presse/Pressemitteilungen/2022/12/PD22_554_224.html. Zugegriffen am 19.05.2023.

Statistisches Bundesamt (Destatis). (2022b, Juli 27). Pressemitteilung Nr. 316 vom 27. Juli 2022. https://www.destatis.de/DE/Presse/Pressemitteilungen/2022/07/PD22_316_236.html. Zugegriffen am 19.05.2023.

Theunissen, G. (2016). *Geistige Behinderung und Verhaltensauffälligkeiten* (6., überarb. u. erw. Aufl.). Julius Klinkhardt.

Thurmair, M., & Naggl, M. (2010). *Praxis der Frühförderung* (4., überarb. Aufl.). Ernst Reinhardt.

Weidner, J., & Kilb, R. (Hrsg.). (2008). *Konfrontative Pädagogik* (3. Aufl.). Verlag für Sozialwissenschaften.

Professionelles Handeln in der Sozialpädagogik

Inhaltsverzeichnis

4.1 Pädagogisches Handeln – 88
4.1.1 Selbsthilfe, Empowerment – 89
4.1.2 Beratung, Coaching, Supervision – 92
4.1.3 Interventionen: Training, Therapie, Förderung – 95
4.1.4 Sozialraum, Vernetzung – 102

4.2 Berufe und Arbeit in pädagogischen Feldern – 104
4.2.1 Professionalität und pädagogische Haltung – 105
4.2.2 Ausbildung und Berufstätigkeit – 108
4.2.3 Care-Arbeit, Ehrenamtliche und Freiwilligendienste – 109
4.2.4 Multiprofessionelle Zusammenarbeit – 110

4.3 Rückblick und Ausblick – 111
4.3.1 Zusammenfassung – 111
4.3.2 Bedeutung für Psychotherapeuten – 113

Literatur – 114

© Der/die Autor(en), exklusiv lizenziert an Springer-Verlag GmbH, DE,
ein Teil von Springer Nature 2024
G. Rössler, W. Mack, *Pädagogik für Psychotherapeutinnen und Psychotherapeuten*,
https://doi.org/10.1007/978-3-662-68500-6_4

Einleitung

Pädagogisches Handeln zielt auf nachhaltige Veränderungen bei Menschen, auf die Ausbildung von Dispositionen, den Erwerb von Wissen und Kompetenzen. Befinden sich Menschen in besonders fordernden Lebenssituationen, wie sie im letzten Kapitel beschrieben wurden, wird das pädagogische Methodeninventar erweitert und auf die spezifischen Anforderungen angepasst. Die Zielstellung, durch dieses Handeln die persönlichen Voraussetzungen für eine eigenständige Lebensführung und gesellschaftliche Teilhabe zu schaffen, bleibt erhalten.

Sozialpädagogische Handlungsformen lassen sich anhand der Rolle bzw. der Aufgaben des pädagogisch Tätigen unterscheiden, von der Selbsthilfe bis hin zur pädagogischen Therapie. Alle diese Handlungsformen können Psychotherapie unterstützen oder begleiten; sie können umgekehrt auch psychotherapeutischen Bedarf erkennbar werden lassen.

Unabhängig von der gewählten Handlungsform wird vom Pädagogen Professionalität gefordert, also das bewusste Einsetzen eigenen Wissens und eigener Kompetenzen zur Lösung der jeweiligen Anforderung durch den Klienten. Voraussetzungen dafür sind eine berufliche Qualifikation und eine stete Reflexion der Haltung gegenüber den Klienten.

Lernziele dieses Kapitels

In diesem Kapitel
- lernen Sie zentrale sozialpädagogische Handlungsformen kennen, die Psychotherapie begleiten und unterstützen können,
- diskutieren Sie deren Möglichkeiten sowie Begrenzungen und gewinnen einen Einblick in deren Anwendungsbereiche,
- erhalten Sie einen Überblick über Berufe und Ausbildungen in der Pädagogik, ihren Sub- und Teildisziplinen und
- erfahren Sie Grundlegendes über Professionalität und professionelle Haltung von Pädagogen.

Das Kapitel schließt mit einer Zusammenfassung und der Bedeutung der Thematik für angehende Psychotherapeutinnen und Psychotherapeuten.

4.1 Pädagogisches Handeln

Vielleicht haben Sie in der Schule Wortfelder gebildet: Ein Grundwort wie *gehen* wurde vorgegeben und verlangt, möglichst viele Wörter zu finden, die eine vergleichbare Bedeutung haben oder dieses Wort sogar ersetzen können. Diese Übung wird gemacht, um den Wortschatz zu vergrößern und den sprachlichen Ausdruck zu verbessern. Statt ausschließlich zu gehen können Menschen schreiten, laufen, spazieren, stolzieren, joggen, rennen oder schlendern. Je nach Zusammenhang und Anlass kann eines dieser Wörter eine Vorwärtsbewegung auf zwei Beinen passender kennzeichnen und der Leser freut sich über Genauigkeit und Abwechslung im Text. Außerhalb der Schule helfen Synonym-Wörterbücher dabei, das geeignetste Wort zu finden und anzuwenden.

4.1 · Pädagogisches Handeln

Abb. 4.1 Wortfeld erziehen und bilden

Auch für das Tun in pädagogischen Zusammenhängen lässt sich ein Wortfeld aufbauen; außer *erziehen* und *bilden* beschreiben andere Wörter Tätigkeiten, mit denen Menschen bei anderen Menschen Veränderungen anstoßen oder bewirken, die deren (Möglichkeit zur) gesellschaftlichen und kulturellen Teilhabe verbessern. Dabei wird der engere pädagogische Kontext verlassen, wenn von Trainings, Therapien oder Beratung gesprochen wird. Abb. 4.1 bietet eine Übersicht.

Die verschiedenen Begriffe des Wortfelds bilden verschiedene Anlässe und Zusammenhänge ab. Erziehen und vergleichbare Verben wie das Aufziehen oder Prägen (durch Vorbild) beschreiben die Einheit von Betreuung und Erziehung im eher familiären Kontext; bilden und Verben wie lehren oder unterrichten beziehen sich eher auf schulische oder akademische Kontexte, in denen eine Lehrkraft Stoff aufbereitet, Kenntnisse und Fähigkeiten vermittelt. Und schließlich benennt eine Gruppe von Verben Tätigkeiten außerhalb des familiären oder quasifamiliären Systems der Erziehung oder formalen Bildungssystems, die vor allem bei Problemen oder Schwierigkeiten eingesetzt werden. Innerhalb der Pädagogik werden diese Tätigkeiten oder Handlungsformen vor allem der Sozial- und zum Teil der Sonderpädagogik zugeordnet.

Der verwendete Handlungsbegriff impliziert, dass es um zielgerichtete, geplante Aktivitäten sind, die in der Ausführung und Zielerreichung kontrolliert und adaptiert werden (vgl. Graßhoff et al., 2018). Sozialpädagogisches Handeln kann Psychotherapie begleiten oder unterstützen: Daher werden wesentliche Handlungsformen zusammenfassend unter den Stichworten Selbsthilfe/Empowerment, Beratung/Coaching/Supervision, Intervention sowie Sozialraum gekennzeichnet und vertiefend vorgestellt.

4.1.1 Selbsthilfe, Empowerment

Wenn erwachsene Menschen vorübergehend oder dauerhaft auf Unterstützung und Hilfe in der Lebensführung angewiesen sind, ist die Hilfe, ähnlich wie die Erziehung in Kindheit und Jugend, so auszugestalten, dass diese sich auf ein Minimum beschränkt und letztendlich überflüssig macht. Die betroffenen Menschen sollen lernen oder befähigt werden, (wieder) die Verantwortung für sich zu übernehmen und sich selbst helfen zu können.

Empowerment beschreibt diesen ressourcenorientierten Ansatz. Menschen werden dabei unterstützt, ihre Ressourcen zu identifizieren, auszubauen und zu nutzen. Neben der kognitiven Identifikation personaler, sozialer und materieller Ressourcen werden Personen motiviert, eigenverantwortlich zu handeln, und gegebenenfalls in der Ausführung begleitet und damit in ihrer Volition gestärkt.

> **Definition**
>
> **Empowerment** ist das (sozialpädagogische) Konzept, Menschen zu befähigen, zu aktivieren/ermutigen und dabei zu begleiten, Problemsituationen mit eigenen, vorhandenen Ressourcen zu bewältigen.

Im Konzept des Empowerments (der Befähigung) kann die Sichtweise auf **Helfen** als sozialpädagogische Tätigkeit kritisch diskutiert werden. Helfen kann bedeuten, anstelle einer bedürftigen Person zu handeln und dadurch deren Bedürfnisse zu erfüllen. Der Helfende definiert dabei (mit), welche Bedürfnisse bestehen, ob und wie diese zu decken sind. Kurz gesagt: Helfen kann bevormundend sein und das Recht des Hilfebedürftigen auf Eigenständigkeit einschränken (vgl. Schröder, 2018). Der Helfende, ob altruistischer Privatmensch, eine Wohlfahrtsorganisation oder staatliche Strukturen, stellt materielle Hilfen zur Verfügung, legt fest, welcher Gebrauch davon zu machen ist und erwartet unter Umständen eine Gegenleistung in Form von Dankbarkeit oder einem bestimmten Verhalten des Hilfebedürftigen. Solche Haltungen finden sich beispielsweise in feudalen oder betrieblichen Sozialleistungen des 19. Jahrhunderts: Eine vom Unternehmer oder Gutsherren gewährte finanzielle Absicherung ihrer Arbeitnehmer bei Krankheit oder nach Unfällen sollte die Selbstorganisation der Arbeitnehmer unterbinden. Doch auch im 21. Jahrhundert taucht dieser Gedanke noch auf: Bei der Einführung der Sozialleistung **Bürgergeld** zum 01.01.2023 (vgl. ▶ Kap. 5) wurden die zu erwartenden Gegenleistungen des Empfängers heftig diskutiert; der gefundene Kompromiss sieht trotz des Mitspracherechts des Bürgergeldempfängers bei der Ausgestaltung Kürzungen des Bürgergelds als Sanktionsmaßnahme vor, wenn der Empfänger seine Verpflichtungen nicht erfüllt.

Aus Sicht der Lernpsychologie und der Resilienzforschung ist Empowerment, als Hilfe zur Selbsthilfe durch die Identifikation und Aktivierung eigener Ressourcen, die bessere, weil nachhaltige Unterstützung. Die Aufgabe des professionell Handelnden ist dabei eine aktivierende und motivierende: Weder handelt er für den Klienten noch gibt er diesem auszuführende Handlungen vor (vgl. Keupp, 2018).

Am Beispiel der Sozialpädagogischen Familienhilfe kann man sich das so vorstellen: Auch wenn ein Sozialarbeiter bei Eilbedarf „mal schnell" einen Antrag an das Jugend- oder Sozialamt ausfüllt und abgibt, sollte das nicht zur Dauerlösung werden. Die sozialpädagogische Fachkraft wird die Familie befähigen, selber die notwendigen Schritte zu erkennen und zu unternehmen. Sie wird das Ausfüllen begleiten, dazu motivieren, etwaige notwendige Informationen zu beschaffen, auf die Abgabe dringen, den Bescheid gemeinsam mit der Familie überprüfen und vielleicht sogar Widerspruch einlegen.

4.1 · Pädagogisches Handeln

Unabhängigkeit von organisierter, professioneller Hilfe wird (auch) erreicht, wenn soziale Ressourcen aufgebaut werden, die informationell oder emotional-motivational unterstützen, was in der **Selbsthilfe** geschieht. Mit Selbsthilfe ist in diesem Kontext die organisierte, gegenseitige Unterstützung einer Gruppe von Menschen gemeint, die aufgrund von Krankheit, Behinderung oder sozialen Belastungen Probleme haben.

> **Definition**
>
> **Selbsthilfe** ist die selbstorganisierte, gegenseitige, informationelle und sozial-emotionale Unterstützung einer Gruppe von Menschen, die unmittelbar oder mittelbar von einer Erkrankung, Behinderung, sozialen oder emotionalen Problemen betroffen sind.

Eine festgelegte Organisationsform für Selbsthilfegruppen gibt es nicht, wichtig sind der Austausch über Probleme und die Gelegenheit, mit Menschen zu sprechen, die ähnliche Erfahrungen gemacht und das angesprochene Problem vielleicht schon bewältigt haben. Die erhaltene sozial-emotionale Unterstützung wird ergänzt durch wachsende Selbstwirksamkeitsüberzeugungen, wenn im Verlaufe einer Erkrankung gemachte Erfahrungen und erworbene Kompetenzen anderen zur Verfügung gestellt werden: Ein Betroffener kann zum Ratgeber werden, der weiß, wie ein Problem gelöst werden kann oder welche Unterstützungsmöglichkeiten zur Verfügung stehen (vgl. ◘ Abb. 4.2).

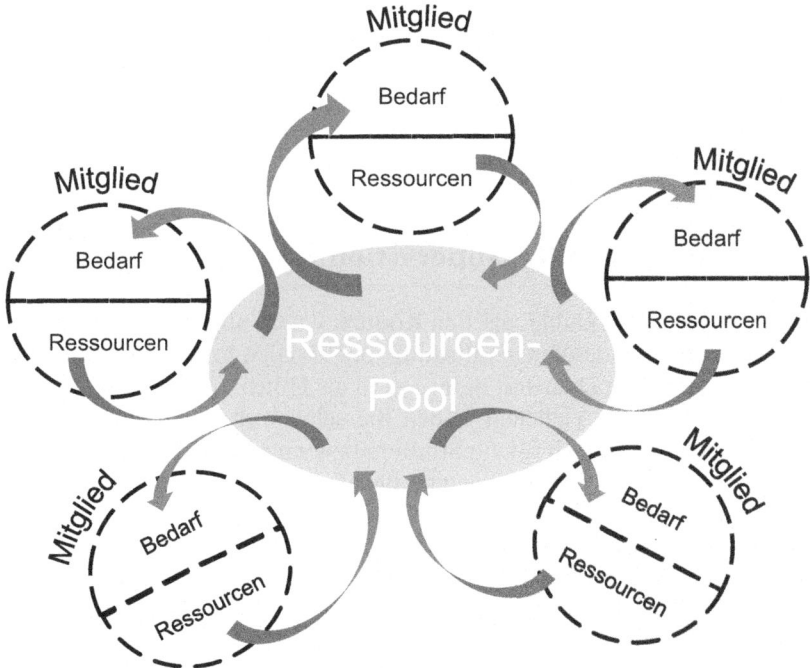

◘ **Abb. 4.2** Selbsthilfegruppe

Selbsthilfegruppen können auch externe Ressourcen nutzen, wenn beispielsweise ein geladener Referent von einer Pflegeversicherung über sozialversicherungsrechtliche Ansprüche aufklärt.

Die **Nationale Kontakt- und Koordinationsstelle zur Anregung und Unterstützung von Selbsthilfegruppen (NAKOS)** bietet einen Überblick über Merkmale und Ziele von Selbsthilfegruppen, wobei das erste Merkmal als konstituierend betrachtet wird (NAKOS – Nationale Kontakt- und Koordinationsstelle zur Anregung und Unterstützung von Selbsthilfegruppen, 2023):

- Austausch und gegenseitige Hilfe innerhalb der Gruppe,
- Information und Hilfe für außenstehende Gleichbetroffene,
- Öffentlichkeitsarbeit und Interessenvertretung,
- Gruppengemeinschaft und Geselligkeit,
- Wissenserwerb und gemeinsames Lernen,
- Netzwerkbildung und Kooperation und
- Sicherung der Arbeits- und Rahmenbedingungen.

Selbsthilfegruppen bestehen zu den unterschiedlichsten Themen, psychischen und körperlichen Erkrankungen und Behinderungen, Situationen nach belastenden Lebensereignissen oder in sozialen Notlagen wie Langzeitarbeitslosigkeit. Auch Angehörige erkrankter oder behinderter Menschen organisieren sich, z. B. pflegende Angehörige, Eltern behinderter Kinder oder Partner von Menschen mit psychischen Erkrankungen. Die Organisationsform von Selbsthilfegruppen ist sehr unterschiedlich: Der Austausch kann ausschließlich online stattfinden oder in regelmäßigen persönlichen Treffen. Die Gründung in einer Rechtsform wie ein eingetragener Verein ist nicht notwendig.

Sozialpädagogische Aufgabe ist die **Unterstützung von Selbsthilfe** bei Gründung, Organisation und Finanzierung z. B. durch Mittel der Krankenversicherung oder die Vermittlung Betroffener an bestehende Selbsthilfegruppen. Informationen zu Selbsthilfegruppen und -aktivitäten sind über NAKOS und deren Datenbank erhältlich; auch auf regionaler Ebene bestehen in der Regel Koordinationsstellen, an die sich Betroffene oder Interessierte wenden können.

4.1.2 Beratung, Coaching, Supervision

Beratung als Tätigkeit im pädagogischen Kontext wurde an einigen Stellen schon genannt: Beratung bei Kindeswohlgefährdung, bei sozialen Problemen oder innerhalb des sozialpsychiatrischen Dienstes. Beratung ist als Hilfeangebot oder zu bezahlende Dienstleistung alltäglich. Vielleicht haben Sie selber schon eine Beratung in Anspruch genommen, als Sie sich für ein Studium bzw. einen Beruf entscheiden wollten. Einige Zeit vor dem Abitur haben Sie eine Berufs- oder allgemeine Studienberatung in Anspruch genommen. Es gab einen oder mehrere Termine, bei dem Sie einen Berater aufsuchten. Sie erläuterten, dass Sie nicht sicher seien, was Sie werden wollen. Der Satz „irgendetwas mit Menschen" fiel vielleicht und, dass Sie befürchten, dass Ihr Notendurchschnitt im Abitur nicht allzu super sein wird. Der Berater hat Ihnen Fragen gestellt, um ein besseres Bild zu bekommen. Wenn der Kontakt mit Menschen wichtig ist, in welcher Art sollte der Kontakt sein: Eher helfend? Eher kommunikativ? Warum befürchten Sie ein schlechtes Abitur?

4.1 · Pädagogisches Handeln

Am Ende eines ersten Termins haben Sie einige Hinweise bekommen, welche Berufe passen könnten, und die Aufgabe, sich die entsprechenden Berufsbilder, zum Beispiel in den Blättern zur Berufskunde der Agentur für Arbeit, anzusehen. Diese Aufgabe haben Sie erledigt, Psychotherapie hat Ihnen zugesagt, aber dass ein gutes Abitur vorausgesetzt wird und Sie Statistik lernen müssen, wirkte ernüchternd. In einem zweiten Termin war das Thema: Woran liegt es mit den schlechten Noten? Kann da noch etwas geändert werden und wie? Macht es Sinn, lange auf einen Studienplatz zu warten, wenn dann die Anforderungen im Studium zu hoch sind? Was wären Alternativen? Vielleicht gab es noch einen dritten Termin, und dann haben Sie sich irgendwann entschieden, ein bisschen mehr für die Schule zu tun, um sich die Möglichkeit eines Psychotherapiestudiums nicht von vorherein zu verbauen.

Das Ziel einer (sozialpädagogischen) **Beratung**, Entscheidungs- und Handlungsfähigkeit in einer bestimmten Lebenssituation oder Problematik herzustellen, wurde damit erreicht (vgl. Weinhardt, 2018). Der Berater hat Ihnen die Entscheidung nicht abgenommen, sondern Fragen gestellt, die Ihnen geholfen haben, sich selber zu entscheiden. Dabei standen ihm Wissen über entsprechende Berufsbilder und deren Anforderungen zur Verfügung, aber vor allem die Kompetenz, Sie aus einem Ausdruck „irgendetwas mit Menschen" ein Motiv entwickeln zu lassen, mögliche Hindernisse zu identifizieren und Wege zu deren Überwindung aufzuzeigen.

> **Definition**
>
> **Beratung** in sozialen und pädagogischen Kontexten ist eine strukturierte Kommunikationsform, mit der zu einem vorgegebenen Thema eine Person, die über Fachwissen und Kompetenzen der zielführenden Kommunikationsgestaltung verfügt, bei einer anderen Person Handlungs- und Entscheidungsfähigkeit (in diesem Thema) herstellt.

Anders als in der Selbsthilfe gibt es eine Aufgabenteilung zwischen dem Berater und dem zu Beratenden: Der **Berater** verfügt über **Fachwissen** und über **Kompetenzen**, mit denen er einem Ratsuchenden helfen kann. Das Fachwissen bezieht sich auf Inhalte und Strukturen, z. B. in einer Erziehungsberatung über psychische Entwicklungsprozesse und mögliche Erziehungsschwierigkeiten, auch über strukturelle Hilfemöglichkeiten oder finanzielle Unterstützung. Die Kompetenzen des Beraters liegen in der Diagnostik und der Identifikation von Ressourcen beim zu Beratenden, einschließlich der motivationalen Komponente. Er ist in der Lage, den Beratungsprozess so zu strukturieren und zu lenken, dass der Ratsuchende seinerseits in die Lage versetzt wird, sich zu entscheiden und gemäß der Entscheidung zu handeln. Der Berater kann die Umsetzung einer Entscheidung in Handlungsschritte begleiten und nachhalten. Er strukturiert die Beratung, dazu gehört die Schaffung eines zeitlichen und räumlichen Rahmens sowie die Vorbereitung und Dokumentation der Beratung (vgl. ◘ Abb. 4.3).

Der Ratsuchende sollte freiwillig die Beratung suchen, Vertrauen zum Berater haben und kooperieren; die Vertraulichkeit des Besprochenen sollte selbstverständlich sein. Allerdings gibt es innerhalb des Sozial- und Gesundheitssystems auch **verpflichtende Beratungssituationen**, z. B. die Schwangerenkonfliktberatung, die Frauen

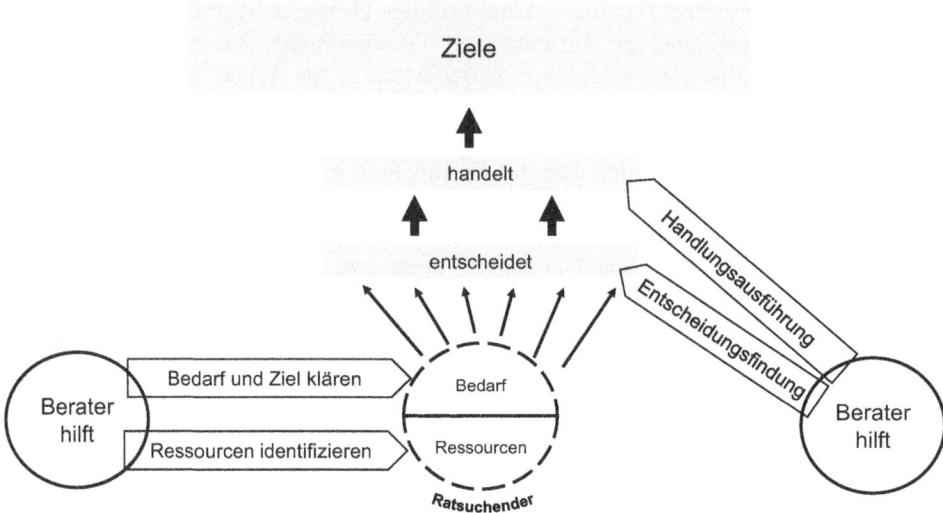

◘ Abb. 4.3　Beratung

aufsuchen müssen, wenn sie einen Schwangerschaftsabbruch erwägen oder wünschen. Auch die Beratung von Arbeitslosen durch die Agentur für Arbeit ist (beim Bezug von Arbeitslosengeld) verpflichtend.

Beratung ist **ergebnisoffen**, das heißt, es gibt nicht ein vom Berater vorgegebenes Ergebnis, von dem er den Ratsuchenden überzeugt. Beratung in sozialen und pädagogischen Fragestellungen sollte unabhängig von eigenen (finanziellen) Interessen sein; dies trifft für **gesetzlich geregelte Angebote**, wie die
- Erziehungsberatung nach § 28 SGB VIII,
- Schuldner- und Insolvenzberatung nach § 11 SGB XII,
- Schwangerschaftskonfliktberatung nach § 219 StGB und
- Berufsberatung nach § 30 SGB II

in der Regel zu, da sie durch öffentliche oder freigemeinnützige Träger erbracht werden. Die finanzielle Förderung dieser Angebote ist unabhängig von den Beratungsergebnissen, Dokumentationen beziehen sich auf Fallzahlen oder Beratungsanlässe.

In einigen Texten wird Beratung als „die kleine Schwester der Psychotherapie" (z. B. Weinhardt, 2018, S. 486) bezeichnet. Vergleichbar der Therapie dient eine Beratung der Lösung eines Problems oder eines Konflikts mit Hilfe vor allem von Kommunikation. In der Zielstellung und Methodenfestlegung unterscheidet sich die Psychotherapie hingegen: Sie ist auf die Behandlung/Heilung einer psychischen, ICD-kodierten Erkrankung gerichtet und verwendet anerkannte psychotherapeutische Verfahren. Beratung heilt nicht, sondern befähigt. Sie ist in der Verfahrenswahl frei, wobei sich Berater an psychologischen Verfahren z. B. in der Diagnostik und Handlungsvorbereitung orientieren können. Außerhalb dieser beiden Aspekte ist die Differenzierung nicht einfach, so kann es in einer Erziehungsberatung im Zusammenhang mit einem drohenden Schulversagen notwendig werden, die psychische Verfasstheit von dem betroffenen Kind und dessen Eltern zu erfassen, Konflikte zu bearbeiten und die Beteiligten zu stabilisieren.

4.1 · Pädagogisches Handeln

Auf der anderen Seite ergänzen sich Beratung und Therapie gut: Wenn in einem Beratungsprozess Hinweise auf eine zugrunde liegende psychische Erkrankung gefunden und eine Behandlung eingeleitet wird oder wenn ein psychisch erkrankter Mensch Unterstützung in der allgemeinen Lebensführung benötigt. Im Studium der Sozialpädagogik werden zukünftigen Beratern daher psychologische und psychopathologische Grundlagen vermittelt, und in Einrichtungen wie einer Erziehungsberatung arbeiten Sozialpädagogen und Psychologen zusammen.

Ebenfalls von der Beratung abzugrenzen ist das **Coaching** (vgl. ▶ Kap. 2). Auch dabei handelt es sich um einen interaktiven Prozess der Begleitung bei der Entscheidungsfindung mit verteilten Rollen zwischen dem Coach und dem Coachee. Coaching wird häufig arbeitsbezogen eingesetzt, zum Beispiel bei Karriere- oder Laufbahnentscheidungen, in beruflichen Belastungssituationen oder der Übernahme neuer Aufgaben. Nach Klärung der Fragestellung werden die Ziele des Coachings formuliert, Entscheidungs- und Handlungsmöglichkeiten entwickelt und deren Umsetzung vorbereitet. Im Gegensatz zum Berater muss der Coach nicht über Fachwissen verfügen, sondern über Wissen, wie Entscheidungsprozesse und Handlungsvorbereitung zu moderieren sind. Die Lösung „trägt der Coachee in sich", der Coach erleichtert die Findung.

Verwandt mit dem Coaching ist die **Supervision**, ebenfalls als Ansatz der Beratung von Personen und Gruppen im beruflichen Kontext. In der Supervision soll das berufliche Handeln in allen Aspekten reflektiert und gegebenenfalls angepasst werden. Themen der Supervision können die berufliche Rolle und Rollenkonflikte sein, die Zusammenarbeit in Teams und Organisationen oder auch Nähe und Beziehung zu Klienten. Die Themenauswahl macht die Bedeutung der Supervision in therapeutischen und sozialen Berufen spürbar; sowohl in der Ausbildung als auch in der Berufsausübung müssen sich Psychotherapeuten supervidieren lassen, um mögliche Probleme in ihrer Arbeit zu erkennen und gegebenenfalls Anpassungen vorzunehmen.

Das Vorgehen ist ähnlich wie im Coaching durch die Abfolge von Aufdeckung, Neustrukturierung und Umsetzung geordnet. Supervidiert werden sowohl Einzelpersonen als auch Teams. Theoretisch-methodische Grundlagen der Supervision stammen aus den unterschiedlichen psychotherapeutischen Ansätzen (Psychoanalyse, Gesprächspsychotherapie, Verhaltenstherapie, Systemische Therapie). Schreyögg (2010) liefert einen Überblick, integriert diese Ansätze und weitet Supervision auf Bereiche außerhalb der sozialen und gesundheitlichen Versorgung aus. Dennoch ist Supervision für Angehörige sozialpädagogischer und psychotherapeutischer Berufe aufgrund der Gefahr von Burn-Outs eine wichtige Unterstützung (Sommer, 2009; Schwarz, 2009).

Sowohl für die Tätigkeit als Coach als auch als Supervisor gibt es keine grundständige Ausbildung; es handelt sich nicht um geschützte Berufsbezeichnungen. Meist bilden sich Personen mit einem grundständigen Studium, häufig aus dem pädagogischen oder psychologischen Spektrum, entsprechend weiter.

4.1.3 Interventionen: Training, Therapie, Förderung

In diesem Abschnitt werden pädagogische Ansätze skizziert, denen gemeinsam ist, dass bewusst, spezifisch und zielgerichtet in Erziehungsprozesse oder in die Lebensführung eingegriffen wird, um die Handlungsmöglichkeiten des Individuums zu ver-

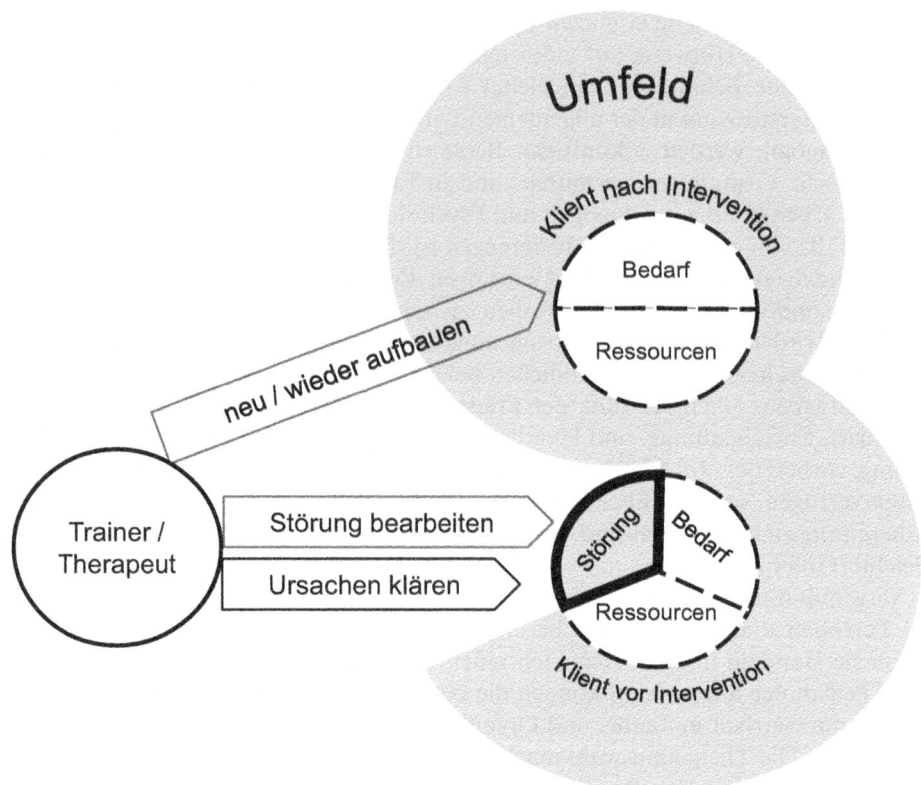

◘ Abb. 4.4 Intervention (Training, Therapie)

größern; sie werden unter dem Begriff **Intervention** (lateinisch für Dazwischengehen) zusammengefasst (vgl. Ricken & Fritz-Stratmann, 2012). Im Unterschied zu anderen Handlungsansätzen sind Interventionen relativ spezifisch auf einen oder mehrere Aspekte menschlichen Erlebens oder Handelns gerichtet und werden eingesetzt, um drohende Fehlentwicklungen zu verhindern oder bereits bestehende Fehlentwicklungen zu reduzieren oder zu beseitigen (vgl. ◘ Abb. 4.4).

Für Interventionen in diesem allgemeinen Sinn werden verschiedene Begriffe oder Namen verwendet:

Training bedeutet das (wiederholte) Üben, um eine Fertigkeit oder eine Kompetenz zu erwerben oder zu verbessern. Im pädagogischen Kontext wird dieser Begriff verwendet, wenn zum Beispiel durch ein Training bei Kindern mit Lese-Rechtschreibschwäche Voraussetzungen für schulische Leistungen verbessert oder wenn soziale Kompetenzen aufgebaut werden sollen, um ein Lernen in der Gruppe zu ermöglichen. Vergleichbar dem Training ist die **Förderung**. Dabei werden durch verschiedene Maßnahmen spezifische Kompetenzbereiche angesprochen. Der Begriff stammt vor allem aus der Sonder- oder Heilpädagogik, wo es beispielsweise darum geht, Lern- oder Sinnesbehinderungen zu bewältigen. Die **pädagogische Verhaltensmodifikation** orientiert sich bei der Kompetenzförderung am verhaltenstheoretischen Modell und wird von Hillenbrand (2006, S. 148) beispielsweise als Überbegriff für Trainings- und Förderprogramme verwendet. Auch von **Therapien**

wird im pädagogischen Kontext gesprochen; so werden Maßnahmen zur Förderung lern- und leistungsbeeinträchtigter Personen unter dem Terminus *Lerntherapie* zusammengefasst oder tiergestützte Maßnahmen zur Aktivierung und Ressourcenstärkung auch als *Tiertherapie* bezeichnet. Im Sinne der obigen Beschreibungen handelt es sich bei diesen Interventionen um Trainings- oder Fördermaßnahmen, daher wird im Weiteren der Therapiebegriff für pädagogische Interventionen weitestgehend vermieden, auch um eine Verwechslung mit medizinischer Therapie oder Psychotherapie nach einem anerkannten Verfahren auszuschließen.

Die im Folgenden beschriebenen pädagogischen Interventionen werden in vier Gruppen eingeteilt, Trainings bei Leistungs- und sozialen Schwächen, Trainings bei Störungen oder Verhaltensauffälligkeiten, somatisch orientierte Interventionen und allgemein-ressourcenorientierte Ansätze. Die Einteilung ist keine Klassifikation, sondern gruppiert anhand der Zielstellung und des Vorgehens.

4.1.3.1 Trainings bei Leistungs- und sozialen Schwächen

Spezifische Interventionen richten sich auf spezifische Schwächen wie **Lese- und Schreib- sowie Rechenschwächen** und werden als **Trainings** oder Förderprogramme bezeichnet. Schneider und Berger (2011) stellen eine Reihe dieser Trainings vor und bewerten diese.

Der Begriff des Trainings mit seinem Anklang an das Erlernen und Verbessern sportlicher Fähigkeiten ist dabei recht passend. Wie beim Üben einer komplexen Bewegungsabfolge zum Beispiel beim Hochsprung oder Geräteturnen werden Fertigkeiten wie Lesen, Schreiben, Rechnen in einzelne Schritte oder Teilfertigkeiten unterschiedlicher Schwierigkeitsgrade eingeteilt. Diese werden jeweils intensiv **geübt**, unterstützt von Rückmeldungen, Verstärkungen oder der Vermittlung von Selbstorganisationsfähigkeiten. Auch wenn die Autoren einzelner Trainings Übungsmaterial und -pläne bereitstellen, ist der Aufwand für diese Trainings recht hoch, sodass sie nur begrenzt in den schulischen Alltag integriert werden können und häufig in speziellen Förderungen stattfinden.

Soziale Ängste und Unsicherheiten bei Kindern werden im **Training mit sozial unsicheren Kindern** (Petermann & Petermann, 2009, zitiert nach Schneider & Berger, 2011; s. auch Hillenbrand, 2006) bearbeitet: In einer Abfolge von mehreren Sitzungen werden in Rollenspielen sozial sichere Verhaltensweisen und eine positive Selbstinstruktion geübt und abschließend in einer Gruppensituation verfestigt.

4.1.3.2 Trainings bei Störungen oder Verhaltensauffälligkeiten

Bei Hyperaktivität/Aufmerksamkeitsstörungen wird das von Lauth und Schlottke entwickelte **Training mit aufmerksamkeitsgestörten Kindern** eingesetzt (vgl. Schneider & Berger, 2011, S. 42; Hillenbrand, 2006, S. 185). Zentrales Element ist die Selbstinstruktion. Kinder sollen lernen, Situationen, in denen eine Ablenkung droht, zu erkennen, und durch Selbstinstruktion das eigene Handeln steuern, Ausführung und Ergebnis ihrer Handlungen selbstständig überwachen. Bei Kindern mit Aufmerksamkeitsdefizit/Hyperaktivitätsstörungen (ADHS) sehen Neuhäuser und Klein (2019) die positiven Effekte einer **rhythmischen Erziehung**, beginnend bei der Rhythmizität von Bewegungen, musikalischen Rhythmen bis hin zur chronobiologisch abgestimmten Gestaltung alltäglicher Handlungen.

Für Kinder mit Störungen aus dem Autismusbereich wurde das **TEACCH-Konzept** (Treatment and Education of Autistic and related Communication handicapped Children) entwickelt, das Konzept wird auch auf Erwachsene übertragen. Ausgehend von der Erkenntnis, dass Menschen mit Störungen aus dem Autismusbereich Reize nicht selektieren können, sondern durch eine Vielfalt von Reizen überfordert (überflutet) werden, setzt TEACCH auf das Momentum der Strukturierung. Strukturiert werden der Raum durch Ordnung, die Zeit durch Zeitpläne, Aufgaben bzw. Arbeiten durch visuelle Hinweise und die selbstständige Beschäftigung durch *Arbeitssysteme*, bei denen zeitliche Abfolgen im Raum strukturiert und wiederholende Anforderungen routinisiert werden (vgl. Theunissen, 2016; Staatsinstitut für Schulqualität und Bildungsforschung, 2017, S. 121 ff.).

Auch die **Entwicklungstherapie/Entwicklungspädagogik (ETEP)** ist ein Programm, das für Kinder und Jugendliche mit Verhaltensauffälligkeiten entwickelt wurde. Gefördert werden soll die **sozial-emotionale Kompetenz**, die Handeln (Verhalten), Sprechen (Kommunikation), Zuwenden (Sozialisation) und Denken/Schulleistung (Kognition) umfasst; die sozial-emotionale Kompetenz wird in fünf Altersstufen (von 0 bis 16) mit stufenspezifischen Zielen eingeteilt. Basierend auf einer strukturierten Beobachtung anhand eines eigenen Diagnoseinstruments, des Entwicklungstherapeutischen Lernziel Diagnose-Bogens (ELDiB), können Interventionsstrategien und individuelle Entwicklungspläne festgelegt und evaluiert werden (Staatsinstitut für Schulqualität und Bildungsforschung, 2017, S. 128 ff.).

Viel Aufmerksamkeit gilt der Intervention bei aggressivem, gewalttätigem Verhalten sowohl bei Kindern und Jugendlichen als auch bei Erwachsenen.

Ein bekanntes Beispiel ist das **Training mit aggressiven Kindern** von Petermann und Petermann (2008, zitiert und beschrieben nach Schneider & Berger, 2011). Sie gehen von einem mehrstufigen Prozess aus, von der Wahrnehmung einer Situation bis hin zum Ausüben einer aggressiven Handlung. Ziel des Trainings ist, zunächst in Einzel-, dann in Gruppensitzungen die Stufen so gestalten, dass die aggressive Handlung unterbleibt. Die Wahrnehmung von Situationen soll sich differenzieren und als weniger bedrohlich wahrgenommen werden, da entsprechende Selbstbehauptungskompetenzen zur Verfügung stehen bzw. aufgebaut werden. Handlungsalternativen wie Kooperation sind bekannt und können durch Selbstkontrolle/Selbstinstruktion auch angewandt werden, sodass letztendlich eine Neubewertung der Konsequenzen erfolgt und das aggressive Verhalten ersetzt werden kann.

Das **Anti-Aggressivitäts-Training®** (Erwachsene) bzw. das **Coolness-Training®** (für Jugendliche), unter dem Kürzel **AAT/CT** zusammengefasst, ist eine Behandlungsmaßnahme für gewaltbereite Mehrfachtäter, die der **Konfrontativen Pädagogik** zugeordnet wird (Weidner, 2008). Es handelt sich um ein sechsmonatiges Training mit einer mehrstündigen Gruppensitzung pro Woche und flankierenden Einzelsitzungen. In diesen wird analysiert, was die Aggressivität auslöst und wie diese gerechtfertigt wird. Der Täter wird mit der Tat konfrontiert und auf dem *heißen Stuhl* provoziert. Durch Übernahme auch der Opferperspektive soll das Opferleid verinnerlicht werden und der Täter sich von seiner Tat und ggf. gewaltverherrlichenden Gruppe distanzieren. Die Sitzungen enden jeweils mit Entspannung und Reflexion (Beschreibung nach Weidner, 2008, S. 23). Dieses Training soll ausschließlich von ausgebildeten Kräften durchgeführt werden.

4.1.3.3 Somatisch und medizinisch orientierte Interventionen

Eine weitere Gruppe von Interventionen richtet sich direkt auf körperliche Funktionen oder nutzt den Weg über körperbetontes Training und Stimulation, um positive Effekte auf Entwicklung auszuüben bzw. Fehlentwicklungen abzumildern.

Die aus der Psychologie bekannten **Entspannungstrainings** (z. B. progressive Muskelentspannung), aber auch das **Snoezelen** (vgl. ▶ Kap. 3) werden zum Beispiel in Vor- und Nachbereitung oder Begleitung von Trainings eingesetzt.

Die bereits in ▶ Kap. 3 angesprochene **Basale Stimulation** funktioniert im Zusammenspiel zwischen Sensorik, Motorik und Kommunikation. Die **Motopädie** gilt als präventiver oder rehabilitativer Ansatz. Die Koordination von Motorik, Sensorik und deren Steuerung wird geübt, nicht nur um die Bewegungsfähigkeit, sondern auch um Fähigkeiten wie Aufmerksamkeit und Konzentration zu erhöhen, das emotionale Befinden zu bessern sowie soziale und personale Kompetenzen insgesamt zu stärken.

Beim **heilpädagogischen Voltigieren** reitet ein Klient ein Pferd, das am Halfter oder mit einer Longe geführt wird. Ziel ist es hier, eine optimale Abstimmung zwischen den sensorisch vermittelten, rhythmischen Bewegung des Pferdes und eigenen (Ausgleichs-)Bewegungen zu finden und damit den sensorisch-motorischen Komplex zu trainieren. Mit zunehmender Übung kann das Voltigieren durch ein selbstständiges Reiten in der Gruppe abgelöst werden.

Sehr spezifisch ist die **Logopädie**, die bei Störungen des Stimmapparates eingesetzt wird. Laut Selbstdarstellung des Deutschen Bundesverbands für Logopädie arbeiten Logopäden und Logopädinnen „an den fünf zentralen Störungsbereichen Sprach-, Sprech-, Stimm-, Schluck- und Hörstörungen. Dabei werden Maßnahmen zur Prävention, Früherkennung, Beratung, Frühförderung, Therapie und Rehabilitation sowohl mit Kindern und Jugendlichen als auch mit Erwachsenen durchgeführt." (Deutscher Bundesverband für Logopädie e.V., 25.05.2023).

Im Grenzbereich zwischen Medizin, Psychologie und Sozialpädagogik angesiedelt ist die **Ergotherapie**. Damit werden umfassend die Ansätze und Trainingsmethoden bezeichnet, durch die Menschen mit Behinderungen, aber auch alten Menschen ein selbstbestimmtes Leben und darunter die Teilhabe an der Arbeitswelt ermöglicht werden soll. Es geht sowohl um körperliche Trainings, wenn beispielsweise geübt wird, wie trotz körperlicher Einschränkungen der Alltag bewältigt werden kann, als auch um Trainings der Motivation, wenn Menschen mit psychischen Problemen zu einer stetigen Arbeitshaltung angeleitet werden. Teilweise synonym werden die Begriffe Arbeits- und/oder Beschäftigungstherapie verwendet. In der **Beschäftigungstherapie** werden Menschen mit Beeinträchtigungen zum Beispiel in einer psychiatrischen Klinik durch gestalterische Tätigkeiten motiviert, ihre Tage zu strukturieren, sich zu betätigen und durch die Herstellung von Gegenständen Selbstwertgefühl und körperliche Fertigkeiten zu steigern. Die **Arbeitstherapie** stellt den Aspekt der Arbeit in den Vordergrund und bildet möglichst realistisch Arbeitsabläufe der freien Wirtschaft nach und trainiert Personen, diese trotz ihrer Einschränkungen zu üben.

4.1.3.4 Ressourcenorientierte Interventionen

Unter dem Stichwort der ressourcenorientierten Intervention werden Ansätze zusammengefasst, die auf die Stärkung von personalen und sozialen Ressourcen zielen und daher weniger spezifisch für einzelne Störungen sind, sondern Bewältigungsfähigkeit und **Resilienz** fördern.

Ein erfolgreicher Ansatz in der **ressourcenorientierten Gesundheitsförderung und Suchtprävention** ist die **Förderung von Lebenskompetenzen für Jugendliche**. Lebenskompetenzen sind psychosoziale Fertigkeiten, „die Kinder und Jugendliche befähigen, mit Anforderungen und Schwierigkeiten des täglichen Lebens aus eigener Kraft erfolgreich umzugehen, und ihnen einen angemessenen Umgang mit ihren Mitmenschen zu ermöglichen" (Jerusalem & Meixner-Dahle, 2021, S. 202). Das Konzept orientiert sich an der WHO (1994), die zehn zentrale Lebenskompetenzen definierte. Lohhaus & Domsch (2021) geben einen guten Überblick über psychologische Förder- und Interventionsprogramme für das Kindes- und Jugendalter, die sich mit pädagogischen Programmen überschneiden oder sich gut mit diesen kombinieren lassen.

Eine Verbindung zwischen Motorik, Sensorik und psychischen Aspekten wird in **tiergestützten Interventionen**, auch tiergestützte Therapie genannt, geschaffen. Tiergestützte Interventionen werden bei Kindern und Jugendlichen mit Behinderungen oder Verhaltensauffälligkeiten eingesetzt, aber auch nach Traumatisierungen oder bei Demenz. Übersichten liefern Beetz et al. (2021) und Germann-Tillmann et al. (2019).

Neben der Förderung der sensorisch-motorischen Koordination werden dem Umgang mit Tieren, nicht nur Pferden, weitere therapeutisch relevante positive Wirkungen zugesprochen. Ressourcen wie Selbstvertrauen und Selbstwirksamkeitsüberzeugungen werden gestärkt, der Wunsch nach Körperkontakt und Berührungen wird erfüllt, und die Interaktion mit Tieren wirkt emotional ausgleichend und entspannend. Zusätzlich werden in Gruppensituationen soziale Ängste abgebaut und ein vertrauensvolles Miteinander ermöglicht. Es werden domestizierte Tiere, häufig Hunde, eingesetzt. Qualifikationen für tiergestützte Interventionen werden in Weiterbildungen erworben, wo neben klinischen, pädagogischen und psychologischen Kenntnissen auch solche über die artgerechte Haltung der Therapietiere vermittelt werden.

Eine Gruppe von pädagogischen Therapien verwendet verschiedene Formen des Ausdrucks und der Gestaltung, um positive Erfahrungen zu vermitteln. Durch Malen oder künstlerisches Gestalten in der **Kunsttherapie** sowie Musizieren und Tanzen in der **Musiktherapie** werden Menschen angeregt, sich durch freie Gestaltung auszudrücken. Diese Ansätze finden breite Anwendung bei unterschiedlichen Gruppen, vor allem im Bereich der Heil- und Rehabilitationspädagogik. Im Vordergrund stehen nicht die Behandlung einzelner Symptome, sondern allgemeine Aspekte der Entspannung, der Verbesserung von Ausdrucksmöglichkeiten und der Vermittlung von Erfolgserlebnissen.

Aufgabe der Therapeuten ist es, die Gestaltung anzuregen, Materialien und Räume bereitzustellen und den Gestaltungsprozess zu reflektieren; entsprechende Qualifikationen werden durch Weiterbildungen erworben.

Auch die bereits im ▶ Kap. 2 dargestellten **erlebnispädagogischen Maßnahmen** können zu den ressourcenfördernden Interventionsansätzen gezählt werden.

4.1.3.5 Auswahl pädagogischer Interventionen

Nach diesem beispielhaften Überblick über die Vielfalt pädagogischer Interventionsmaßnahmen sollen neben der Indikationsstellung folgende Kriterien helfen, Trainings und Fördermaßnahmen zu beurteilen (s. auch ▶ Kap. 5 zur Qualitätssicherung).

- **Theoretische Begründung und Einbettung**

Die Interventionsmethoden wurden aus unterschiedlichen Wurzeln entwickelt. Während beispielsweise die Arbeitstherapie eher praktisch aus der Notwendigkeit entstand, Menschen mit psychischen Erkrankungen zu beschäftigen, um sie nicht sich selbst zu überlassen, wurden andere Trainings, z. B. die Anti-Aggressionstrainings, aus psychologischen Lerntheorien entwickelt. Weitere Interventionsmaßnahmen orientieren sich an psychodynamischen Modellen oder medizinisch-biologischen Zusammenhängen.

Unabhängig vom jeweiligen Bezug erlaubt eine wissenschaftlich-theoretische Begründung die Indikationsstellung, ein modellhaftes Verständnis der Wirkungsmechanismen und die Evaluation der Wirksamkeit.

- **Diagnostik**

Dem Einsatz pädagogischer Interventionen muss Diagnostik vorausgehen, in der auf individueller Ebene die Problematik geklärt und mögliche Ursachen identifiziert werden. Auch bei einer relativ breiten Indikationsstellung wie bei der *Verbesserung allgemeiner Lernvoraussetzungen* sollte geklärt werden, ob die vorgesehene Maßnahme zu den individuellen Anforderungen passt. Interventionsmaßnahmen sollten Hinweise zu Indikationsstellung und Diagnostik beinhalten; einzelne Maßnahmen, z. B. ET/EP verfügen mit dem entwicklungstherapeutischen/entwicklungspädagogischen Lernziel-Diagnosebogen (ELDiB) über ein eigenes Diagnoseinstrument.

- **Standardisierung**

Die hier beschriebenen Interventionsmethoden sind sehr unterschiedlich standardisiert; es finden sich darunter Programme mit einem mehr oder weniger festgelegten Ablauf und Ansätze wie ET/EP, die ein ganzes Interventionsinventar umfassen. Auch die zeitliche Abfolge und Zuordnung zu sonstigen Aktivitäten ist zu beachten: Handelt es sich um ein zeitlich befristetes Training außerhalb sonstiger Bezüge oder ist es ein Konzept, das im schulischen Kontext oder in einer Einrichtung umgesetzt werden kann?

Die Bezeichnungen einiger Programme sind rechtlich geschützt und die Durchführung an Auflagen der Autoren bzw. Urheber gebunden.

- **Trainer/Therapeuten**

In der Beschreibung einzelner Maßnahmen wurden bereits Hinweise auf die erforderliche Qualifikation der Durchführenden gegeben; in der Regel werden eine grundständige pädagogische Ausbildung und eine entsprechende Weiterbildung verlangt. Dies ist zum Beispiel bei geschützten Programmen der Fall, wenn eine zertifizierte Aus- oder Weiterbildung verlangt wird, um das Programm durchführen und damit werben zu dürfen. In der Regel weisen Anbieter pädagogischer Interventionen darauf hin, über welche Qualifikationen sie und/oder ihre Mitarbeiter verfügen.

- **Evaluation**

Die Wirksamkeit von Interventionen nachzuweisen, ist nicht nur in der Psychotherapie aufwändig und schwierig. Pädagogische Interventionen werden in unterschiedlichen Designs evaluiert, allerdings selten in randomisierten Kontrollstudien; häufig werden Prä-post-Designs genutzt. Die Beurteilung durch Experten kann eine Hilfe bei der Auswahl sein. Zusammenfassende Darstellungen liefern z. B. Theunissen (2016) zu Interventionen bei geistiger Behinderung und Verhaltensauffälligkeiten oder Schneider und Berger (2011) zum schulischen Bereich.

- **Verfügbarkeit**

Ein pragmatisches Kriterium für die Auswahl einer Interventionsmaßnahme ist die Verfügbarkeit vor Ort, auch wenn es sich dabei nicht um ein klassisches Qualitätskriterium handelt. Räumliche Nähe ermöglicht eine hohe Einbindung der Interventionsmaßnahme in alltägliche Abläufe und sichert den Transfer von geübtem Verhalten in die Lebenswirklichkeit. Auch der finanzielle Aspekt ist zu betrachten, beispielsweise für Anreise und Kosten einer Intervention.

4.1.4 Sozialraum, Vernetzung

In fast jeder deutschen Großstadt gibt es Quartiere, die als Problemviertel bekannt sind. Häufig sind es Gegenden mit günstigen Mieten, die sich Menschen mit geringem oder ohne regelmäßiges Einkommen leisten können, was überdurchschnittlich häufig für Menschen mit Migrationshintergrund zutrifft. Kinder und Jugendliche aus diesen Vierteln haben weniger Bildungs- und Aufstiegschancen als ihre Altersgenossen. Und auch wenn diese Viertel nicht zu *No-go-Areas* werden, aus denen sich auch die Polizei zurückzieht, ist die Kriminalität erhöht.

Um Menschen in diesen Problembezirken zu helfen, ist die **Komm-Struktur** des Sozialsystems nicht geeignet. Mit Komm-Struktur wird beschrieben, dass die Hilfe und Unterstützung sozialer Systeme aktiv gesucht und aufgesucht werden müssen. Eltern müssen bei Erziehungsschwierigkeiten erst einmal wissen, dass eine Einrichtung wie eine kostenfreie Erziehungsberatungsstelle existiert, sie müssen die für sie zuständige Beratungsstelle ausfindig machen und einen Termin vereinbaren. Die Barrieren zum Aufsuchen und Nutzen von Hilfen können Informationsmangel oder Sprachschwierigkeiten sein, sie können aber auch im emotional-motivationalen Bereich liegen, wenn der Antrieb fehlt oder ein Betroffener sich schämt, Hilfe in Anspruch zu nehmen. Beim Vorliegen solcher Hemmnisse wird die Komm-Struktur durch eine **Geh-Struktur**, die **aufsuchende Sozialarbeit** ergänzt.

In Problemvierteln übernehmen **Streetworker** die aufsuchende Sozialarbeit. Sie sind vor Ort in den Vierteln tätig, bauen anlasslos Kontakte zu den dort wohnenden Menschen auf. Eine entstehende Vertrauensbasis wird genutzt, um zielgerichtete Hilfeangebote für Einzelne, aber auch allgemeine Unterstützungsangebote einzurichten.

4.1 · Pädagogisches Handeln

> **Definition**
>
> **Streetwork** ist eine Methode der Sozialarbeit, an der ein Sozialarbeiter bzw. eine entsprechend ausgebildete Fachkraft seine Zielgruppe in deren Treffpunkten aufsucht, deren Vertrauen gewinnt, um gegebenenfalls weitere Hilfeangebote zu machen oder zu vermitteln. Zielgruppen sind Gruppen, die ein höheres Risiko für Auffälligkeit oder Probleme haben, aber aufgrund verschiedener Barrieren selber keine Hilfe suchen.

Neben Streetwork können für einen Problembezirk auch weitere Maßnahmen zur Verbesserung der Situation der Menschen eingeleitet werden, beginnend mit der Gestaltung der Umgebung, zum Beispiel durch Schaffung von Bolzplätzen als Begegnungsmöglichkeiten für Jugendliche oder von Schutzräumen für drogenabhängige oder obdachlose Menschen. Die Verbesserung der Straßenbeleuchtung oder die Umwandlung von Straßen zu verkehrsberuhigten Zonen führt zu einer höheren Präsenz von Menschen und erhöht das Sicherheitsgefühl.

Die Gestaltung physischer Räume, um die soziale Situation von dort lebenden Menschen zu verbessern, ist ein Aspekt eines **Sozialraums** (vgl. Reutlinger, 2018). Neben der physikalischen Dimension lässt sich der Sozialraum durch Handlungsmöglichkeiten von Personen und deren Beziehungen zueinander beschreiben. Und schließlich wird der Sozialraum von kommunalen und institutionellen Strukturen bestimmt: Über institutionelle Zusammenhänge werden pädagogische Settings (neu) organisiert.

> **Definition**
>
> **Sozialraum** ist ein Konstrukt, der ausgehend von physischen Räumen soziale Beziehungen (Netzwerke) und deren Strukturen beschreibt, die für eine Verbesserung der Lebenssituation und sozialen Betreuung der darin befindlichen Personen genutzt werden können.

Aufgabe ist es, den Sozialraum zu gestalten und nutzbar zu machen. Dies kann, wie oben bereits beschrieben, durch die physikalische Gestaltung eines Raums in Zusammenarbeit mit der Stadtplanung geschehen. Durch die Initiierung von Kontakten und Austauschforen werden Beziehungen zwischen Personen und Gruppen gestiftet, die sich für ein gemeinsames Anliegen einsetzen. So können Eltern, deren Kinder gemeinsam eine Schule besuchen, den Wunsch nach Austausch und danach haben, den Kontakt ihrer Kinder außerhalb der Schule zu vereinfachen, und es müssen geeignete Räumlichkeiten gefunden werden. Dabei sind die Übergänge in das institutionelle System fließend, wenn eine Gemeinde oder eine Schule solche Räume zur Verfügung stellt. Die Institutionen eines Sozialraums vernetzen sich über strukturelle Grenzen und die Trägerstrukturen hinweg, um themenspezifisch zusammenzuarbeiten.

Sozialräumliche Zusammenarbeit ist explizit in der **Jugendhilfe** vorgesehen, um Familien in ihrem Betreuungs- und Erziehungsauftrag zu unterstützen: Schule, außerschulische Förder- und Betreuungsangebote sollten voneinander wissen und gegenseitig auf Angebote und Möglichkeiten hinweisen. Noch deutlicher wird die

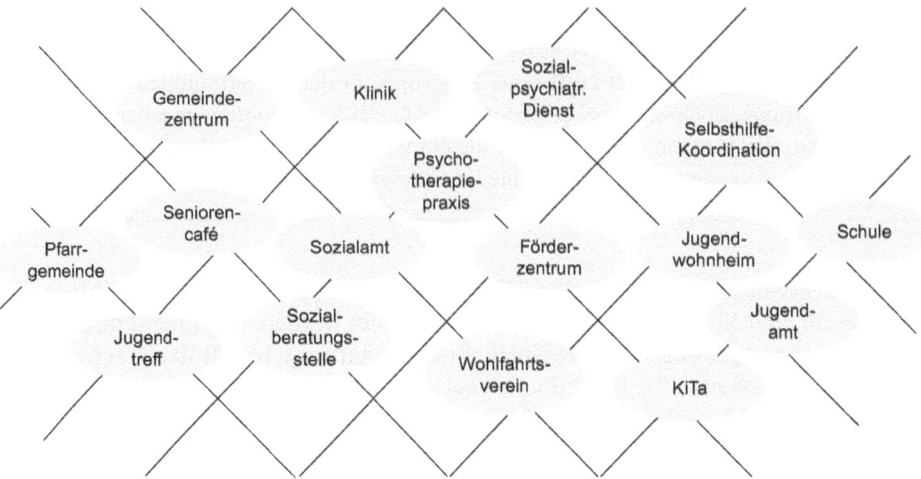

◘ Abb. 4.5 Sozialraum/Netzwerk

Bedeutung des Sozialraums in der Hilfe für Menschen mit Behinderung hervorgehoben: Gestaltung und Nutzung des Sozialraums muss in der individuellen Hilfeplanung explizit dargestellt werden.

Es geht nicht darum, den Sozialraum wie einen neuen Stadtteil zu planen, sondern darum, vorhandene Prozesse und Strukturen zu identifizieren, miteinander zu vernetzen und bei Bedarf dieses System oder Teile davon anzusprechen und nutzbar zu machen (vgl. ◘ Abb. 4.5).

Die **Vernetzung** der Akteure bedeutet, das gegenseitige Kennenlernen der jeweiligen Zielstellung und Arbeitsweise zu fördern. Die Netzwerke sind sehr informell, sie sind nicht oder nur wenig organisiert. Lediglich im Bereich der Jugendhilfe besteht mit dem Jugendhilfeausschuss (gem. § 71 SGB VIII) ein formalisierter Zusammenschluss von öffentlichen und freien Trägern der Jugendhilfe, die über Jugendhilfeplanung und damit über die Vergabe von Mitteln für die Jugendhilfe im Zuständigkeitsbereich eines Jugendamts mitentscheiden.

4.2 Berufe und Arbeit in pädagogischen Feldern

Pädagogen werden hier als Personen verstanden, die im Unterschied zu Eltern professionell handeln und pädagogische Tätigkeiten beruflich ausüben. Der Pädagoge hat in einer Ausbildung oder einem Studium dazu notwendiges Wissen und erforderliche Fähigkeiten erworben. Er kann diese zielgerichtet anwenden und eigenes Handeln kritisch reflektieren, gegebenenfalls verändern.

Dabei gibt es **den** Pädagogen nicht: Pädagogen sind für Zielgruppen in unterschiedlichen Lebensphasen, Lebenslagen oder Problemsituationen tätig, sie arbeiten zu besonderen Themen oder nach einer bestimmten Methodik. Verschiedene „Pädagogiken" bilden dies ab: Sie lassen sich danach einteilen, ob sie sich an eine Gruppe in einem bestimmten Lebensalter oder in einer bestimmten Lebensphase wenden, ob sie sich mit einem spezifischen Thema befassen oder nach einer bestimmten Methode arbeiten, ob sie als Subdisziplin mit einem eigenen Abschluss gel-

Tab. 4.1 Übersicht über pädagogische Ansätze, Sub- und Teildisziplinen

	Pädagogischer Ansatz spezifiziert nach			
	Zielgruppe	Thema	Ansatz	Subdisziplin
Andragogik/Erwachsenenbildung	x			
Erlebnispädagogik			x	
Frühpädagogik/Elementarpädagogik	x			
Geragogik	x			
Gesundheitspädagogik		x		
Heilpädagogik		x		x
Inklusive Pädagogik		x		
Interkulturelle Pädagogik		x		
Konfrontative Pädagogik			x	
Migrationspädagogik	x			
Reformpädagogik			x	
Sozialpädagogik		x		x
Schulpädagogik	x			
Sexualpädagogik		x		
Sonderpädagogik	x			x
Traumapädagogik			x	

ten können. Eine Übersicht über die genannten pädagogischen Ansätze, Sub- und Teildisziplinen wird in ◘ Tab. 4.1 gegeben; sie erhebt keinen Anspruch auf Vollständigkeit, sondern soll helfen, die Vielfalt pädagogischer Ansätze zu ordnen.

4.2.1 Professionalität und pädagogische Haltung

Die **Professionalität** pädagogischen Handelns wurde in einer ersten Näherung dadurch gekennzeichnet, dass es auf Basis einer Ausbildung und als Beruf ausgeübt wird. Alltagssprachlich bedeutet professionell fachmännisch und die fachmännische Ausführung wird beispielsweise bei handwerklichen Leistungen verlangt: Keine Haftpflichtversicherung übernimmt den Schaden, wenn Sie selbst die Bremse Ihres Autos repariert haben und nicht ein KFZ-Mechatroniker. Beim Fachmann wird davon ausgegangen, dass er in seiner Ausbildung die notwendigen Kenntnisse erworben hat, auch Risiken einer falschen Ausführung besser abschätzt, und daher mit einer höheren Wahrscheinlichkeit die Leistung korrekt und fehlerfrei erbringt, womit schädliche Folgen eines Bremsversagens vermieden werden.

Auch Pädagogen erwerben in einer Ausbildung oder einem Studium Wissen und Kompetenzen, die sie befähigen, pädagogisch zu handeln, sich im Handeln zu hinterfragen und stetig zu verbessern. Durch Ausbildung sowie Art der Handlungsausführung und Handlungskontrolle unterscheiden sich professionell Handelnde von Laien, die ebenfalls erziehen, aktivieren und beraten: Eltern erziehen und fördern ihre Kinder, pflegende Angehörige aktivieren alte Menschen, Freunde beraten bei einem Problem mit den Kindern.

Professionelle Pädagogik hat sich über die Jahrhunderte entwickelt. Der Hauslehrer Rousseau hatte kein Studium absolviert und schon gar keines der Pädagogik. Kinder in Findelhäusern, alte Menschen in Spitälern oder Armenhäusern wurden von pädagogischen Laien betreut: Im besseren Fall wurden diese Betreuungs- und Erziehungsaufgaben von altruistisch-caritativ eingestellten Menschen übernommen, häufig auch von Angehörigen christlicher Orden, im weniger guten Fall wurden von den Betreibern der Einrichtungen dafür Hilfskräfte, gerne ehemalige Zöglinge dieser Einrichtungen, eingesetzt. In der Erkenntnis, dass gerade bei bereits aufgetauchten Problemen mehr Wissen und Kompetenzen eingesetzt werden müssten, wurde die Professionalisierung pädagogischer Tätigkeiten angestoßen, die von Müller-Hermann und Becker-Lenz (2018, S. 688) so beschrieben wird: „Professionalisierung bezeichnet den Prozess, in dem sich eine Tätigkeit hinsichtlich ihrer Verfasstheit den sogenannten ‚klassischen' Professionen (Mediziner_innen, Jurist_innen, Geistliche) angleicht, wobei es zu Abweichungen und Sonderentwicklungen kommen kann, die als berufsspezifische Professionalitätsmerkmale angesehen werden."

Die Merkmale der **Professionalität** pädagogischer Berufe sind also neben der Ausbildung die Art und Weise, in der die Tätigkeit ausgeführt wird. Dies erfolgt nach Standards und wird damit (in Teilen) überprüfbar. Besonders in Berufen, in denen Leistungen für Menschen mit besonderem Schutzbedarf erbracht werden, die die Korrektheit und Güte der Leistungserbringung nicht (oder nur sehr schwer) beurteilen können, ist dies eine zentrale Anforderung. Zu den Standards gehört es in den pädagogischen Berufen, genauso wie bei den Professionen Mediziner, Jurist oder Geistlicher, ethische Prinzipien einzuhalten. Ein Arzt darf keine unnötigen Behandlungen durchführen, ein Geistlicher ihm anvertraute Verfehlungen nicht verraten, ein Erzieher keine demütigenden oder körperlichen Strafen einsetzen.

Die Einhaltung ethischer Prinzipien ist Teil der **pädagogischen Grundhaltung** des Pädagogen gegenüber dem zu Erziehenden oder dem Klienten (vgl. Trabandt & Wagner, 2020, S. 119 ff.). Trotz Standardisierung vieler Schritte muss eine **Beziehung** zwischen dem Pädagogen und dem zu Erziehenden oder zu Beratenden aufgebaut werden. Ein Kind muss sich angenommen (akzeptiert) fühlen, um für Erziehung offen zu sein und die vom Erzieher angezielten Dispositionsänderungen zu übernehmen. Der Klient in einer sozialpädagogischen Beratungssituation muss dem Berater vertrauen, um dessen Hinweise aufzunehmen.

Die pädagogische Grundhaltung kann in Termini der personzentrierten Psychotherapie beschrieben werden: Der Pädagoge oder Berater soll sich **empathisch** in das Erleben und Handeln seines Gegenübers einfühlen. Er soll seine **Wertschätzung** zeigen, sein Gegenüber als Menschen betrachten, der selbst gestalten und mitgestalten (partizipieren) kann und soll. Und schließlich soll der Pädagoge oder Berater **authentisch** handeln, also sein Denken und Fühlen mit seinen verbalen und non-verbalen Äußerungen in Übereinstimmung bringen.

Verschiedene Aspekte einer Person beeinflussen die pädagogische Grundhaltung: ihre Motivation, ihre Einstellungen und Werte, ihre Sichtweise auf pädagogisches Handeln und allgemeine Persönlichkeitsmerkmale (vgl. Krautz & Schie-

4.2 · Berufe und Arbeit in pädagogischen Feldern

ren, 2013; Schwer & Solzbacher, 2014). Es ist leicht nachzuvollziehen, dass eine Mathematikstunde von einem Lehrer mit der Überzeugung, dass Mathematik eine Begabungssache ist, didaktisch anders aufgebaut wird, als von dem Lehrer, der Übung für die Basis einer guten Mathematikleistung hält. Und wenn der erstgenannte Lehrer über eine hohe Ausprägung des Persönlichkeitsfaktors *Gewissenhaftigkeit* und eine geringe Ausprägung der *Aufgeschlossenheit* verfügt, sind dessen Stunden für Schüler, die sich mit Mathematik schwertun, sicher kein Vergnügen. Vom sozialen Motiv, Schülern Wissen und Kompetenzen zu vermitteln, gibt es einen fließenden Übergang zum Machtmotiv im Sinne einer Einflussnahme des Lehrers auf den Schüler, um diesen auf den gewünschten Stand zu bringen (Kuhl & Hofmann, 2019).

Die pädagogische Haltung bestimmt also die **pädagogische Beziehung**, die zwischen Pädagogen (Erzieher, Lehrer, Berater, Trainer) und dem Klienten (Edukand, Schüler, Hilfesuchendem) besteht. Sie gestaltet sich in Abhängigkeit vom Alter des Klienten, vom Anlass und der Handlungsform unterschiedlich. Ein Erzieher in einer stationären Einrichtung für Kinder bis drei Jahre wird sich gegenüber den Babys und Kleinkindern anders verhalten als ein Erzieher in einer stationären Jugendhilfeeinrichtung gegenüber adoleszenten Jugendlichen, wieder anders wird ein Sozialpädagoge in einer Beratungsstelle auf überschuldete Menschen eingehen oder ein Dozent in der Online-Informationsveranstaltung einer Krankenversicherung zum Thema *gesunde Ernährung*. Die genannten Beispiele unterscheiden sich im Gleichgewicht von **Nähe und Distanz** (s. Trabandt & Wagner, 2020, S. 140 ff.). Dabei werden Nähe und Distanz räumlich-körperlich, aber auch persönlich und sozial definiert. Bei der körperlichen Nähe ist die **Angemessenheit** von Berührungen und von Körperkontakt ein wichtiges Regulatorium. Während für Säuglinge Berührung essenziell für Entwicklung und Beziehungsaufbau ist, muss sich der Körperkontakt zwischen Pädagogen und erwachsenen Menschen auf das Notwendigste beschränken, zum Beispiel, wenn ein behinderter Mensch körperliche Unterstützung benötigt. In **Schutzkonzepten**, die für Einrichtungen mit Schutzbefohlenen zur Prävention von Missbrauch und Gewalt obligatorisch sind, werden unter anderem auch Maßnahmen beschrieben, wie ein notwendiger Körperkontakt in angemessener Form umgesetzt wird oder wie Grenzen gesetzt werden, wenn beispielsweise ein alter Mensch unangemessene körperliche Nähe sucht. Auch in persönlichen und sozialen Kontakten müssen zwischen Pädagogen und Klienten Nähe und Distanz reguliert werden; eine unangemessene Offenheit des Pädagogen über eigene Probleme und Belange ist hier ebenso wenig angebracht wie eine übertriebene Neugier bezogen auf intime Angelegenheiten eines Betreuten.

Benötigte Nähe und notwendige Distanz müssen also immer wieder neu definiert und überwacht werden. Die pädagogische Beziehung unter den verschiedenen Umständen aufrechtzuerhalten, fordert den Pädagogen. Belastungen, die durch ablehnendes Verhalten von Betreuten oder Frustrationen bei misslingenden Interventionen entstehen, müssen bewältigt und die notwendige, innere Distanz zum beruflichen Handeln hergestellt werden. Wo dies nicht gelingt, drohen psychische Überlastung, Erschöpfungsreaktionen oder Burn-out. **Selbstreflexion** und **Supervision**, in der Pädagogen ihre innere Beteiligung reflektieren und gegebenenfalls korrigieren, sind daher ein wichtiger Bestandteil pädagogischer Tätigkeiten.

4.2.2 Ausbildung und Berufstätigkeit

Neben der pädagogischen Grundhaltung und dem Beziehungsaufbau ist die **formale Qualifizierung**, wie sie in Aus- und Weiterbildungen erworben wird, die zweite Voraussetzung für professionelles Handeln.

Pädagogische Berufe bzw. Ausbildungen können nach Art der Ausbildung und des Abschlusses unterschieden werden; über das *Berufenet* der Bundesagentur für Arbeit (o. J.) kann man sich über die verschiedenen Berufsbilder und deren Ausbildungsgänge informieren. Eine **grundständige Ausbildung** an einer sozialpädagogischen (Berufs-)Fachschule oder Fachakademie absolvieren Erzieher oder Heilerziehungspfleger (und Ergotherapeuten) in einer Mischung aus praktischen und theoretischen Anteilen. Ebenfalls an (Berufs-)Fachschulen/Fachakademien werden **Weiterbildungen** absolviert wie die sonderpädagogische Zusatzausbildung, mit der sich ein ausgebildeter Handwerker zum Gruppenleiter in einer Werkstatt für behinderte Menschen weiterqualifiziert, oder ein Motopäde, der nach einem Berufsabschluss und beruflicher Erfahrung im Sozial- oder Gesundheitswesen ergänzend diesen Abschluss erwirbt. An Hochschulen für Angewandte Wissenschaften werden **Studienabschlüsse** wie der Bachelor in Sozialpädagogik/Sozialer Arbeit erworben; Masterstudiengänge existieren im Bereich der Bildungs- und Erziehungswissenschaften. Die Tätigkeit als Lehrer setzt nach einem einschlägigen Studium die staatliche Anerkennung durch ein **Staatsexamen** voraus, auch Quereinsteiger benötigen eine entsprechende Anerkennung. Die Studienabschlüsse beziehungsweise Anerkennungen unterscheiden nach Schularten und -stufen. Eine besondere Form der staatlichen Anerkennung ist die **Approbation**, die für die Tätigkeit in den Heilberufen Arzt, Zahnarzt, Apotheker und Psychologischer Psychotherapeut vorausgesetzt wird; die Angehörigen dieser Berufe sind in berufsständischen **Kammern** organisiert, die über die ordnungsgemäße Berufsausübung wachen.

Formale Qualifikationen erlauben auf der einen Seite dem Einzelnen die Tätigkeit in den verschiedenen pädagogischen Berufen, auf der anderen Seite muss der Betreiber einer Einrichtung des Bildungs- oder Sozialwesens nachweisen, dass sowohl nach Ausbildungsgang als auch nach Zahl ausreichend qualifiziertes Personal für ihn tätig ist. Eine Kindertageseinrichtung oder eine Einrichtung der Behindertenhilfe muss einen **Fachkraft-Schlüssel** erfüllen und je nach Größe und Art der Einrichtung eine festgelegte Anzahl von sozialpädagogischen Fach- oder Erstkräften (Erziehern und/oder Sozialpädagogen) sowie Ergänzungs- oder Zweitkräften beschäftigen. Schulen können ohne Lehrer mit anerkannten Abschlüssen nicht betrieben werden. Vergleichbares gilt für Pflegeeinrichtungen oder Krankenhäuser. Der Fachkräfteschlüssel ist ein Kriterium (neben anderen) für die Strukturqualität dieser Einrichtungen und Dienste (vgl. ▶ Kap. 5).

In den Wirtschaftszweigen „Erziehung und Unterricht" sowie „Gesundheits- und Sozialwesen" waren zum 30.09.2022 ca. 6,7 Mio. Menschen tätig, das entspricht 19 % aller sozialversicherungspflichtig Beschäftigen, davon 76 % Frauen (Statistisches Bundesamt, 24.04.2023). Dennoch kann der Bedarf an Fachkräften nicht gedeckt und beispielsweise der Anspruch auf eine verlässliche Ganztagsbetreuung von Kindern nicht flächendeckend erfüllt werden. Um den **Fachkräftemangel** zu minimieren, werden ausländische Fachkräfte oder Quereinsteiger angeworben. Die **Akademisierung** pädagogischer und pflegender Berufe soll dazu beitragen, diese durch höhere Löhne und bessere Aufstiegschancen attraktiver zu machen. Akademisierung bedeutet, dass die theoretischen Anteile in den Ausbildungen erhöht werden und damit pädagogische Berufe die Anforderungen an den Bachelor-Abschluss erfüllen.

4.2.3 Care-Arbeit, Ehrenamtliche und Freiwilligendienste

Die Wirtschaftszweige „Erziehung und Unterricht" sowie „Gesundheits- und Sozialwesen" bilden aber nicht den gesamten Bedarf an pädagogischen, betreuenden und pflegerischen Tätigkeiten ab; ein schwer zu quantifizierender Teil wird innerhalb von Familien erbracht, auch hier vor allem von Frauen. Unter dem Stichwort **Care-Arbeit** wird der Beitrag dieser Tätigkeiten zur Produktivität thematisiert, zumal diese Arbeit unentgeltlich erbracht wird und daraus keine oder nur geringe Rentenversicherungsansprüche abgeleitet werden können.

Dabei gibt es fließende Übergänge von der Arbeit innerhalb der Kernfamilie über die weitere Familie hin zu Freunden und Nachbarn: Der Großvater, der in den KiTa-Ferien die Betreuung des Enkels übernimmt, die junge Frau, die den Wocheneinkauf für die mobilitätseingeschränkte Großtante übernimmt, oder der Nachbar, der nicht nur das eigene, sondern auch das Nachbarskind von der Schule abholt und beaufsichtigt: Sie alle leisten Arbeit, die unter Umständen auf Kosten der Sozialversicherung erbracht werden müsste. Sie ist nicht professionell, also weder bezahlt noch an die Voraussetzung einer nachgewiesenen Eignung oder Qualifikation gebunden.

Über die nachbarschaftliche Hilfe hinaus engagieren sich Menschen freiwillig und ohne pekuniäre Gegenleistung im Interesse des Gemeinwohls. Auf dieses bürgerschaftliche oder **zivilgesellschaftliche Engagement** wird der Begriff der **ehrenamtlichen Tätigkeit** übertragen, der aus der Wahl in unbezahlte Ämter wie das eines Vereinsvorstands oder eines Schöffen stammt. Im Unterschied zur nachbarschaftlichen Hilfe ist dieses Engagement organisiert, zum Beispiel über caritativ tätige Vereine oder Gemeinden. Eine gute **Ehrenamtskoordination** berät engagementwillige Personen nicht nur hinsichtlich geeigneter Tätigkeiten, sondern ist auch Ansprechpartner bei Belastungen, vermittelt Schulungen und Austausch. In sensiblen Bereichen, zum Beispiel bei der ehrenamtlichen Hilfe für Kinder, wird ein erweitertes polizeiliches Führungszeugnis per gesetzlicher Vorgabe verlangt.

Ehrenamtliches Engagement wurde als Teil der sozialen Betreuung in gesetzliche Regelungen mit aufgenommen. In der Jugendhilfe ehrenamtlich Tätige haben Anspruch auf Beratung und Unterstützung (§ 73 SGB VIII), im Hospiz arbeiten ehrenamtliche Sterbebegleiter mit hauptamtlichen Kräften zusammen (§ 39a SGB V) und bei der Betreuung pflegebedürftiger Menschen ergänzen sich Familie, Nachbarschaft und ehrenamtlich Tätige (§ 4 SGB XI).

In den beiden **Freiwilligendiensten** ist freiwilliges Engagement institutionalisiert. Das **Freiwillige Soziale Jahr (FSJ)** wird von jungen Menschen bis zu 27 Jahren abgeleistet, aus sozialen Motiven, zur Erprobung in einem sozialen Berufsfeld oder zur beruflichen Orientierung zwischen Schulabschluss und dem Beginn einer Berufsausbildung. Als Ersatz für den Zivildienst, der mit dem Aussetzen der Wehrpflicht entfiel, wurde der **Bundesfreiwilligendienst** eingerichtet, der Menschen jeden Alters offensteht.

In beiden Dienstformen werden Sozialversicherungsbeiträge gezahlt und es besteht Anspruch auf ein Taschengeld, gegebenenfalls auch auf Zuschüsse zur Unterkunft. Die Dauer beträgt beim Bundesfreiwilligendienst mindestens ein halbes Jahr, beim FSJ ein Jahr; Abweichungen sind möglich. Durch obligatorische Schulungen und die Berücksichtigung in der Personaleinsatzplanung von Einrichtungen werden diese Dienstformen professionalisiert.

4.2.4 Multiprofessionelle Zusammenarbeit

Zusammenarbeit prägt nahezu jegliches berufliches Handeln in der modernen Welt, auch in der Pädagogik. Dies beginnt in einer Kindertageseinrichtung für 0- bis 3-Jährige: Um eine Gruppe von kleinen Kindern zu betreuen, sind Fach- und Ergänzungskräfte in einem bestimmten Betreuungs- oder Fachkräfteschlüssel tätig. Sind behinderte oder von Behinderung bedrohte Kinder in dieser Gruppe, können heilpädagogische Fachkräfte beteiligt sein. Es gibt eine Leitung, bei einer Krippe mit nur einer Gruppe sicher keine volle Stelle, die die fachliche Aufsicht hat und für Verwaltung und Finanzierung zuständig ist. Hauswirtschaftskräfte unterstützen bei der Essenszubereitung und der Reinigung.

Die pädagogischen Kräfte, die gemeinsam eine Gruppe von Kindern betreuen, müssen sich gegenseitig informieren und sich über aktuelle Entwicklungen der einzelnen Kinder auf dem Laufenden halten; sie müssen gemeinsam Ziele definieren und umsetzen, ihre Herangehensweisen abstimmen, auftretende Konflikte lösen. Dem Verständnis der Leitung anheimgestellt ist, ob sie sich als Teil des Teams versteht oder hierarchisch über den Teams einer Einrichtung angeordnet ist: Im Zweifelsfall ist sie diejenige, die Dienste und Betreuungsausfälle verantworten muss. Vergleichbares gilt in stationären Einrichtungen der Kinder- und Jugendhilfe: Hier wird der Abstimmungsbedarf größer, da die Betreuung das gesamte Leben der Betreuten umfasst und neben sozialpädagogischen Fachkräften auch Psychologen oder Therapeuten einschließt.

Nicht nur in der Heimerziehung müssen Personen unterschiedlicher Berufe und Berufsgruppen **multiprofessionell** zusammenarbeiten. Multiprofessionalität ist damit das praxisbezogene Pendant zur Inter- und Multidisziplinarität in der Zusammenarbeit verschiedener wissenschaftlicher Disziplinen bei der Bearbeitung einer Fragestellung.

Bauer (2018) befasst sich mit **Multiprofessionalität** im sozialpädagogischen Kontext und sieht Strukturen als ungünstig an, in denen verschiedene Professionen verschiedene hierarchische Stellungen einnehmen, womit Ungleichheit in Status und Bezahlung besteht. Auch mangelnde Kenntnisse über die Fachlichkeit der beteiligten Berufe hemmen die Zusammenarbeit. Als eine Gegenmaßnahme schlägt Bauer vor, gemeinsame Ziele zu entwickeln und Teams zu bilden.

Günder (2015, S. 225) nennt Faktoren für eine erfolgreiche Teamarbeit in der Heimerziehung:
- Festlegung der Teamziele,
- Klärung der Teamführung,
- effiziente Zeit- und Projektplanung,
- Qualifikationsstruktur und klare Aufgabenverteilung,
- internes Controllingsystem.

Ohne Verständigung auf gemeinsame Ziele könnten Personen unwillentlich gegeneinander arbeiten und den Erfolg gefährden. Auch in flachen Hierarchien muss nach innen und außen transparent sein, wie Entscheidungen getroffen sowie umgesetzt werden und damit auch, wer wofür verantwortlich ist. Angesichts begrenzter Ressourcen sind eine effiziente Planung und Aufgabenverteilung notwendig: Neben dem Bewältigen des Alltags sollen den betreuten Personen auch neue Anregungen gegeben oder es müssen besondere Probleme angegangen werden. Die Planung von Maßnahmen, deren Durchführung und erzielte Ergebnisse wollen dokumentiert und die Schritte aufeinander bezogen werden, um deren Effektivität zu überprüfen oder gegebenenfalls anzupassen. Praktisch umsetzbar ist eine **multiprofessionelle Teambildung** gut innerhalb von Einrichtungen, in der qua Betriebserlaubnis verschiedene pädagogische Berufe bezogen auf eine Gruppe von Betreuten zusammenarbeiten.

Wo eine Teambildung nicht möglich oder auch nicht nötig ist, sollte zumindest gegenseitiges Verständnis über die Fachlichkeit der beteiligten Berufe hergestellt werden, das heißt, den beteiligten Personen sollten Gegenstand und Vorgehensweise der involvierten Professionen bekannt sein oder bekannt gemacht werden. Dies ist eine wichtige Zielstellung auch dieses Buches, das angehenden Psychotherapeuten entsprechende Kenntnisse über die Pädagogik und deren Sub- und Teildisziplinen vermitteln soll. Über Pädagogik und Psychotherapie hinaus können weitere Therapeuten, Mediziner, Rechts- oder Finanzberater an pädagogischen Prozessen beteiligt sein. Und nicht zuletzt bringen ehrenamtlich Tätige ihre spezifischen Beiträge ein.

4.3 Rückblick und Ausblick

4.3.1 Zusammenfassung

Durch sozialpädagogisches Handeln werden Personen unterstützt, die sich in schwierigen oder problematischen Lebenslagen befinden. Wie bei Erziehung und Bildung geht es darum, dass diese Personen Wissen und Kompetenzen aufbauen und motiviert werden, ihre Handlungsmöglichkeiten zu erweitern und zu nutzen, um ihr Leben (wieder) selbstständig zu gestalten und an der Gesellschaft teilzuhaben.

Einige sozialpädagogische Handlungsansätze wurden ausführlich vorgestellt und die jeweilige Rolle des pädagogisch Tätigen erläutert.

In der **Selbsthilfe** agiert dieser sehr zurückgenommen: Es geht darum, Menschen mit gleichen Krankheitserfahrungen oder deren Angehörigen eine Plattform zu bieten, in der sie sich austauschen, Erfahrungen miteinander teilen und daran wachsen können. Die Rolle des pädagogisch Tätigen ist koordinierend und unterstützend, nicht teilnehmend. In der **Beratung** hingegen wird der pädagogisch Tätige aktiv und bringt neben der Kompetenz, einen Beratungsprozess zu gestalten, seine Fachkompetenz hinsichtlich der jeweils angesprochenen Problematik ein. Der Klient wird angeregt, sein Problem und gegebenenfalls dessen Ursache zu klären; er wird dabei begleitet, Lösungsansätze zu entwickeln und umzusetzen. Am Ende sollte eine eigenständige Entscheidungs- und Handlungsfähigkeit (wieder) hergestellt sein. Ähnlich wie im Falle der Beratung werden im **Coaching** oder einer **Supervision** einzelne Personen oder Gruppen in der Entscheidungsfindung unterstützt oder in schwierigen Situationen begleitet.

Interventionen wie **Trainings** oder **pädagogische Therapien** zielen auf überdauernde Veränderung im Verhalten bzw. im Verhaltensrepertoire und der Kompetenzen ab. Themen stammen sowohl aus sozialen als auch aus krankheits- oder behinderungsbedingten Problemstellungen. Die Vielfalt der pädagogischen Interventionsmaßnahmen wurde hier pragmatisch, aber nicht erschöpfend anhand der Indikationsstellung unterteilt. Häufig Trainings genannt werden Ansätze, mit denen **Schwächen** in sozialen oder akademischen Leistungsbereichen ausgeglichen werden sollen. Bei ausgeprägten **Verhaltensauffälligkeiten** wird durch spezifische Trainings ein angemessenes Verhaltensrepertoire aufgebaut. Eine weitere Gruppe von Interventionen stammt vor allem aus dem heil- und sonderpädagogischen Bereich und zielt mehr oder wenig spezifisch auf **somatische Funktionen** bis hin zu allgemeiner Entspannung; psychische Funktionen und motivationale Aspekte spricht die Ergotherapie an. **Kriterien** für den Einsatz bzw. die Auswahl bestimmter Interventionsmaßnahmen sind neben der Indikationsstellung die theoretische Begründung, die Einbeziehung individualdiagnostischer Befunde, die Standardisierung der Maßnahme, die Qualifikation der Trainer bzw. Therapeuten, Angaben zur Wirksamkeit sowie die Verfügbarkeit vor Ort. Zuletzt wurde der **Sozialraum** und die einen Sozialraum definierende Netzwerkarbeit beschrieben, in dem die **Komm-Struktur** sozialer Unterstützungssysteme mit der **aufsuchenden Arbeit** und der aktiven Gestaltung physischer Umwelt durch eine **Geh-Struktur** ergänzt wird. Dabei handelt es sich nicht um eine eigenständige Methode im engeren Sinne, sondern um eine Figur, mit der das Zusammenwirken verschiedener Berufe, Professionen und Institutionen beschrieben und der Prozess des Zusammenwirkens gefördert werden kann.

Auch wenn die ausgewählten Handlungsformen vor allem der Sozialpädagogik zurechenbar sind, wurden auch andere Ansätze, Teil- und Subdisziplinen der Pädagogik angesprochen, sowohl in diesem als auch den vorigen Kapiteln. Ungeachtet der Klassifizierung als Ansatz, Teilgebiet oder Subdisziplin der Pädagogik: Die **Professionalität** pädagogischer und sozialer Tätigkeiten lässt sich anhand verschiedener Merkmale vom Laienengagement unterscheiden. Professionelles Handeln beruht auf einer **Qualifikation** in Form einer Aus-, Fort- oder Weiterbildung. In dieser werden Kenntnisse und Kompetenzen erworben und geübt, die einen standardisierten und reflektierten Einsatz von Ansätzen und Methoden sichern. Eine Qualifikation ist Voraussetzung für eine berufliche pädagogische Tätigkeit; in Einrichtungen und Diensten muss ein bestimmter **Fachkraftschlüssel** eingehalten werden.

Pädagogische Tätigkeit ist Arbeit am Menschen; neben den oben genannten, durch Qualifikation belegten Kenntnissen und Kompetenzen wird eine **pädagogische Haltung** erwartet. Sie entsteht durch Einstellungen und ethische Überzeugung und reguliert die Balance zwischen **Nähe und Distanz**, um je nach Alter, Bedarf und Einsichtsfähigkeit des Klienten eine die pädagogische Handlung förderliche Beziehung zu gestalten.

Soziale bzw. sozialpädagogische Bildungs- und Veränderungsprozesse zu gestalten, ist Ergebnis der **Zusammenarbeit** von Pädagogen unterschiedlicher Fachrichtung und Ausbildung mit Psychologen, Psychotherapeuten, Ärzten sowie weiteren Disziplinen. Nach Möglichkeit und Themenstellung werden pädagogische Laien eingebunden, beginnend bei familiärer und nachbarschaftlicher Hilfe über die organisierten Hilfen durch **ehrenamtlich Tätige** oder **zivilgesellschaftlich Engagierte** bis hin zu Freiwilligen der beiden Freiwilligendienste **Freiwilliges Soziales Jahr** und **Bundesfreiwilligendienst**. Die Intensität der Zusammenarbeit kann sehr unterschiedlich sein, vom relativ stabilen **Team** bis zu einer rudimentär koordinierten Einbindung verschiedener Fachleute. Unabhängig von der Intensität der Zusammenarbeit wird diese, insbesondere bei der Beteiligung unterschiedlicher Berufsgruppen (**Multiprofessionalität**), gelingen, wenn eine **gemeinsame Zielstellung** definiert wurde und wenn alle Beteiligten die Fachlichkeit der jeweils anderen kennen und berücksichtigen.

4.3.2 Bedeutung für Psychotherapeuten

Psychische Probleme oder Erkrankungen müssen, anders als ein banaler Schnupfen, **multidimensional** betrachtet werden, sowohl in der Genese als auch in der Therapie. Neben der Psychotherapie können medizinisch-somatische Behandlungen und soziale oder sozialpädagogische Unterstützung notwendig sein; deren Formen und Vorgehensweisen, hier als pädagogisches Handeln bezeichnet, sollten Psychotherapeuten bekannt sein, damit sie im Rahmen einer Psychotherapie aktiviert oder empfohlen werden können.

Durch (organisierte) **Selbsthilfe** können personale, soziale und informationelle Ressourcen geschaffen und ausgebaut werden, sowohl für den Betroffenen selber als auch für dessen Angehörige, die gerade bei schweren psychischen Erkrankungen ebenfalls in Überlastungssituationen geraten und als Stütze wegfallen können. Über regionale Koordinationsstellen für Selbsthilfegruppen lassen sich passende Gruppen finden.

Beratung und Psychotherapie haben vieles gemeinsam, schon die Form eines Gesprächs zwischen einem Klienten und einem Berater bzw. Therapeuten gleicht sich. Auch im Vorgehen, bei dem zunächst die Problematik und eventuell deren Entstehungsbedingungen geklärt werden, ähneln sich beide. Unterschiede finden sich in der Zielstellung: Während die Psychotherapie auf Heilung, also die Beseitigung oder deutliche Verbesserung einer psychischen Erkrankung oder Problematik zielt, soll der Klient einer Beratung befähigt werden, für sich selber zu entscheiden und (wieder) zu handeln. Die Thematik einer Beratung kann aus unterschiedlichen Lebenssituationen resultieren, sich auf soziale Probleme beziehen oder folgenreiche Entscheidungen vorbereiten. Wenn beispielsweise in Folge einer psychischen Erkrankung eine materielle Bedarfssituation auftritt, kann eine **Schuldner- und Insolvenzberatung** oder eine **Wohnungslosenberatung** unterstützen, akute Not beseitigen und Wege aufzeigen, die materiellen Lebensgrundlagen wieder zu sichern. Die psychische Erkrankung wird dadurch nicht geheilt, aber Sorgen und Ängste werden abgebaut und damit eine Voraussetzung für eine erfolgreiche Psychotherapie geschaffen. Die **Erziehungsberatung** von Eltern eines verhaltensauffälligen Kindes, die sich bei der Einschulung zwischen einer Regel- und einer Förderschule entscheiden müssen, kann eine häusliche Krisensituation entspannen und das Kind für therapeutische Interventionen öffnen. **Supervision** schließlich nutzt, vor allem wenn sie sich an Menschen in pädagogischen und helfenden Berufen richtet, psychotherapeutische Methoden innerhalb eines Beratungs- und Klärungsprozesses.

Die hier unter dem Stichwort **Interventionen** zusammengefassten pädagogischen Ansätze zielen auf Veränderung, auf die Verbesserung von Schlüsselkompetenzen, die Beseitigung oder Reduktion von Leistungsschwächen, auf die Löschung oder Substitution unangemessenen Verhaltens oder auch eine Stärkung allgemeiner personaler Ressourcen. Diese Ansätze können Teil einer Psychotherapie sein oder diese ergänzen, wenn z. B. ein aggressiv ausagierendes Kind in einem anderen Setting trainiert, alternative Verhaltensweisen zu erlernen und anzuwenden. Psychotherapeuten werden sich mit den für ihr Klientel angezeigten Interventionen vertraut machen oder mit Personen zusammenarbeiten, die entsprechende Interventionen durchführen. Kriterien, nach denen Interventionen beurteilt werden können, wurden genannt.

Im Netz, das den **Sozialraum** aufspannt, kann Psychotherapie durch andere, ergänzende und begleitende Angebote unterstützt werden. Aktive Beteiligung in solchen Netzwerken dient einerseits den Klienten, entlastet andererseits aber auch Psychotherapeuten, ob in eigener Praxis oder angestellt. Schön ist es, wenn ein Austausch über Grundverständnis und Ansatzweisen gelingt, um für jeden Klienten die am besten passende Mischung aus verschiedenen Ansätzen zu finden.

Es gibt viele verschiedene Gelegenheiten und Notwendigkeiten für Psychotherapeuten, mit Pädagogen, Beratern oder Trainern zusammenzuarbeiten. Der Psychotherapeut kann auf Trainings hinweisen, die er seinem Klienten empfiehlt, oder er kann bei der Hilfeplanung für einen Klienten aus einer Kinder- und Jugendhilfeeinrichtung beteiligt sein. Eine gelingende **multiprofessionelle Zusammenarbeit** beruht auf dem gegenseitigen Verständnis des Berufsethos und des jeweiligen Professionalitätsverständnisses, also dem, was im pädagogischen Bereich als **pädagogische Haltung** verstanden wird. Ergänzt wird dies durch das Wissen über die Kenntnisse und Kompetenzen, die in den verschiedenen pädagogischen **Aus- und Weiterbildungen** erworben werden, und deren **berufliche** Anwendung. Ein Erzieher in einer Kindertageseinrichtung kann ein Kind individuell fördern, aber keine zeitlich ausgedehnte Intervention durchführen, der Mitarbeiter im Krankenhaussozialdienst keine Privatinsolvenz für einen überschuldeten Patienten beantragen. Offenheit für die unterschiedlichen professionellen Ansätze und akzeptierender Austausch nützt einem Klienten mehr als Kompetenzstreitigkeiten oder dem Beharren auf dem Primat der eigenen Profession.

Literatur

Vertiefende Literatur

Graßhoff, G., Renker, A., & Schröer, W. (Hrsg.). (2018). *Soziale Arbeit*. Springer.

Verwendete Literatur

Bauer, P. (2018). Multiprofessionalität. In G. Graßhoff, A. Renker, & W. Schröer (Hrsg.), *Soziale Arbeit* (S. 727–739). Springer.

Beetz, A., Riedel, M., & Wohlfahrt, R. (Hrsg.). (2021). *Tiergestützte Interventionen* (2., akt. Aufl.). Reinhardt.

Bundesagentur für Arbeit. (o.J.). Berufenet. https://web.arbeitsagentur.de/berufenet/. Zugegriffen am 30.05.2023.

Deutscher Bundesverband für Logopädie e.V. (2023, Mai 25). Logopädie. https://www.dbl-ev.de/logopaedie. Zugegriffen am 25.05.2023.

Germann-Tillmann, T., Merklin, L., & Stamm Näf, A. (2019). *Tiergestützte Interventionen* (2., überarb. u. erg. Aufl.). Hogrefe.

Graßhoff, G. Renker, A., & Schröer, W. (Hrsg.). (2018). *Soziale Arbeit*. Springer.

Günder, R. (2015). *Praxis und Methoden der Heimerziehung* (5., überarb. u. erg. Aufl.). Lambertus.

Literatur

Hillenbrand, C. (2006). *Einführung in die Pädagogik bei Verhaltensstörungen* (3., überarb. Aufl.). Ernst Reinhardt.

Jerusalem, M., & Meixner-Dahle, S. (2021). Lebenskompetenzen. In A. Lohaus & H. Domsch (Hrsg.), *Psychologische Förder- und Interventionsprogramme für das Kindes- und Jugendalter* (S. 201–221). Springer.

Keupp, H. (2018). Empowerment. In G. Graßhoff, A. Renker, & W. Schröer (Hrsg.), *Soziale Arbeit* (S. 559–571). Springer.

Krautz, J., & Schieren, J. (Hrsg.). (2013). *Persönlichkeit und Beziehung als Grundlage der Pädagogik.* Beltz.

Kuhl, J., & Hofmann, F. (2019). Diversität und Persönlichkeit: Begabungsentfaltung im Kontext der pädagogischen Beziehung. In C. Reintjes, I. Kunze, & E. Ossowski (Hrsg.), *Begabungsförderung und Professionalisierung* (S. 35–59). Julius Klinkhardt.

Lohhaus, A., & Domsch, H. (Hrsg.). (2021). *Psychologische Förder- und Interventionsprogramme für das Kindes- und Jugendalter.* Springer.

Müller-Hermann, S., & Becker-Lenz, R. (2018). Professionalisierung: Studium, Ausbildung und Fachlichkeit. In G. Graßhoff, A. Renker, & W. Schröer (Hrsg.), *Soziale Arbeit* (S. 687–697). Springer.

NAKOS – Nationale Kontakt- und Koordinationsstelle zur Anregung und Unterstützung von Selbsthilfegruppen. (2023). https://www.nakos.de/. Zugegriffen am 25.05.2023.

Neuhäuser, G., & Klein, F. (2019). *Therapeutische Erziehung. Resiliente Erziehung in Familie, Krippe, Kita und Grundschule.* BurckhardtHaus.

Reutlinger, C. (2018). Sozialraum. In G. Graßhoff, A. Renker, & W. Schröer (Hrsg.), *Soziale Arbeit* (S. 605–618). Springer.

Ricken, G., & Fritz-Stratmann, A. (2012). Intervention. In K.-P. Horn, H. Kemnitz, W. Marotzki, & U. Sandfuchs (Hrsg.), *Klinkhardt Lexikon der Pädagogik* (S. 129–131). Verlag Julius Klinckhardt.

Schneider, W., & Berger, N. (2011). *Verhaltensstörungen und Lernschwierigkeiten in der Schule.* Schöningh.

Schreyögg, A. (2010). *Supervision: ein integratives Modell* (5., erw. Aufl.). Verlag für Sozialwissenschaften.

Schröder, J. (2018). Helfen. In G. Graßhoff, A. Renker, & W. Schröer (Hrsg.), *Soziale Arbeit* (S. 515–530). Springer.

Schwarz, R. (2009). *Supervision und professionelles Handeln Pflegender.* Verlag für Sozialwissenschaften.

Schwer, C., & Solzbacher, C. (Hrsg.). (2014). *Professionelle pädagogische Haltung.* Klinckhardt.

Sommer, C. (2009). Die spezifische Situation der internen Supervision in einer forensischen Psychiatrie. In A. Schreyögg & C. Schmidt-Lellek (Hrsg.), *Die Organisation in Supervision und Coaching* (Organisationsberatung, Supervision, Coaching. Sonderheft 3/2009, S. 200–212). Verlag für Sozialwissenschaften.

Staatsinstitut für Schulqualität und Bildungsforschung (Hrsg.). (2017). *Wenn Schüler mit geistiger Behinderung auffällig sind* (2. Aufl.). Ernst Reinhardt.

Statistisches Bundesamt (Destatis). (2023, April 24). Erwerbstätigkeit: Sozialversicherungspflichtig Beschäftigte am Arbeitsort nach Wirtschaftsabschnitten. https://www.destatis.de/DE/Themen/Arbeit/Arbeitsmarkt/Erwerbstaetigkeit/Tabellen/wirtschaftsabschnitte.html. Zugegriffen am 31.05.2023.

Theunissen, G. (2016). *Geistige Behinderung und Verhaltensauffälligkeiten* (6., überarb. u. erw. Aufl.). Julius Klinkhardt.

Trabandt, S., & Wagner, H.-J. (2020). *Pädagogisches Grundwissen für das Studium der Sozialen Arbeit.* Verlag Barbara Budrich. [utb].

Weidner, J. (2008). Konfrontation mit Herz: Eckpfeiler eines neuen Trends in Sozialer Arbeit und Erziehungswissenschaft. In J. Weidner & R. Kilb (Hrsg.), *Konfrontative Pädagogik* (3. Aufl., S. 13–25). Verlag für Sozialwissenschaften.

Weinhardt, M. (2018). Beraten. In G. Graßhoff, A. Renker, & W. Schröer (Hrsg.), *Soziale Arbeit* (S. 485–499). Springer.

WHO. (1994). *Life skills education in schools.* WHO.

Sozialpolitischer und rechtlicher Rahmen

Inhaltsverzeichnis

5.1 Politikbereiche: Soziales, Bildung und Familie – 118
5.1.1 Soziales – 119
5.1.2 Familie – 124
5.1.3 Bildung – 126

5.2 Rechtliche Bedingungen – 127
5.2.1 Sozialwirtschaft – 128
5.2.2 Sozialgesetzbuch – 131
5.2.3 Gesetzgebung zu Familie und Bildung – 134

5.3 Leistungserbringer – 136
5.3.1 Rechtsformen der Leistungserbringer – 136
5.3.2 Verteilung Trägerschaften – 139
5.3.3 Organisation und Vertretung – 140

5.4 Die Sicht des Anspruchsberechtigten – 141
5.4.1 Das Recht auf Beratung – 142
5.4.2 Das Recht auf Mitwirkung und Gestaltung – 143

5.5 Rückblick und Ausblick – 144
5.5.1 Zusammenfassung – 144
5.5.2 Bedeutung für Psychotherapeutinnen und Psychotherapeuten – 145

Literatur – 146

© Der/die Autor(en), exklusiv lizenziert an Springer-Verlag GmbH, DE, ein Teil von Springer Nature 2024
G. Rössler, W. Mack, *Pädagogik für Psychotherapeutinnen und Psychotherapeuten*,
https://doi.org/10.1007/978-3-662-68500-6_5

Einleitung

Erziehen und Bilden, soziale und gesundheitliche Betreuung und Versorgung sind Handlungsbereiche, die durch öffentliche bzw. staatliche Strukturen und Prozesse gefördert und überwacht werden. Aus Prinzipien wie den allgemeinen Menschenrechten oder dem der Subsidiarität werden Normen abgeleitet, mit denen pädagogisches, sozialpädagogisches und psychotherapeutisches Handeln ein Rahmen gegeben und die Finanzierung reguliert wird.

Die Systeme für die im Zusammenhang dieses Buches relevanten Politikbereiche Soziales, Familie und Bildung werden mit ihren Prinzipien und in ihrer Grundstruktur vorgestellt. Sie werden durch Gesetze oder deren Reform an neue Herausforderungen angepasst. In diesem normativen Rahmen agieren die Leistungsträger der sozialen und pädagogischen Betreuung; sie sind in unterschiedlichen Rechtsformen und auf unterschiedlichen Ebenen organisiert. Auch die Grundlage für das Handeln einzelner Pädagogen und Psychotherapeuten wird damit geschaffen.

Der Komplexität der Systeme gegenüber steht der Klient, der Empfänger der Leistungen, der sich orientieren muss und sein Leben eigenverantwortlich gestalten soll. Die Zusammenarbeit der verschiedenen Akteure sollte ihm dabei helfen.

Lernziele dieses Kapitels

In diesem Kapitel
- lernen Sie einige Prinzipien kennen, nach denen die Systeme in den Politikbereichen Soziales, Gesundheit, Bildung und Familie gestaltet werden,
- lernen Sie das System der sozialen, einschließlich der gesundheitlichen, Betreuung und Versorgung kennen und erhalten einen Einblick in die Familien- und Bildungsförderung auf nationaler Ebene sowie die aktuellen Herausforderungen in diesen Bereichen,
- werden Sie in gesetzliche und andere normative Grundlagen des Systems eingeführt,
- erhalten Sie einen Überblick über die Strukturen und Organisationsformen der Leistungserbringer und
- werfen abschließend aus der Perspektive eines Leistungsempfängers einen Blick auf die Betreuung und Versorgung.

Das Kapitel schließt mit einer Zusammenfassung und der Bedeutung der Thematik für angehende Psychotherapeutinnen und Psychotherapeuten.

5.1 Politikbereiche: Soziales, Bildung und Familie

Es erscheint selbstverständlich, dass Menschen, die in Deutschland leben, in verschiedenen Lebensphasen oder besonderen Lebenssituationen nicht nur Hilfe finden, sondern das einklagbare Recht haben, unterstützt zu werden. Dieser Selbstverständlichkeit gab es nicht immer.

Grundrechte von Menschen, wie sie beispielsweise in der US-amerikanischen Verfassung oder der Paulskirchenverfassung von 1849 als dem Vorläufer des Grundgesetzes für die Bundesrepublik Deutschland formuliert wurden, waren historisch vor allem **Abwehrrechte** gegen staatliche Willkür. Erst die allgemeinen Menschenrechte, die 1948 von den Vereinten Nationen verabschiedet wurden (Vereinte Nationen, 10.12.1948), formulieren auch **Ansprüche** zum Beispiel auf soziale Sicherheit, auf Heirat und Familiengründung oder auf Bildung. Ergänzt und differenziert werden diese Rechte in weiteren Übereinkünften auf internationaler Ebene, wie die bereits im ▶ Kap. 3 genannte Behindertenrechtskonvention (Bundesministerium für Arbeit und Soziales, 30.11.2020).

Die Systeme, mit denen diese Rechte gewährleistet und Ansprüche erfüllt werden, unterscheiden sich von Staat zu Staat, zum einen dadurch, wie das Recht ausgestaltet wird, zum anderen durch die Art und Möglichkeiten der Finanzierung. Es gibt jedoch das Bestreben beispielsweise innerhalb der Europäischen Union zu gleichartigen Lebensverhältnissen zu kommen.

Dabei unterliegt das Verständnis einzelner Rechte auch historischen Veränderungen: Das Recht homosexueller Menschen auf Ehe und Familie war zur Zeit der Verkündigung der allgemeinen Menschenrechte 1948 sicher nicht explizit mitgedacht, sondern wurde erst in den letzten Jahrzehnten, durchaus mit dem Bezug zum entsprechenden Artikel der Erklärung der Menschenrechte, formuliert und geklärt. Auch der Anspruch auf soziale Sicherheit gestaltet sich 2023 anders als 1948: Heute leben viele Menschen alleine in einem Haushalt und erreichen ein so hohes Alter, dass sie auf Unterstützung in der Lebensführung angewiesen sind; 1948 war die Wohnsituation durch Krieg und Flüchtlinge wesentlich angespannter und die Ernährungslage so, dass schon einfache Erkrankungen zu einem frühzeitigen Tod führen konnten.

Im Folgenden werden Prinzipien, Systeme und aktuelle Entwicklungen für die in diesem Buch relevanten **Politikbereiche** vorgestellt und damit der Rahmen für pädagogische und psychotherapeutische Tätigkeit aufgespannt. Diese Politikbereiche verteilen sich auf verschiedene Ressorts der Regierung; allein der Bereich Soziales mit den Themen Jugendhilfe, Arbeit, Gesundheit, Pflege, Eingliederungshilfe wird durch unterschiedliche Bundesministerien vertreten.

5.1.1 Soziales

5.1.1.1 Grundlagen

Deutschland ist, wie andere Länder der Europäischen Union, ein **Sozialstaat**, das heißt, die soziale Sicherung und Sicherheit der Einwohner Deutschlands ist ein wichtiges Ziel staatlichen Handelns. Eindrücklich belegt werden kann das durch die **Sozialleistungsquote**, berechnet als Quotient der Ausgaben für soziale einschließlich gesundheitlicher Leistungen bezogen auf das gesamte Bruttoinlandsprodukt: Die für das Jahr 2021 geschätzte Sozialleistungsquote in Deutschland betrug bei einem Ausgabenvolumen von 1161,5 Mrd. € 32,5 %; das heißt, ungefähr ein Drittel des Bruttoinlandsprodukts wurde im Sozial- und Gesundheitsbereich erbracht (Bundesministerium für Arbeit und Soziales, Juni 2022). Die **Finanzierung sozialer Leistungen** speist sich aus unterschiedlichen Quellen, in der Darstellung des Sozialbudgets werden unter anderem die Sozialversicherungen, Bund, Länder und Gemeinden, private Haushalte und private Organisationen sowie Unternehmen aufgeführt (Bundesministerium für Arbeit und Soziales, Juni 2022). Ein Teil sozialer und gesundheitlicher Leistungen taucht im Sozialbudget gar nicht auf; sie werden, wie im ▶ Kap. 4 unter dem Stichwort **Care-Arbeit** beschrieben, unentgeltlich erbracht.

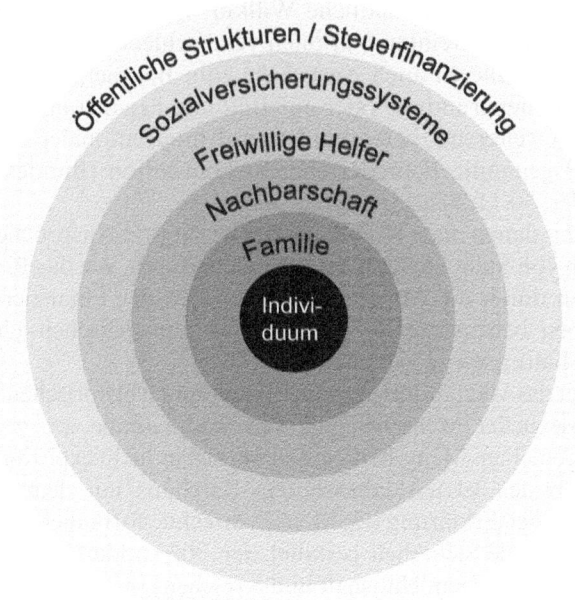

☐ Abb. 5.1 Subsidiaritätsprinzip

Neben dem Verständnis als Sozialstaat versteht sich Deutschland, auch hier vergleichbar anderen Ländern der Europäischen Union, der freien Marktwirtschaft verpflichtet, das heißt, einem von staatlichen Vorgaben weitgehend unbeeinflussten Markt, der sich selber reguliert. Dem gegenüber steht die soziale Verantwortung für Personen gegenüber, die in einem völlig freien Markt ihr Recht auf Teilhabe nicht realisieren könnten. Mit der **Sozialen Marktwirtschaft** wird eine Synthese aus den beiden gegensätzlichen Grundsätzen staatlichen Handelns gesehen und im sozialstaatlichen Prinzip der **Subsidiarität**, nach dem öffentliche Strukturen erst dann eintreten, wenn andere Hilfestrukturen versagen, umgesetzt (vgl. ☐ Abb. 5.1).

Zunächst wird davon ausgegangen, dass eine erwachsene Person für sich selber verantwortlich ist und für sich selber sorgen kann. Kann sie das nicht leisten, wird erwartet, dass ihre Familie, in erster Linie der Partner, für sie eintritt und sie stützt, sofern dieser über entsprechende Mittel verfügt. Die erweiterte Familie und nachbarschaftliche Unterstützung sind die nächste Stufe der Subsidiarität; sie können staatlicherseits nicht zu dieser Hilfe verpflichtet werden. Aus der Tradition des freiwilligen sozialen Engagements kommen die Organisationen der freien Wohlfahrtspflege: Sie erbringen soziale Dienstleistungen zwar zu erheblichen Teilen aus öffentlichen und Sozialversicherungsmitteln, aber auch aus eigenen Ressourcen finanziert. In die verschiedenen Sozialversicherungen, die gesetzlich geregelt und in weiten Teilen obligatorisch sind, zahlen Versicherte ein und erhalten im Versicherungsfall Leistungen der Versicherung. Erst zuletzt treten steuerfinanzierte Hilfen ein.

Dieser **horizontalen Subsidiarität** entspricht eine **vertikale Subsidiarität**, die eine kommunale Zuständigkeit vor die übergeordneter Strukturen des Landes oder des Bundes setzt.

In Deutschland werden wesentliche Lebensrisiken wie Krankheit, Arbeitslosigkeit oder Pflegebedürftigkeit über **Sozialversicherungssysteme** abgesichert. Arbeitnehmer geben einen Teil ihres Einkommens, ergänzt um Beiträge der Arbeitgeber, an die Sozialversicherungskassen, die diese meist in Form von Sachleistungen an berechtigte, weil ebenfalls versicherte und einen entsprechenden Bedarf nachweisende Personen weiter. Anders ausgedrückt, die Kosten für die Behandlungen kranker, die Pflege alter oder den Lebensunterhalt arbeitsloser Versicherter werden auf die Versichertengemeinschaft umgelegt. Die Kassen gleichen Einnahmen und Ausgaben ab und sollen die Bedarfe idealerweise ohne staatliche beziehungsweise steuerfinanzierte Zuschüsse decken.

Dieser Ansatz, soziale Aufgaben über Versicherungen bzw. Solidargemeinschaften zu finanzieren, wird als *Bismarck-System* bezeichnet, da dieses System mit der Einführung der verpflichtenden Unfall- und Krankenversicherung für Arbeiter im 19. Jahrhundert durch die Bismarcksche Sozialgesetzgebung begründet und durch mehrere Verfassungen in Deutschland hindurch beibehalten und erweitert wurde. Ein im Wesentlichen steuerfinanziertes Sozialsystem, wie es vor allem aus Großbritannien bekannt ist, wird als Beveridge-System bezeichnet.

Folgende **Sozialversicherungen** bestehen gegenwärtig in Deutschland: Unfallversicherung, Arbeitslosenversicherung, Rentenversicherung, Kranken- und Pflegeversicherung. In den jeweils einschlägigen Sozialgesetzbüchern wird geregelt, wer sich versichern bzw. für wen eine Versicherung abgeschlossen werden muss, und damit natürlich auch, für wen diese Sozialversicherungen nicht abgeschlossen werden müssen.

Versicherungspflicht in diesen Versicherungen besteht in der Regel für abhängig beschäftigte, nicht verbeamtete Arbeitnehmer. Die **Unfallversicherung** wird vom Arbeitgeber und öffentlichen Strukturen (Gemeinden) an die jeweils zuständige Unfallkasse gezahlt. Dieser Versicherungsbeitrag taucht also nicht auf der Gehaltsabrechnung auf; relevant wird sie bei einem Arbeits- oder Wegeunfall oder einer Berufskrankheit. Träger der **Arbeitslosenversicherung** ist die Bundesagentur für Arbeit und deren regionale Gliederungen, Träger der gesetzlichen **Rentenversicherung** die Deutsche Rentenversicherung. Arbeitnehmer können sich entscheiden, bei welcher **gesetzlichen Krankenversicherung** sie sich versichern, ab einer gewissen Einkommensgrenze, der Beitragsbemessungsgrenze, können sie sich sogar zwischen einer gesetzlichen und einer privaten Kranken- und Pflegeversicherung entscheiden. In der **Kranken- und Pflegeversicherung** können Familienangehörige ohne eigenes Einkommen mitversichert werden; die Kranken- und Pflegeversicherung bleiben auch bei Arbeitslosigkeit und Rentenbezug bestehen.

5.1.1.2 Aktuelle Herausforderungen

In **umlagefinanzierten Sozialversicherungssystemen** müssen Einnahmen und Ausgaben stets ausgeglichen sein, das heißt, den Leistungsempfängern muss eine ausreichende Zahl von Beitragsleistenden gegenüberstehen.

Eine der grundlegenden Herausforderungen an das Sozialsystem, vor allem an Renten-, Kranken- und Pflegeversicherung, ist daher der **demografische Wandel**. Eindrücklich dargestellt wird dieser, wenn die Zahl der jeweils lebenden Menschen, getrennt nach Männern und Frauen, pro Jahrgang abbildet wird. Für das Jahr 1964, dem Jahr mit den meisten Geburten in Deutschland seit dem 2. Weltkrieg, ergab sich so, abgesehen von den Einbrüchen, die der erste und zweite Weltkrieg verursacht hat-

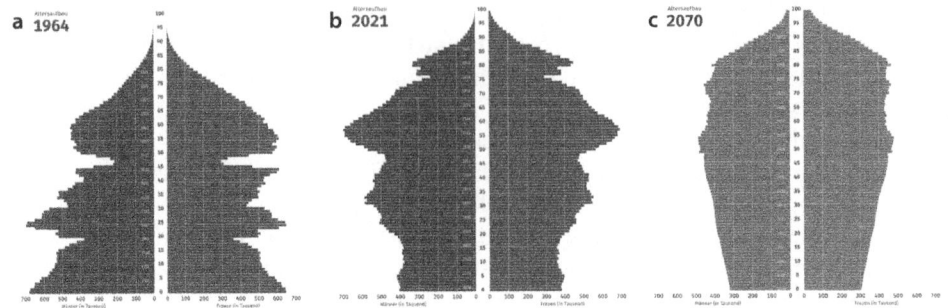

Abb. 5.2 a–c Bevölkerungsaufbau in Deutschland 1964, 2021 und Prognose 2070. (▶ https://service.destatis.de/bevoelkerungspyramide [zugegriffen am 16.3.2023])

ten, annähernd das Bild einer Pyramide. Der Begriff **Alterspyramide** für diese Darstellung wurde beibehalten, auch wenn sie im Jahr 2022 eher einer Art Pilz ähnelt und für das Jahr 2070 unter gegebenen Annahmen zu Veränderungen in der Geburtenrate und weiterem Zuzug nach Deutschland ein Zylinder erwartet wird (◘ Abb. 5.2).

Schon jetzt besteht sowohl in der Renten- als auch in der Kranken- und Pflegeversicherung eine Differenz zwischen den Einnahmen aus Beiträgen und den Ausgaben; die Differenzen werden durch Bundeszuschüsse gedeckt.

In den **gesetzlichen Krankenkassen** ist die Mehrheit der Bevölkerung versichert: Im Jahr 2021 waren das 88 % der Bevölkerung; 11 % sicherten sich in einer privaten Krankenkasse ab und für 1 % der Bevölkerung bestand keine Kranken- und Pflegeversicherung (Verband der Ersatzkassen e.V. (vdek); 15.03.2023). Der Zuschuss an die gesetzliche Krankenversicherung beträgt, gesetzlich geregelt, pauschal 14,7 Mrd. €, kann aber bei Bedarf, wie während der Coronaepidemie, angehoben werden (Bundesministerium für Gesundheit, 23.05.2023).

Die **Rentenversicherung** erhielt im 2021 einen Zuschuss vom Bund in Höhe von 84 Mrd. das entspricht 24 % der Ausgaben der Rentenversicherung. Der Bundeszuschuss teilt sich auf in einen allgemeinen Zuschuss (56 Mrd.) und spezifische Zuschüsse für Leistungen, die aufgrund sozial- und familienpolitischer Maßnahmen wie der Anerkennung von Kindererziehungszeiten für die Rentenversicherung entstehen (Deutsche Rentenversicherung, 2022).

Ein Gleichgewicht zwischen Einnahmen und Ausgaben in den Sozialversicherungssystemen herzustellen, ist eine kontinuierliche fachpolitische Aufgabe.

In der Rentenversicherung wird gegenwärtig das Renteneintrittsalter von 65 schrittweise auf 67 angehoben, um angesichts der steigenden Lebenserwartung die Beitragszeit zu verlängern und die Zeit des Rentenbezugs zu verkürzen. Durch die Förderung privater Altersvorsorge werden für den Lebensunterhalt im Alter weitere Finanzierungsquellen geschaffen; auch die Überlegung, neben der Umlage einen kapitalgedeckten Zweig in der Rentenversicherung zu schaffen, zielt in diese Richtung.

Die Anstrengungen, Einnahmen und Ausgaben in der Kranken- und Pflegeversicherung auszugleichen, werden intensiv diskutiert. Dabei sind einige Besonderheiten des Gesundheitswesens zu beachten, das in der Leistungserbringung nur teilweise marktwirtschaftlichen Prinzipien folgt. Ärzte und Psychotherapeuten beeinflussen die Nachfrage nach ihren Leistungen, wenn sie durch ihre Diagnose die Therapie festlegen, an deren Durchführung sie ein materielles Interesse haben. Dieser **angebotsinduzierten Nachfrage** steht auf der Seite des Versicherten die Versuchung (**moral hazard**) gegenüber, mehr Leistungen als notwendig in Anspruch zu nehmen, da der Patient die Leistungen nicht im Einzelnen zahlt, sondern durch seine Krankenversicherungsbeiträge das Anrecht auf gewünschte Leistungen bezahlt zu haben glaubt. Neben der demografischen Entwicklung, die eine alterskorrelierte Zunahme behandlungsbedürftiger Versicherter bedeutet, und der medizinisch-technischen Entwicklung, die zu einem Mehr an Behandlungsmöglichkeiten führt, müssen diese Besonderheiten des Gesundheitssystems bei den Anstrengungen berücksichtigt werden, Einnahmen und Ausgaben zu balancieren.

Auf der Einnahmenseite können Beitragssätze und/oder Bemessungsgrenzen für die freiwillige Kranken- und Pflegeversicherung erhöht werden. Durch Selbstbeteiligungen werden nicht nur Einnahmen gesteigert; sie sollen mittelbar zu einer geringeren Inanspruchnahme oder zu besserem präventiven Gesundheitsverhalten führen. Auf der Ausgabenseite kann gekürzt werden, wenn die Kosten für bestimmte Behandlungen nicht (mehr) übernommen oder reduziert werden.

Die Ausgaben für die Versorgung gesetzlich krankenversicherter Patienten durch niedergelassene Ärzte und Psychotherapeuten werden über Budgets gesteuert. Die Mittel, die die Kassenärztlichen Vereinigungen von den gesetzlichen Krankenversicherungen erhalten, werden nach einem komplexen Regelsystem den Leistungen niedergelassener Ärzte und Psychotherapeuten zugeordnet und daraus das Honorar der Leistungserbringer berechnet. Im Krankenhausbereich wird die Krankenhausbehandlung gesetzlich Versicherter innerhalb einer Diagnosis Related Group (DRG) unabhängig von der Dauer eines stationären Aufenthalts einheitlich vergütet, um die Dauer der teuren stationären Behandlungen zugunsten ambulanter Behandlungen zu reduzieren. Ab 2024 soll die Krankenhausfinanzierung erneut angepasst und reformiert werden.

Das Prinzip des **aktivierenden Sozialstaats** wurde in den *Gesetzen für moderne Dienstleistungen am Arbeitsmarkt* in den Jahren 2002 und 2003 umgesetzt und die Leistungen für Arbeitslose umgestaltet. Arbeitslose, die nach längerer Arbeitslosigkeit Arbeitslosengeld II (ALG II), das sogenannte Hartz IV, bezogen, sollten sich aktiv um eine neue, unter Umständen auch eine weniger attraktive Beschäftigung bemühen und diese Aktivitäten nachweisen, ansonsten drohten Sanktionen. Zum 01.01.2023 wurde das ALG II durch das **Bürgergeld** abgelöst und die Sanktionen reduziert.

Auch wenn diese Änderung vor allem mit dem als entwürdigend empfundenen Umgang mit Personen in längerer Arbeitslosigkeit begründet wurde, spiegeln sich auch Veränderungen im Arbeitsmarkt wider. Mit einer Erwerbslosenquote von 3,2 % ist annähernd Vollbeschäftigung erreicht (Statistisches Bundesamt (Destatis), 31.05.2023a). Im Gegenteil, aufgrund der demografischen Entwicklung werden eine Verschärfung des bereits bestehenden **Fach- und Arbeitskräftemangels** erwartet und unterschiedliche Strategien wie die Förderung der Zuwanderung qualifizierter Kräfte oder die Aktivierung der „Stillen Reserve" zu dessen Behebung entwickelt (Statistisches Bundesamt (Destatis), o. J.).

Der Bereich gesundheitlicher und sozialer Betreuung ist vom Fachkräftemangel besonders betroffen, zumal, wie oben bereits erwähnt, erwartet werden kann, dass der Bedarf an entsprechenden Dienstleistungen mit der zunehmenden Zahl alter

Menschen steigt. Mit einem **sozialen Pflichtjahr**, wie es in der Diskussion dieser Thematik immer wieder vorgeschlagen wird, würde der spezifische Bedarf nicht gedeckt werden. Die Steigerung der Attraktivität einschlägiger Berufe durch Erhöhung der Qualifikationsanforderungen und der Bezahlung (vgl. ▶ Kap. 4) hingegen würde wiederum zu einer Ausgabensteigerung der Kranken- und Pflegeversicherung führen und neuer Anpassungsbedarf entstehen.

5.1.2 Familie

5.1.2.1 Grundlagen

Die **Familie** steht laut Grundgesetz unter dem besonderen Schutz der staatlichen Ordnung (Artikel 6 GG; s. ▶ Kap. 1); dieses Recht ist ein allgemeines Menschenrecht und Bestandteil der UN-Resolution, in der die allgemeinen Menschenrechte 1948 deklariert wurden:

> „Artikel 16
>
> 1. Heiratsfähige Männer und Frauen haben ohne jede Beschränkung auf Grund der Rasse, der Staatsangehörigkeit oder der Religion das Recht, zu heiraten und eine Familie zu gründen. Sie haben bei der Eheschließung, während der Ehe und bei deren Auflösung gleiche Rechte.
>
> 2. Eine Ehe darf nur bei freier und uneingeschränkter Willenseinigung der künftigen Ehegatten geschlossen werden.
>
> 3. Die Familie ist die natürliche Grundeinheit der Gesellschaft und hat Anspruch auf Schutz durch Gesellschaft und Staat."

Die politische Bedeutung der **Familie** spiegelt sich im dritten Satz, wo sie als „natürliche Grundeinheit der Gesellschaft" gekennzeichnet und unter den besonderen Schutz des Staates gestellt wird. Das Recht auf Familie und die Schutzverpflichtung des Staates für diese Struktur werden gesetzlich ausgestaltet, nicht nur um der Verpflichtung der Menschenrechtskonvention zu genügen, sondern auch, um die Basis der Subsidiarität zu erhalten und auch in Zukunft Aufgaben wie die Erziehung von Kindern oder die Betreuung hochbetagter Menschen leisten zu können.

So werden Familien in der **Betreuung und Erziehung** ihrer Kinder unterstützt. Das Recht auf Kindertagesbetreuung entlastet Eltern in ihren Betreuungspflichten und schafft ihnen die Möglichkeit, einer Erwerbstätigkeit nachzugehen. Bei Problemen oder Fragen in der Erziehung haben Eltern den Anspruch auf Hilfen zur Erziehung (vgl. ▶ Kap. 3). **Kindergeld** wird nahezu ausnahmslos für Kinder in Deutschland an deren Eltern gezahlt, entweder als Steuerfreibetrag oder direkt. **Elterngeld** wird, in Abhängigkeit vom Nettolohn, als Lohnersatzleistung an Eltern während der **Elternzeit** gezahlt, wenn sie aufgrund der Betreuung ihrer Kinder nicht oder nicht voll erwerbstätig sind, wobei beide Elternteile diese Elternzeit für jeweils mindestens zwei Monate in Anspruch nehmen müssen. Kindergeld und Elterngeld sind **Transferleistungen**, also Geldzahlungen des Staates ohne eine Gegenleistung wie eingezahlte Sozialversicherungsbeiträge. Bei Arbeitsverhinderung wegen der Krankheit des eigenen Kindes steht gesetzlich versicherten Arbeitnehmern das sog. Kinderkrankengeld zu, bis zu 10 Tage pro Kind und insgesamt bis zu 25 Arbeitstage. Eltern ersparen sich den Zuschlag, den kinderlose Versicherte zu ihren Pflegeversicherungsbeiträgen zahlen müssen.

Auch die **Betreuung älterer Angehöriger** wird unterstützt: Nach dem Gesetz über die Pflegezeit (Pflegezeitgesetz – PflegeZG) können Angehörige bis zu 10 Tagen von der Arbeit befreit werden, wenn ältere Angehörige akut pflegebedürftig werden und eine entsprechende Betreuung organisiert werden muss.

Weitere Vergünstigungen für Familien beziehen sich auf finanzielle Vorteile: Durch die gemeinsame steuerliche Veranlagung von Ehepaaren, dem sogenannten **Ehegattensplitting**, kann eine hohe Differenz zwischen beiden Einkommen zu einer steuerlichen Entlastung führen. Familienmitglieder ohne eigenes Einkommen können über eine **Familienversicherung** unentgeltlich in der Kranken- und Pflegeversicherung mitversichert werden. Und schließlich haben Ehepartner, Partner einer eingetragenen Lebenspartnerschaft sowie Kinder bis zum 18. Lebensjahr und während einer Ausbildung darüber hinaus Anspruch auf **Hinterbliebenenrente**, wenn ein berufstätiger Partner bzw. Elternteil stirbt.

5.1.2.2 Aktuelle Herausforderungen

Die Form von Familien wandelt sich genauso wie unser Verständnis von Familie. Das Ehegattensplitting, 1958 eingeführt, bildete die damalige Idealvorstellung einer Familie ab, in der der männliche Alleinverdiener Frau und Kinder unterhält, während die Frau die Sorgearbeit für die eigenen Kinder, gegebenenfalls noch für betagte Eltern leistet. Diese Familie, bestehend aus den leiblichen, verheirateten Eltern und noch nicht erwachsenen Kindern, ist ein zwar noch mehrheitlich gelebtes Modell, doch daneben wachsen Kinder auch bei **alleinerziehenden Elternteilen** oder **eingetragenen Lebenspartnerschaften** auf (vgl. ▶ Kap. 2). Diese Veränderungen bilden sich in Gesetzen ab, wenn eingetragene Lebenspartnerschaften einer Ehe gleichgestellt werden oder nicht verheiratete Eltern das Sorgerecht für Kinder teilen können. Das Recht auf Witwenrente, das dem jeweils überlebenden Ehepartner (bzw. Partner einer eingetragenen Lebenspartnerschaft) zusteht, wurde an verschiedene Bedingungen gebunden und die Bezugsdauer für jüngere Hinterbliebene gekürzt. Diese Regelung hat, ebenso wie die Reform des Unterhaltsrechts 2008, die Zielstellung, Erwerbstätigkeit und eigene Sicherung des Unterhalts von leistungsfähigen hinterbliebenen bzw. geschiedenen Personen zu fördern, und bedeutet die Abkehr vom tradierten Rollenverständnis in Ehe und Familie. Ab 2024 ist eine Reform des Ehegattensplittings geplant, bei der die Steuerlast auch bei ungleichen Einkommen gleichmäßiger verteilt werden soll.

In der Realität lässt sich die klassische Aufgabenverteilung dennoch bis heute finden. Mittlerweile gleichen sich zwar die Erwerbsquoten von Frauen und Männern an: Im Jahr 2021 waren bezogen auf die Bevölkerung zwischen 15 und 65 Jahren 79 % der Männer und 73 % der Frauen erwerbstätig (Statistisches Bundesamt (Destatis), 31.03.2023b), allerdings betrug die Teilzeitquote 2021 bei Frauen 49 %, bei Männern 12 % (Statistisches Bundesamt (Destatis), 15.05.2023c). Auch die Elternzeit wird überwiegend von Frauen wahrgenommen: Für im Jahr 2019 geborene Kinder hatten Mütter durchschnittlich 13,8 Monate Elterngeld in Anspruch genommen, Väter 3,3 Monate (Statistisches Bundesamt (Destatis), 24.06.2022).

Hier zeichnet sich ein familienpolitisches Dilemma ab. Auf der einen Seite sollen Frauen zur Erwerbstätigkeit angehalten werden, um sich eigenes Einkommen und

Rente sowie der Solidargemeinschaft Sozialversicherungsbeiträge und Steuern zu sichern, auf der anderen Seite tragen Frauen zum großen Teil die Betreuungslast bzw. Care-Arbeit für Kinder und vermutlich auch für alte Menschen. Es wird davon ausgegangen, dass eine weitere Steigerung der Erwerbstätigkeit von Frauen einer ausreichenden und verlässlichen Kindertagesbetreuung bedarf. Ob sie auch dazu führt, dass die Geburtenrate steigt, kann bezweifelt werden.

5.1.3 Bildung

5.1.3.1 Grundlagen

Ebenso wie das Recht auf Familie ist das **Recht auf Bildung** ein allgemeines Menschenrecht; der Zugang zur grundlegenden Bildung sollte unentgeltlich sein (Artikel 26 der allgemeinen Menschenrechte).

Im Artikel 7 des Grundgesetzes für die Bundesrepublik Deutschland wird das Schulwesen unter staatliche Kontrolle gestellt. Die weiteren Regelungen erfolgen aufgrund der Kulturhoheit der Bundesländer in Landesgesetzen, in denen beispielsweise auch die Schulpflicht oder die Finanzierung öffentlicher und privater Schulen geregelt werden. Schulpflicht besteht für alle Kinder, unabhängig vom Aufenthaltsstatus oder vom Vorliegen einer Behinderung. Bildungseinrichtungen wie öffentliche Schulen, Berufs- und Hochschulen können unentgeltlich besucht werden. Sofern der Unterhalt junger Menschen während ihrer grundständigen Bildung nicht durch deren Eltern gesichert werden kann, können Mittel der Ausbildungsförderung nach dem **Bundesausbildungsförderungsgesetz (BAföG)** beansprucht werden.

Bildung ist die Grundlage für die Teilhabe an Arbeitsleben und Gesellschaft; eine gute Ausbildung sichert ein gutes und verlässliches Einkommen und schützt vor Armut. Der sozioökonomische Status wird durch Bildung mitbestimmt, ein höherer sozioökonomischer Status geht einher mit höherer Lebenszufriedenheit, höherer Lebenserwartung und guter Gesundheit (vgl. ▶ Kap. 3).

5.1.3.2 Aktuelle Herausforderungen

Seit der ersten PISA-Studie im Jahr 2000 (vgl. ▶ Kap. 2) hat sich die Bildungssituation nicht wesentlich geändert. Im Gegenteil zeigt die IGLU-Studie 2021 auf, dass Viertklässler in Deutschland im internationalen Vergleich ein mittleres Leistungsniveau beim Lesen beziehungsweise im Textverständnis erreichen; ein Viertel der Schüler erreicht eine so geringe Lesekompetenz, dass ein erfolgreicher Besuch der Sekundarstufe in Frage steht (McElvany et al., 2023). Ebenfalls Viertklässler wurden im IQB-Bildungstrend hinsichtlich der Leistungen in Deutsch und Mathematik verglichen; auch hier zeigte sich eine zurückgehende Leistungsfähigkeit in diesen Schlüsselkompetenzen (vgl. ▶ Kap. 2; Stanat et al., 2022).

Eine zusammenfassende Darstellung zum Stand der „Bildung in Deutschland 2022" (Autor:innengruppe Bildungsberichterstattung, 2022) weist wie die beiden oben genannten Studien auf die ausgeprägte **soziale Ungleichheit in der Bildung** hin: Kinder aus sozial schwächeren Familien besuchen im Vergleich zu Kindern aus Familien mit einem hohen Sozialstatus nach der Grundschule deutlich seltener eine höher qualifizierende Schule, erreichen nur halb so oft einen Schulabschluss, der zum Hochschulzugang berechtigt, und verlassen die Schule dreimal so häufig ohne Abschluss. Für Kinder mit **Migrationshintergrund** verringert sich die Chance, Bildungschancen zu realisieren, nochmals (vgl. auch Bericht der Beauftragten der Bundesregierung für Migration, Flüchtlinge und Integration, 2019). Zwar gibt es insgesamt die positiven Befunde einer **zunehmenden Bildungsbeteiligung**, eines höheren Anteils höherer Bildungsabschlüsse sowie eines leichten Rückgangs bei der Zahl der Schulabgänger ohne Abschluss, dennoch verließen im Jahr 2020 ca. 45.000 junge Menschen allgemeinbildende Schulen ohne einen Abschluss.

Durch **frühe bzw. vorschulische Bildung** sollten die Chancen von Kindern auf Bildung als den Erwerb notwendiger Kompetenzen zur Teilhabe an Bildung, Arbeit und Gesellschaft verbessert werden können. Entsprechende Konzepte und Ansätze bestehen, allerdings gibt es keine Verpflichtung, eine frühe Diagnostik durchführen zu lassen oder Angebote der frühen, Risiken ausgleichenden Bildung wahrzunehmen. Dies gilt nicht nur für soziale Risiken, sondern auch für Risiken, die sich aus Beeinträchtigungen und Behinderungen ergeben, und die im Rahmen von **Frühförderung** bearbeitet werden. So können Entwicklungsrückstände oder Defizite unter Umständen erst bei der **Schuleingangsuntersuchung** oder in der Schule selbst auffallen, zu einem Zeitpunkt, an dem Rückstände schwer aufholbar sind und sozialkompensatorische oder sonderpädagogische Leistungen aufwändiger werden. Neben dem **Fachkräftemangel** wird die frühe Bildung durch die unterschiedlichen Zuständigkeiten erschwert: Kindertageseinrichtungen, die wesentliche Bildungsträger der außerfamiliären, frühkindlichen Bildung sind, werden durch das SGB VIII in Bundeszuständigkeit über kommunale Strukturen geregelt, die Schulen unterstehen in Landeszuständigkeit den Schulämtern.

5.2 Rechtliche Bedingungen

Unabhängig vom Bereich gilt, dass Politik vor allem durch **Gesetzgebung** auf sich verändernde Bedingungen reagiert oder auf gesellschaftliche Entwicklungen einwirkt, sie mitbestimmt. Durch Gesetze werden unter anderem Rechte und Pflichten von Anspruchsberechtigten, Leistungserbringern und Kostenträgern, Aufgaben von Behörden und Finanzierungsfragen geregelt.

Aufgrund der Verflechtung vor allem in der **Sozialgesetzgebung** können solche Gesetze recht komplex sein. Mit dem „Gesetz zur Stärkung der Teilhabe und Selbstbestimmung von Menschen mit Behinderungen" (**Bundesteilhabegesetz – BTHG**), mit dem 2016 die Inklusion von Menschen mit Behinderung neu geordnet wurde, wurden beispielsweise acht der zwölf Sozialgesetzbücher und weitere Verordnungen bzw. Gesetze geändert.

Die Ausführung der gesetzlichen Bestimmungen kann in die Bundesländer übertragen werden, die ihrerseits Zuständigkeiten nach unten delegieren, in einigen Bundesländern zunächst an eine mittlere Ebene (z. B. Regierungsbezirke) und schließlich an die kommunale Ebene (Gemeinden, Gemeindeverbünde, Landkreise, Städte). Es gilt das **Konnexitätsprinzip**, nach dem diejenige Stelle, die eine Aufgabe definiert, auch für die Klärung der Finanzierung zuständig ist. Im Bereich der Familien-, Sozial- und Gesundheitspolitik liegt die Gesetzgebungskompetenz beim Bund, für Bildungspolitik sind die Länder zuständig.

Politische Steuerung stützt sich auf **Berichterstattung**, die politisches Handeln begründet und evaluiert. In diesem Buch wurden einige Berichte erwähnt, zum Beispiel der Teilhabebericht des Bundesministeriums für Arbeit und Soziales, der Armuts- und

Reichtumsbericht der Bundesregierung oder der Bericht zur Bildung in Deutschland, der im Auftrag der Kultusministerkonferenz und des Bundesbildungsministeriums erstellt wurde. Sie stützen sich auf amtliche Statistiken und eigens durchgeführte Studien, die von Fachleuten im Hinblick auf spezifische Fragestellungen, aktuelle Besonderheiten oder langfristige Entwicklungen ausgewertet werden.

Der Vollständigkeit halber erwähnt sei, dass neben der Gesetzgebung **Programme** zur Bewusstseinsveränderung, zur Aufklärung oder Erprobung neuer Ansätze genutzt werden, um politisch zu handeln. Das sind beispielsweise staatliche Aufklärungskampagnen zur gesundheitlichen Vorsorge wie zuletzt über Coronainfektion und Coronaimpfung oder Programme zur nachholenden Alphabetisierung Erwachsener.

Bevor nun systematisch gesetzliche Grundlagen für sozialpädagogisches, medizinisches und psychotherapeutisches Handeln, im Wesentlichen die Sozialgesetzbücher, vorgestellt werden, werden einführend einige Besonderheiten der Leistungsgestaltung im Sozialen erläutert.

5.2.1 Sozialwirtschaft

Die Erbringung pädagogischer, sozialer oder medizinischer Leistungen folgt, wie oben bereits erwähnt, nicht uneingeschränkt marktwirtschaftlichen Prinzipien, was am Beispiel der angebotsinduzierten Nachfrage und des Moral Hazards bei der Inanspruchnahme von Gesundheitsleistungen erläutert wurde, die auf dem **sozialversicherungsrechtlichen Dreiecksverhältnis** zwischen Leistungserbringer, Leistungsempfänger und Kostenträger beruhen. Die **Qualität** pädagogischer, sozialer oder medizinischer Dienstleistungen hängt in höherem Ausmaß von individuellen und subjektiven Merkmalen der betroffenen Menschen ab als in anderen Wirtschaftsbereichen.

In Analogie zur Marktwirtschaft hat sich der Begriff **Sozialwirtschaft** etabliert, der den Teil der Gesamtwirtschaft beschreibt, in dem soziale Dienstleistungen erbracht werden, also Dienstleistungen, die sich helfend an Personen richten und die solidarisch finanziert werden (vgl. Langer, 2018). Für das Wirtschaften in diesem Bereich ergibt sich die Verpflichtung, die Ressourcen, die von Solidargemeinschaften aufgebracht werden, sparsam zu verwenden und nur dort einzusetzen, wo es notwendig und der gewünschte Effekt relativ sicher ist sowie Aufwand und Ertrag in einem vernünftigen Verhältnis stehen. Alle Beteiligten sind angehalten, diese Kriterien der **Wirtschaftlichkeit**, **Notwendigkeit** und **Wirksamkeit** einzuhalten.

Leistungserbringer nutzen Methoden des **Sozialmanagements**, um Effektivität (Wirksamkeit) und Effizienz (Wirksamkeit bezogen auf den Aufwand) ihrer Dienstleistungen zu steigern (Kolhoff, 2018). Problematisiert wird diese Anwendung betriebswirtschaftlicher Prinzipien auf soziale Dienstleistungen unter dem Stichwort **Ökonomisierung**: Die ethische Bedeutung von Gesundheit, Bildung und Teilhabe erlaube keine wirtschaftliche Betrachtungsweise. Allerdings stehen auch für diese Güter keine unbeschränkten Ressourcen zur Verfügung, sondern müssen von der Solidargemeinschaft aufgebracht werden. Die knappen Ressourcen müssen möglichst effizient verteilt bzw. in der Sprache der Betriebswirtschaft **alloziert** werden, worüber beispielsweise im Gesundheitsbereich der Gemeinsame Bundesausschuss (G-BA), der sich aus unterschiedlichen Gruppen zusammensetzt, berät und entscheidet (s. u.).

5.2.1.1 Sozialversicherungsrechtliches Dreiecksverhältnis

Das **sozialversicherungsrechtliche Dreiecksverhältnis** beschreibt die besondere Art der Beziehung zwischen dem Empfänger, dem Erbringer und dem Kostenträger bei Leistungen der Sozialversicherung, die keine direkte Geldleistung an den Empfänger ist (vgl. ◘ Abb. 5.3).

Leistungserbringer wie Ärzte, Psychotherapeuten, ambulante Pflegedienste oder Jugendhilfeeinrichtungen behandeln, betreuen oder beraten **Leistungs- oder Anspruchsberechtigte**. Diese können den Leistungserbringer auswählen, sofern dieser selbst oder vertreten durch Verbände wie die Kassenärztliche Vereinigung einen Vertrag mit dem **Leistungsträger** (Kostenträger), also der gesetzlichen Krankenversicherung oder dem Träger der örtlichen Sozialhilfe, abgeschlossen hat. In diesem Vertrag vereinbaren Leistungserbringer und Leistungsträger, welche Arten von Leistungen unter welchen Bedingungen erbracht werden; die Leistungen müssen den Prinzipien der Wirtschaftlichkeit, Notwendigkeit und Wirksamkeit genügen. Der notwendige und wirtschaftliche Aufwand für wirksame Leistungen ist eine Determinante für die Entlohnung bzw. das Entgelt für die Leistungserbringung. Die Abrechnung erbrachter Leistungen erfolgt nach unterschiedlichen Einheiten: Tagessätze, Fallpauschalen oder Punktwerte des **Einheitlichen Bewertungsmaßstabs (EBM)** für ambulant erbrachte Leistungen von Ärzten und Psychotherapeuten.

5.2.1.2 Qualität und Qualitätsmanagement

Neben Art der Leistung, deren Preis und Leistungsumfang vereinbaren sich die Vertragspartner zur Qualität der Leistungserbringung (vgl. § 70 SGB V; §§ 78b und 78c SGB VIII oder § 37 SGB IX). **Qualität** bezeichnet die Güte der Leistung; der Begriff wurde aus der Produktion von Waren und Dienstleistungen auf soziale und therapeutische Dienstleistungen übertragen. Wie in der Produktion wird zwischen Struktur-, Prozess- und Ergebnisqualität unterschieden.

Strukturqualität bezieht sich auf Merkmale der Ausstattung. So müssen Einrichtungen über eine bestimmte Größe und Raumaufteilung verfügen: In einer Kindertageseinrichtung müssen die Gruppenräume ausreichend Platz für die Kinder und deren Erzieher bieten, und Küchen und Sanitärräume zur Verfügung stehen. Wesentliches Kriterium für die Strukturqualität ist die personelle Ausstattung: Per-

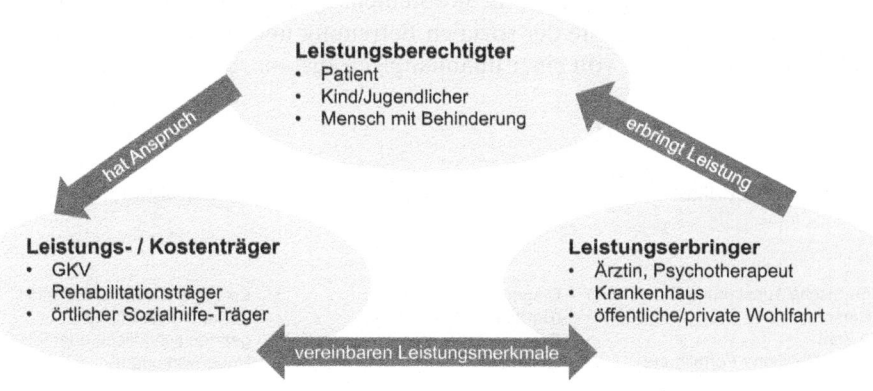

◘ **Abb. 5.3** Sozialversicherungsrechtliches Dreiecksverhältnis

sonal muss ausreichend zur Verfügung stehen, über die jeweils geforderten Qualifikationen verfügen und sich regelmäßig fortbilden.

Prozessqualität beschreibt die Art und Weise der Leistungserbringung, also des pädagogischen, psychotherapeutischen oder medizinischen Handelns. Diagnostische Erkenntnisse, Auswahl und Abfolge der pädagogischen Handlung beziehungsweise Intervention müssen fachlich-wissenschaftlich begründet sein und dokumentiert werden. Für einige Bereiche wurden zu diesem Zweck Leitlinien entwickelt, an denen sich Pädagogen und Therapeuten orientieren sollen.

Ergebnisqualität bildet schließlich ab, ob und inwieweit das angezielte Ergebnis erreicht wird. Bei pädagogischen, gesundheitlichen und sozialen Dienstleistungen beeinflussen individuelle und subjektive Faktoren das Ergebnis. So wird beispielsweise der Lernerfolg beim Lesenlernen davon abhängen, ob ein Kind bei Schuleintritt die Unterrichtssprache altersgemäß beherrscht; eine Veränderung in der Lebensqualität durch die Behandlung einer chronischen Erkrankung kann nur subjektiv, durch den Patienten selbst, festgestellt werden.

Zwischen den drei Qualitätsaspekten wird eine kausale Beziehung angenommen (vgl. ◘ Abb. 5.4).

Zur Darstellung der Qualität werden diese operationalisiert und erfasst. So lassen sich strukturelle Merkmale wie bauliche Ausstattung oder Anzahl und Qualifikation des Personals relativ objektiv durch Kennwerte erfassen. Standardisierte Beschreibungen der Prozesse durch Leitlinien oder Konzepte bilden die Qualität in diesem Bereich ab. Indikatoren für die Ergebnisqualität im sozialen und pädagogischen Bereich gelten aufgrund der Individualität und Subjektivität als weniger objektiv und werden gelegentlich in Frage gestellt. Die bereits erwähnte PISA-Studie (vgl. ▶ Kap. 2) wurde beispielsweise dahingehend kritisiert, dass lediglich Querschnittsvergleiche durchgeführt und dabei die individuellen Voraussetzungen zum Beispiel von Kindern mit nichtdeutscher Muttersprache vernachlässigt wurden.

Dennoch ist die **Qualitätssicherung**, also die laufende Erfassung und Überwachung der Indikatoren für Struktur-, Prozess- und Ergebnisqualität, eine Basis für das **Qualitätsmanagement (QM)**. Qualitätsmanagement umfasst alle Aktivitäten zur Verbesserung der Qualität in einer Einrichtung oder einem Unternehmen, auch des Gesundheits- und Sozialwesens. In einem stetig ablaufenden Prozedere, einem **Kontinuierlichen Verbesserungsprozess (KVP),** soll die Qualität in Regelkreisen immer weiter verbessert werden. Für das Qualitätsmanagement werden verschiedene Methoden und Ansätze verwendet, die größtenteils aus der Industrie stammen.

Einrichtungen und Dienste der sozialen Betreuung und Versorgung können sich hinsichtlich ihrer Qualität von einer unabhängigen Instanz, dem Technischen Über-

Strukturqualität	Prozessqualität	Ergebnisqualität

• physische Ausstattung
• Personal
   • Zahl
   • Qualifikation / Fortbildung
	• Diagnostik
	• (Be-)Handlungsplanung
	• Dokumentation
	• Leitlinien
		• Erreichte Ziele aus Hilfeplan
		• Behandlungserfolge
		• geringe schädliche oder Nebenwirkungen

◘ Abb. 5.4 Qualitätsaspekte

wachungsverein (TÜV) oder anderen Zertifizierungsgesellschaften, prüfen und zertifizieren lassen. Die wohl bekannteste **Zertifizierung** ist die nach DIN EN ISO 9001; sie gilt als relativ aufwändig und wird daher vor allem von größeren Einrichtungen wie Krankenhäusern genutzt. Andere Zertifizierungen sind gesetzlich vorgeschrieben: Bildungsträger, die Maßnahmen der Arbeitsförderung erbringen, müssen sich nach der „Verordnung über die Voraussetzungen und das Verfahren zur Akkreditierung von fachkundigen Stellen und zur Zulassung von Trägern und Maßnahmen der Arbeitsförderung nach dem Dritten Buch Sozialgesetzbuch (Akkreditierungs- und Zulassungsverordnung Arbeitsförderung – AZAV)" zertifizieren lassen.

5.2.2 Sozialgesetzbuch

Das **Sozialgesetzbuch (SGB)** umfasst 13 Bücher, die die verschiedenen Bereiche sozialer Absicherung abbilden. Das erste dieser Bücher, das **Sozialgesetzbuch I (SGB I)** erläutert Zielstellung und Aufgaben der Sozialgesetzgebung und betont das Recht auf soziale Gerechtigkeit und Sicherheit (§§ 1 und 2):

> **„§ 1 Aufgaben des Sozialgesetzbuchs**
>
> (1) Das Recht des Sozialgesetzbuchs soll zur Verwirklichung sozialer Gerechtigkeit und sozialer Sicherheit Sozialleistungen einschließlich sozialer und erzieherischer Hilfen gestalten. Es soll dazu beitragen,
> - ein menschenwürdiges Dasein zu sichern,
> - gleiche Voraussetzungen für die freie Entfaltung der Persönlichkeit, insbesondere auch für junge Menschen, zu schaffen,
> - die Familie zu schützen und zu fördern,
> - den Erwerb des Lebensunterhalts durch eine frei gewählte Tätigkeit zu ermöglichen und besondere Belastungen des Lebens, auch durch Hilfe zur Selbsthilfe, abzuwenden oder auszugleichen.
>
> (2) Das Recht des Sozialgesetzbuchs soll auch dazu beitragen, daß die zur Erfüllung der in Absatz 1 genannten Aufgaben erforderlichen sozialen Dienste und Einrichtungen rechtzeitig und ausreichend zur Verfügung stehen."

> **„§ 2 Soziale Rechte**
>
> (1) Der Erfüllung der in § 1 genannten Aufgaben dienen die nachfolgenden sozialen Rechte. Aus ihnen können Ansprüche nur insoweit geltend gemacht oder hergeleitet werden, als deren Voraussetzungen und Inhalt durch die Vorschriften der besonderen Teile dieses Gesetzbuchs im einzelnen bestimmt sind.
>
> (2) Die nachfolgenden sozialen Rechte sind bei der Auslegung der Vorschriften dieses Gesetzbuchs und bei der Ausübung von Ermessen zu beachten; dabei ist sicherzustellen, daß die sozialen Rechte möglichst weitgehend verwirklicht werden."

Tab. 5.1 Die Bücher des Sozialgesetzbuches (SGB)

SGB I	Allgemeiner Teil
SGB II	Bürgergeld, Grundsicherung für Arbeitsuchende
SGB III	Arbeitsförderung
SGB IV	Gemeinsame Vorschriften für die Sozialversicherung
SGB V	Gesetzliche Krankenversicherung
SGB VI	Gesetzliche Rentenversicherung
SGB VII	Gesetzliche Unfallversicherung
SGB VIII	Kinder- und Jugendhilfe
SGB IX	Rehabilitation und Teilhabe von Menschen mit Behinderungen
SGB X	Sozialverwaltungsverfahren und Sozialdatenschutz
SGB XI	Soziale Pflegeversicherung
SGB XII	Sozialhilfe
SGB XIV	Soziale Entschädigung

Im Weiteren werden die in den weiteren Sozialgesetzbüchern geregelten Leistungen benannt und den zuständigen Leistungsträgern zugeordnet. Tab. 5.1 gibt eine Übersicht über die Sozialgesetzbücher I bis XIV.

Das **SGB II** regelt die Leistungen für erwerbsfähige Menschen, die ihren Lebensunterhalt nicht durch Erwerbsarbeit sichern können, wenn zum Beispiel nach längerer Arbeitslosigkeit kein Arbeitslosengeld mehr gezahlt wird. Das darin geregelte **Bürgergeld** hat zum 01.01.2023 das frühere Arbeitslosengeld II, als Hartz IV bekannt, abgelöst. Auf das Bürgergeld werden eigenes Vermögen und/oder Einkünfte eines Partners angerechnet. Auch wenn einige der Anforderungen, die im Arbeitslosengeld II an die Empfänger gestellt wurden, aufgegeben werden, blieb der Grundsatz des Forderns (§ 2 SGB II) erhalten; er bedeutet, dass Leistungsempfänger aktiv an der Behebung ihres Hilfebedarfs mitwirken müssen.

Arbeitslosigkeit im Sinne des **SGB III** bedeutet, dass eine Person gegenwärtig ohne eine sozialversicherungspflichtige Tätigkeit ist, aber nach einer solchen sucht. In Abhängigkeit von durch die Zahlung von Arbeitslosenversicherungsbeiträgen erworbenen Anwartschaften besteht die Möglichkeit, Arbeitslosengeld zu beziehen. Es richtet sich in der Höhe nach dem letzten Nettogehalt und in der Bezugsdauer nach dem Alter der Person sowie der Dauer der Beitragszahlung. Eine im Zusammenhang mit psychischen Beeinträchtigungen zu erwähnende Regelung sind die §§ 88 bis 90 SGB III, die **Eingliederungszuschüsse** für Menschen mit Behinderung bzw. Menschen, deren Vermittlung in ein Arbeitsverhältnis wegen anderer in ihrer Person liegenden Gründen erschwert ist. Sie werden an Arbeitgeber gezahlt, die diese Personen einstellen, und sollen Minderleistungen ausgleichen.

Das **SGB IV** fasst Regelungen für die Sozialversicherungen (gesetzliche Kranken- und soziale Pflegeversicherung, Unfall- und Rentenversicherung sowie anteilig die Arbeitslosenversicherung) zusammen. Definiert wird, welcher Personenkreis versicherungspflichtig ist; das sind im Wesentlichen die Personen, die nicht selbstständig

5.2 · Rechtliche Bedingungen

tätig, sondern angestellt sind und Lohn erhalten, sowie Personen in Ausbildung. Diese Beschreibung wird genutzt, um eine berufliche Tätigkeit als **sozialversicherungspflichtige Tätigkeit** von selbstständiger oder verbeamteter Tätigkeit abzugrenzen. Weitere Regelungen des SGB IV beziehen sich auf die Berechnung von Einnahmen bzw. die Bestimmung nicht beitragspflichtiger Einnahmen, Meldepflichten sowie die Rechtsform und den Aufbau der verschiedenen Versicherungsträger einschließlich der Agentur für Arbeit.

Das **SGB V** ordnet die gesetzlichen Krankenversicherung, in der ca. 90 % der Bevölkerung versichert sind. Dort geregelte Leistungen umfassen die Krankenbehandlung, aber auch präventive Leistungen (vgl. § 20 SGB V). Die Leistungen werden durch Ärzte, Zahnärzte, Psychotherapeuten und weitere medizinisch-therapeutische Berufsgruppen ambulant oder stationär erbracht. Ambulant tätige Psychologische Psychotherapeuten müssen kassenärztlich zugelassen werden und sich nach § 95c SGB V in das Arztregister eintragen lassen, um ihre Leistungen bei den gesetzlichen Krankenkassen abrechnen zu können. Der **Gemeinsame Bundesausschuss (G-BA** nach § 91 SGB V) legt in Richtlinien fest, welche Therapien bei Erkrankungen (einschließlich psychischer Erkrankungen) empfohlen werden; diese Richtlinien sind auch die Grundlage für die Kostenübernahme von Behandlungen durch die gesetzlichen Krankenkassen. Dem G-BA gehören die Kassenärztlichen Bundesvereinigungen, die Deutsche Krankenhausgesellschaft sowie der Spitzenverband der Krankenkassen und damit Vertreter der Leistungserbringer sowie der Leistungsträger an (vgl. sozialversicherungsrechtliches Dreiecksverhältnis).

Die Rentenversicherung ist Gegenstand des **SGB VI**. Im Zusammenhang mit Psychotherapie bzw. psychischen Erkrankungen sind besonders Leistungen zur Rehabilitation zu nennen, mit denen die Erwerbsfähigkeit wiederhergestellt werden soll (§ 15 SGB VI), sowie Leistungen zur Teilhabe am Arbeitsleben in einer Werkstatt für behinderte Menschen (§ 16 SGB VI) und schließlich die Erwerbsminderungsrente (§ 43 SGB VI).

Die gesetzliche Unfallversicherung nach **SGB VII** tritt bei Arbeits- und Wegeunfällen ein und wird für Arbeitnehmer vom Arbeitgeber, für Schüler von Gemeinden und für Studierende von der Hochschule bezahlt. Mit der Unfallversicherung verbunden ist die Verpflichtung des Arbeitgebers bzw. der Gemeinden und Hochschulen, Arbeitsschutz und Unfallverhütung zu installieren.

Das **SGB VIII** war bereits mehrfach Thema, es umfasst die gesamte Kinder- und Jugendhilfe (▶ Kap. 2 und 3). Der Aufbau ist systematisch und orientiert sich an der Stärke des Hilfebedarfs, beginnend mit der allgemeinen Unterstützung der Eltern in der Erziehung ihrer Kinder über die Kindertagesbetreuung bis hin zu Hilfen zur Erziehung. Weiterhin werden die Rolle des Jugendamts und dessen Aufsichtsfunktion definiert sowie die Voraussetzungen, als Träger der Jugendhilfe tätig zu werden.

Auch das **SGB IX**, das sich mit der Rehabilitation und Teilhabe von Menschen mit Behinderung befasst, war schon Thema im ▶ Kap. 3, als es um die Belange von Menschen mit Behinderung sowie deren Recht auf Teilhabe an der Gesellschaft ging. Im SGB IX wird dieses Recht ausgeführt und in verschiedene Bereiche der Rehabilitation bzw. Eingliederung übertragen.

Das **SGB X** enthält Verwaltungsvorschriften zum Umgang mit Sozialdaten, zur Wirksamkeit von Verwaltungsakten, das sind die Entscheidungen, mit denen rechtliche Vorgaben auf den Einzelfall übersetzt werden, und zur Zusammenarbeit der verschiedenen Leistungsträger im sozialen Bereich.

Mit dem **SGB XI** wurde im Jahr 1995 die soziale Pflegeversicherung eingeführt; sie ist damit über 100 Jahre jünger als Kranken- und Unfallversicherung. Sie war nötig geworden, um den Pflege- und Betreuungsbedarf erwachsener, meist alter Menschen zu decken, der nicht Teil der Behandlung einer akuten Erkrankung ist. Der individuelle Bedarf wird durch eine Begutachtung ermittelt und durch den **Pflegegrad** skaliert.

Die soziale Pflegeversicherung hat den Charakter einer Teilkaskoversicherung, da sie nur Zuschüsse zu den in Anspruch genommenen Leistungen leistet, die häufig, vor allem bei einer stationären Betreuung im Pflegeheim, nicht die gesamten Kosten decken. Neben den Einkünften des Pflegebedürftigen werden auch die Einkommen der engeren Familie, sofern diese eine gewisse Höhe haben, zur Kostendeckung herangezogen.

Im **SGB XII** wird die Sozialhilfe geregelt, die als Dienst-, Geld- oder Sachleistung von Personen beansprucht werden kann, deren eigene Mittel, aus familiären Unterstützungssystemen oder aus den sonstigen Sozialversicherungssystemen, nicht ausreichen, ein Leben zu führen, das der Würde des Menschen entspricht. Damit soll die Sozialhilfe das **soziokulturelle Existenzminimum** sichern, das in Regelbedarfssätzen sowohl die Lebensumstände des Anspruchsberechtigen als auch die verschiedenen Aspekte der Teilhabe am Leben berücksichtigt, die Versorgung mit Nahrung, Wohnung, Informationsmedien sowie die Teilhabe an Bildung, Kultur und Gesellschaft.

Auf ein SGB XIII wurde verzichtet. Das **SGB XIV** ist seit dem 01.01.2024 in Kraft und fasst verschiedene soziale Entschädigungen zusammen. So wird in Nachfolge des Bundesversorgungsgesetzes die Versorgung von Kriegsopfern des zweiten Weltkriegs geregelt. Weitere Gruppen, die Anspruch auf soziale Entschädigung haben, sind Opfer von Gewalttaten und Terrorismus, aber auch Personen, die unter Impfschäden leiden.

Nach welchem der Sozialgesetzbücher eine Leistung beansprucht werden kann, ist nicht immer einfach zu klären, z. B. ob Pflege nach SGB V oder nach SGB XI erfolgt. Die Zuständigkeit wird durch inhaltliche Aspekte und die teilweise gesetzlich festgelegte **Nachrangigkeit** bestimmt. Nachrangigkeit bezeichnet die Reihenfolge, in der die verschiedenen Kostenträger eintreten müssen, wobei in der Regel die Finanzierung aus Sozialversicherungen den Vorrang vor Steuerfinanzierung hat. Die Sozialhilfe nach SGB XII steht am Ende, sie tritt erst ein, wenn andere Sozialleistungen sowie eigene Mittel und Mittel enger Angehöriger nicht ausreichen, um das soziokulturelle Existenzminimum zu sichern.

5.2.3 Gesetzgebung zu Familie und Bildung

Anders als die Sozialpolitik, die in den Büchern des Sozialgesetzbuches eine erkennbare rechtliche Einheit bildet, wird **Familienpolitik**, die Förderung von Familien und familiärem Zusammenhalt, in eigenen Gesetzen oder innerhalb der Sozialgesetzbücher abgebildet.

Die bereits genannten familienunterstützenden **Transferleistungen Elterngeld/Elternzeit und Kindergeld** werden mit dem Bundeselterngeld- und Elternzeitgesetz (BEEG) und dem Bundeskindergeldgesetz (BKGG) in eigenen Gesetzen ge-

5.2 · Rechtliche Bedingungen

regelt. Andere Vergünstigungen für Familien bilden sich in Sozialgesetzbüchern ab, beispielsweise die Möglichkeit zur Familienversicherung, also der Mitversicherung nicht verdienender Familienangehöriger in der gesetzlichen Krankenversicherung (SGB V), die bezahlte Freistellung für Eltern, wenn das Kind erkrankt ist (SGB V), die Befreiung vom Kinderlosenzuschlag in der Pflegeversicherung (SGB XI) oder die Versorgungsansprüche Hinterbliebener (SGB VI).

Wiederum durch einzelne Gesetze entsteht der Anspruch auf kurzfristige Freistellung von der Arbeit, wenn für einen Angehörigen Pflege organisiert werden muss (Pflegezeitgesetz – PflegeZG) oder längere Freistellung, wenn Angehörige betreut und gepflegt werden müssen (Familienpflegezeitgesetz – FPfZG). Die steuerlichen Vergünstigungen für Familien wie das Ehegattensplitting, die Kinderfreibeträge oder die Geltendmachung außerordentlicher Belastungen durch die Unterstützung eines Pflegebedürftigen sind innerhalb der Steuergesetzgebung (Einkommensteuergesetz – EStG) festgeschrieben.

Nachbarschaftliches und freiwilliges bzw. ehrenamtliches Engagement können Familien entlasten und tragen zum gesellschaftlichen Zusammenhalt bei. Die Förderung der **Zivilgesellschaft** und die Stärkung **ehrenamtlichen Engagements** ressortiert konsequenterweise beim Bundesministerium für Familie, Senioren, Frauen und Jugend (BMFSFJ). In dessen Verantwortung werden Programme und Projekte beispielsweise zur Stärkung sozialräumlicher Strukturen durchgeführt und die beiden Freiwilligendienste **Freiwilliges Soziales Jahr (FSJ** nach Jugendfreiwilligendienstegesetz – JFDG) und **Bundesfreiwilligendienst** (gemäß Bundesfreiwilligendienstgesetz – BFDG) gestaltet.

Bei der obigen Aufzählung zu bundesgesetzlichen Maßnahmen der Familienförderung wurde das SGB VIII nicht vergessen: Auf diesem Sozialgesetzbuch gründet der Anspruch von Eltern auf **Beratung und Hilfe bei der Erziehung** ihrer Kinder. Mit den ebenfalls darin verankerten Vorgaben zur **Kindertagesbetreuung** werden verschiedene Ziele verfolgt, sowohl die Förderung der Erziehung und Bildung von Kindern als auch die Förderung der Vereinbarkeit von Berufstätigkeit und Familie. Mit dieser gesetzlichen Grundlage können bildungspolitische Impulse von der Bundesebene in die Länder gegeben werden, die ansonsten aufgrund der Kulturhoheit die Bildung der Kinder und Jugendlichen bestimmen. Neben dem Recht auf eine Ganztagsbetreuung werden Qualität des Bildungs- und Erziehungsangebots in Einrichtungen der Kindertagesbetreuung, z. B. durch das KiTa-Qualitäts- und -Teilhabeverbesserungsgesetz (KiQuTG) angehoben, indem für entsprechende Maßnahmen der Länder Bundesmittel bereitgestellt werden.

Die schulische Bildung wird durch die Länder in jeweils eigenen **Schulgesetzen** geregelt. Koordinierend wirkt der Zusammenschluss der für Kultur zuständigen Landesminister oder Senatoren, die **Kultusministerkonferenz**. Durch die Kultusministerkonferenz werden Bildungsstandards spezifisch für Fächer, Schulen und Stufen definiert, sie sollen die Vergleichbarkeit der schulischen Anforderungen und schulischen Leistungsbewertung und damit die Gleichwertigkeit der Abschlüsse in Deutschland erreichen. Auf der Website der Kultusministerkonferenz werden Materialien, z. B. die Landesschulgesetze sowie Bildungsstandards, bereitgestellt (▶ https://www.kmk.org).

5.3 Leistungserbringer

Leistungserbringer im sozialen Bereich können sowohl **natürliche Personen** als auch **juristische Personen** wie Vereine, Gesellschaften oder Körperschaften sein.

Natürliche Personen als Leistungserbringer sind **selbstständig** tätig, als niedergelassener Arzt oder Psychotherapeut, als Logopäde, Heilpraktiker oder in anderen medizinischen und therapeutischen Berufen. Die Berufsausübung ist an mehr oder weniger strenge Voraussetzungen geknüpft, bei Arzt oder Psychotherapeut an die Approbation, bei Logopäden an einen anerkannten Abschluss oder bei Heilpraktikern an nachgewiesene medizinische Kenntnisse. Die Tätigkeiten in Heilberufen und erzieherische Tätigkeiten zählen (gemäß § 18 EstG) zu den **freiberuflichen Tätigkeiten**, die ohne die Anmeldung eines Gewerbes und der Notwendigkeit, Gewerbesteuern abzuführen, ausgeübt werden können. Kassenärztlich zugelassene Ärzte und psychologische Therapeuten können einzeln, in einer Praxisgemeinschaft, wo jeder Therapeut einzeln seine Leistungen bei der Kassenärztlichen Vereinigung abrechnet, oder in einer Berufsausübungsgemeinschaft (früher Gemeinschaftspraxis) mit gemeinsamer Abrechnung tätig werden.

Als juristische Personen werden Rechtssubjekte bezeichnet, die keine natürlichen Personen sind, sondern eingetragene Vereine (e.V.), Körperschaften des öffentlichen Rechts (KdöR), Kapitalgesellschaften wie die Gesellschaft mit beschränkter Haftung (GmbH) oder Aktiengesellschaft (AG). Sie sind **Träger** der Leistung, schließen die dafür notwendigen Verträge ab, tätigen die notwendigen Investitionen und stellen das dafür notwendige Personal ein.

Zunächst werden **Träger**, also juristische Personen als Träger sozialer und gesundheitlicher Leistungen, danach unterschieden, ob sie in öffentlicher Hand sind oder privat betrieben werden. **Öffentliche Träger** sind Körperschaften wie Gemeinden, Gemeindeverbünde, Kreise, Länder, eher selten der Bund, die Einrichtungen und Dienste des Bildungs- und Sozialwesens betreiben. Alle anderen Träger sind **freie Träger**. Sowohl öffentliche als auch freie Träger sind in unterschiedlichen Rechtsformen tätig.

5.3.1 Rechtsformen der Leistungserbringer

Körperschaften des öffentlichen Rechts (KdöR) wie Gemeinden, Gemeinverbände oder Landkreise, Bezirke etc. können direkt Träger von Einrichtungen und Diensten des Bildungs- und Gesundheitswesens sein, sie können sich zu Zweckverbänden zusammenschließen, um beispielsweise Schulen oder Krankenhäuser gemeinsam zu betreiben.

Die klassische Form der sozialen Betreuung ist der **eingetragene Verein (e.V.)**. Natürliche, manchmal auch juristische Personen, schließen sich in dieser Rechtsform zusammen, definieren ihren Zweck in der Erbringung pädagogischer und sozialer Dienstleistungen und/oder dem Betrieb entsprechender Einrichtungen und lassen diesen Zusammenschluss in das Vereinsregister eintragen. Vereine können klein sein, wenn sich beispielsweise eine Selbsthilfegruppe in dieser Rechtsform zusammenfindet oder eine Gruppe von Eltern die Kindertagesbetreuung ihrer Kinder organisiert. Große Vereine betreiben mehrere verschiedene Einrichtungen und Dienste und verfügen mit Immobilien, zum Beispiel in der stationären Jugendhilfe oder für die Altenpflege, über ein entsprechendes Vermögen.

Auch **Kapitalgesellschaften** wie die **Gesellschaft mit beschränkter Haftung (GmbH)** oder die Aktiengesellschaft sind Träger sozialer Dienstleistungen. Eine GmbH ist im Besitz von einem oder mehreren Gesellschaftern, die juristische oder natürliche Personen sein können und das notwendige Kapital zur Gründung aufgebracht haben. Die Haftung der Gesellschaft beschränkt sich, wie der Name sagt, auf das Vermögen der Gesellschaft, ein Rückgriff auf das Vermögen der Gesellschafter ist weitestgehend ausgeschlossen. Das Vermögen der **Aktiengesellschaft (AG)** wird von Aktionären aufgebracht, die Aktien bzw. Anteile besitzen. Im sozialen Bereich betreiben Aktiengesellschaften vor allem Krankenhaus- oder Pflegeheimketten, also Einrichtungen mit einem hohen Investitionsbedarf.

Stiftungen können sowohl von staatlichen Strukturen als **Stiftung des öffentlichen Rechts** oder von Privatpersonen gegründet werden. Der Stiftung zugrunde liegt ein Vermögen, das für den Stiftungszweck entweder selbst oder durch die erwirtschafteten Erträge verwendet wird. Dieser Form hat man sich schon seit Jahrhunderten bedient, um wohltätige Zwecke zu erfüllen, so existiert mit der *Stiftung Bürgerspital zum Hl. Geist* in Würzburg eine Gründung des beginnenden 14. Jahrhunderts, bis heute: Sie betreibt Einrichtungen der Altenhilfe; ihr Vermögen besteht aus Liegenschaften und einem Weingut, über das Erträge erwirtschaftet werden.

Die hier vorgestellten Rechtsformen bilden keine abschließende Aufzählung aller Möglichkeiten, sich für soziale oder pädagogische Zwecke zu organisieren. Körperschaften und Stiftungen des öffentlichen Rechts können nur durch Beschlüsse von Regierungen bzw. staatlich verantwortlichen Stellen eingerichtet werden, ansonsten ist die Wahl der Rechtsform, in der soziale und pädagogische Arbeit geleistet wird, freigestellt. Mit der gewählten Rechtsform sind unterschiedliche Anforderungen hinsichtlich der Organisation und der Rechnungslegung verbunden. Eine Kapitalgesellschaft muss strengere Auflagen als ein Verein erfüllen und zum Beispiel Angaben zum wirtschaftlichen Stand des Unternehmens veröffentlichen. Mischformen sind nicht selten: Vereine oder Kommunen gründen Gesellschaften mit beschränkter Haftung aus, um soziale Unternehmen mit höherem Investitionsbedarf zu betreiben. Kommunen überführen ihre Pflegeheime in Stiftungen des öffentlichen Rechts, betreiben aber ihre Kindertageseinrichtungen noch in Eigenregie.

Unabhängig von der Rechtsform können Träger pädagogischer, sozialer und gesundheitlicher Leistungen gemeinnützig tätig sein. **Gemeinnützigkeit** ist ein Kriterium für die Gewährung von Steuervorteilen für Körperschaften (Träger), die laut § 52 der **Abgabenordnung (AO)** die „Allgemeinheit auf materiellem, geistigem oder sittlichem Gebiet selbstlos (...) fördern". Selbstlos bedeutet dabei unter anderem, dass Gewinne aus der Tätigkeit nicht an Vereinsmitglieder, Gesellschafter oder Aktionäre ausgeschüttet werden, sondern ausschließlich gemeinnützigen Zwecken zur Verfügung stehen. Über die Gemeinnützigkeit entscheidet das jeweils zuständige Finanzamt und prüft, ob die Voraussetzung erfüllt sind, vor allem, ob der Zweck der Organisation den in § 52 **Abgabenordnung (AO)** definierten gemeinnützigen Zwecken entspricht, dazu zählen eine Reihe von sozialen, pädagogischen und gesundheitlichen Zwecken:

„§ 52 Abgabenordnung (AO)

(…)

3. die Förderung des öffentlichen Gesundheitswesens und der öffentlichen Gesundheitspflege, insbesondere die Verhütung und Bekämpfung von übertragbaren Krankheiten, auch durch Krankenhäuser im Sinne des § 67, und von Tierseuchen;

4. die Förderung der Jugend- und Altenhilfe;

(…)

7. die Förderung der Erziehung, Volks- und Berufsbildung einschließlich der Studentenhilfe;

(…)

9. die Förderung des Wohlfahrtswesens, insbesondere der Zwecke der amtlich anerkannten Verbände der freien Wohlfahrtspflege (§ 23 der Umsatzsteuer-Durchführungsverordnung), ihrer Unterverbände und ihrer angeschlossenen Einrichtungen und Anstalten;

10. die Förderung der Hilfe für politisch, rassistisch oder religiös Verfolgte, für Flüchtlinge, Vertriebene, Aussiedler, Spätaussiedler, Kriegsopfer, Kriegshinterbliebene, Kriegsbeschädigte und Kriegsgefangene, Zivilbeschädigte und Behinderte sowie Hilfe für Opfer von Straftaten; Förderung des Andenkens an Verfolgte, Kriegs- und Katastrophenopfer; Förderung des Suchdienstes für Vermisste, Förderung der Hilfe für Menschen, die auf Grund ihrer geschlechtlichen Identität oder ihrer geschlechtlichen Orientierung diskriminiert werden;

11. die Förderung der Rettung aus Lebensgefahr;

12. die Förderung des Feuer-, Arbeits-, Katastrophen- und Zivilschutzes sowie der Unfallverhütung;

13. die Förderung internationaler Gesinnung, der Toleranz auf allen Gebieten der Kultur und des Völkerverständigungsgedankens;

(…)

17. die Förderung der Fürsorge für Strafgefangene und ehemalige Strafgefangene;

(…)

19. die Förderung des Schutzes von Ehe und Familie;

(…)

25. die Förderung des bürgerschaftlichen Engagements zugunsten gemeinnütziger, mildtätiger und kirchlicher Zwecke; (…)"

Die Anerkennung als gemeinnützig hat den Vorteil, dass die betreffende Körperschaft Steuervergünstigungen genießt und Spenden entgegennehmen sowie Spendenbescheinigungen ausstellen kann, die wiederum vom Spender steuerlich geltend gemacht werden können. Trotz der prinzipiellen Unabhängigkeit von Rechtsform und Gemeinnützigkeitsanerkennung kann man bei sozial tätigen Vereinen in der Regel von einer Gemeinnützigkeit ausgehen. Bei GmbHs ist dies nicht so selbstverständlich, sodass als gemeinnützig anerkannte GmbHs dies bisweilen ihrer Gesellschaftsbezeichnung anfügen (gGmbH).

5.3.2 Verteilung Trägerschaften

Die Beteiligung verschiedener Arten von Trägern in einigen Bereichen sozialer und pädagogischer Betreuung und Versorgung wird in ◘ Tab. 5.2 dargestellt.

Lediglich im Bereich der Allgemeinbildenden Schulen gibt es ein deutliches Überwiegen der öffentlichen Träger im Vergleich zu Privatschulen, die konfessionell, an den Prinzipien von Rudolf Steiner (Waldorf-Schulen) oder anderen Grundsätzen orientiert arbeiten. Auch diese Schulen stehen unter staatlicher Aufsicht und erhalten neben Elternbeiträgen öffentliche Mittel. Das Interesse an Privatschulen und deren Zahl steigt laut Angaben des Deutschen Bildungsservers (22.04.2022) an.

Die Kindertagesbetreuung hingegen wird nur zu ca. einem Drittel von öffentlichen Trägern angeboten, hier überwiegen freie Träger, wobei zwischen freigemeinnützigen und privatgewerblichen nicht differenziert werden konnte. Es kann aber, ebenso wie in der Jugendhilfe (ohne Kindertageseinrichtungen), davon ausgegangen werden, dass die meisten der freien Träger im Bereich der Kindertagesbetreuung und Jugendhilfe freigemeinnützig sind. Anders ist dies in der stationären Versorgung in Krankenhäusern und Pflegeheimen: Die hohen Investitionsbedarfe in diesem Be-

◘ **Tab. 5.2** Anzahl sozialer Einrichtungen und Dienste nach Trägerschaft. (Datenquellen: [a)] ► https://www.destatis.de/DE/Themen/Gesellschaft-Umwelt/Soziales/Kindertagesbetreuung/Tabellen/kindertageseinrichtungen-traeger.html [Zugriffsdatum 14.06.2023]; [b)] Statistisches Bundesamt [Destatis]. (29.09.2022). Statistischer Bericht – Allgemeinbildende Schulen – Schuljahr 2021/2022. ► https://www.destatis.de/DE/Themen/Gesellschaft-Umwelt/Bildung-Forschung-Kultur/Schulen/Publikationen/Downloads-Schulen/statistischer-bericht-allgemeinbildende-schulen-2110100227005.html [Zugriffsdatum 14.06.2023; [c)] Statistisches Bundesamt [Destatis], Genesis-Online, Einrichtungen der Kinder- und Jugendhilfe: Deutschland, Stichtag, Art der Einrichtung [Zugriffsdatum 14.06.2023]; dl-de/by-2-0, ► www.govdata.de/dl-de/by-2-0; [d)] Deutsche Krankenhausgesellschaft e.V. (o. J.) Eckdaten Krankenhausstatistik. ► https://www.dkgev.de/fileadmin/default/Mediapool/3_Service/3.2._Zahlen-Fakten/Eckdaten_Krankenhausstatistik.pdf [Zugriffsdatum 14.06.2023]; [e)] Statistisches Bundesamt [Destatis], Genesis-Online, Pflegeheime, Verfügbare Plätze: Bundesländer, Stichtag, Träger [Zugriffsdatum 14.06.2023]; dl-de/by-2-0, ► www.govdata.de/dl-de/by-2-0; [f)] Statistisches Bundesamt [Destatis], Genesis-Online, Ambulante Dienste, Pflegebedürftige: Deutschland, Stichtag, Träger [Zugriffsdatum 14.06.2023]; dl-de/by-2-0, ► www.govdata.de/dl-de/by-2-0)

	Öffentliche Träger	Freie Träger davon		Stand
		freigemeinnützig	privatgewerblich	
Kindertageseinrichtungen [a)]	19.625	39.698		01.03.2022
Allgemeinbildende Schulen [b)]	24.034	3.048		2022/22
Jugendhilfe [c)]	7.598	31.187		31.12.2020
Krankenhaus [d)]	551	620	732	2020
Stationäre Pflege (SGB XI) [e)]	727	8.512	6.876	15.12.2021
Ambulante Pflege (SGB XI) [f)]	204	4.742	10.430	15.12.2021

reich führen dazu, dass relativ gesehen die meisten Krankenhäuser dem privatgewerblichen Bereich zuzurechnen sind und der Anteil stationärer Pflegeheime privat-gewerblicher Anbieter dem der freien Träger nahekommt.

Bei den ambulanten Pflegediensten ist die größte Zahl in privat-gewerblicher Hand; dies bildet die Situation der ambulanten Pflege mit einer Vielzahl kleiner und kleinster Dienstleister ab, deren Fahrzeuge mittlerweile zum Straßenbild in der Stadt und auf dem Land gehören.

Ergänzend soll noch erwähnt werden, dass auch die ambulante kassenärztliche Versorgung nicht mehr ausschließlich durch selbstständig tätige, niedergelassene Ärzte und Psychotherapeuten erfolgt, sondern auch durch **Medizinische Versorgungszentren (MVZ)** nach § 95 SGB V übernommen wird. Ein MVZ ist eine Einrichtung in der Rechtsform z. B. einer GmbH, die mit angestellten Ärzten ihren Versorgungsauftrag erfüllt und mit der Kassenärztlichen Vereinigung abrechnet. Dadurch wird es beispielsweise möglich, dass Krankenhäuser privater Investoren an der kassenärztlichen Versorgung teilnehmen. Es wird diskutiert, wie sich deren Gewinnerwartung auf die Qualität der Leistungserbringung auswirkt.

5.3.3 Organisation und Vertretung

Selbstständig Tätige und Träger sozialer und gesundheitlicher Dienstleistungen schließen sich zu **Interessen- und Verhandlungsverbänden** auf verschiedenen Ebenen zusammen; auf Landes- und Bundesebene werden diese Zusammenschlüsse **Spitzenverbände** genannt.

Auf Bundesebene wird der öffentliche Bereich durch die **kommunalen Spitzenverbände**, den Deutschen Städtetag, den Deutschen Landkreistag und den Deutschen Städte- und Gemeindebund repräsentiert, die sich in einer Bundesvereinigung zusammengeschlossen haben. Über diese Bundesvereinigung sind große und kleine, kreisfreie und kreisangehörige Städte und Gemeinden, Stadtstaaten sowie Landkreise vertreten.

Klassische Organisationen der sozialen Betreuung sind die Vereine der **Freien Wohlfahrtspflege**, also der nicht-staatlichen und weitestgehend nicht gewinnorientiert arbeitenden Träger, die sich auf Bundesebene über die sechs Spitzenverbände der Freien Wohlfahrtspflege organisieren:

- AWO Bundesverband e.V. (AWO),
- Deutscher Paritätischer Wohlfahrtsverband – Gesamtverband e. V. (Der Paritätische),
- Deutscher Caritasverband e. V. (Caritas),
- Deutsches Rotes Kreuz e.V. (DRK),
- Diakonie Deutschland Evangelisches Werk für Diakonie und Entwicklung e.V. (Diakonie) und
- Zentralwohlfahrtsstelle der Juden in Deutschland e.V. (ZWST).

Die Freie Wohlfahrtspflege versteht sich als wesentlicher Träger des Subsidiaritätsgedankens. Neben den refinanzierten Leistungen der gesundheitlichen und sozialen Betreuung und Versorgung organisieren sie traditionell Hilfen aus eigenen Mitteln und durch ehrenamtliches Engagement.

Privat-gewerbliche Anbieter sozialer und gesundheitlicher Dienstleistungen bringen ihre Interessen auf Bundesebene über den **Bundesverband privater Anbieter sozialer Dienste e. V. (bpa)** ein; Mitglieder sind hier vor allem private Betreiber ambulanter Pflegedienste. In der **Deutschen Krankenhausgesellschaft e. V. (DKG)** organisieren sich alle Krankenhausbetreiber, öffentliche und freie, gemeinnützige und gewinnorientierte, auf Bundesebene.

Ohne die Mitgliedschaft in einer **Kassenärztlichen Vereinigung (KV)** können Ärzte und Psychotherapeuten die Versorgung gesetzlich versicherter Patienten nicht abrechnen. Auch die Kassenärztlichen Vereinigungen schließen sich auf Bundesebene zusammen. Die **Ärzte- und Psychotherapeutenkammern** hingegen sind berufsständische Organisationen, in denen Ärzte und Psychotherapeuten mehr oder weniger verpflichtend Mitglied sind.

Die genannten Spitzenverbände vertreten die Interessen ihrer Mitglieder gegenüber **Öffentlichkeit und Politik**. In Stellungnahmen oder Presseerklärungen machen sie auf Missstände oder drohende Versorgungsprobleme aufmerksam, wobei sie neben der Interessensvertretung auch eine anwaltschaftliche Funktion für Patienten und Anspruchsberechtigte wahrnehmen. Sie beteiligen sich an Anhörungen oder durch Stellungnahmen an Gesetzgebungsverfahren und bringen dort die Sichtweise ihrer Mitglieder ein.

Als Vertreter der Leistungserbringer sind die Spitzenverbände in Sozialgesetzbüchern benannte **Verhandlungspartner im sozialrechtlichen Dreiecksverhältnis**, wobei sich die Aufgaben auf den verschiedenen Ebenen unterscheiden. So verständigen sich die Kassenärztliche Bundesvereinigung, die Deutsche Krankenhausgesellschaft und der Spitzenverband der Krankenkassen im Gemeinsamen Bundesausschuss darauf, welche gesundheitlichen Leistungen nach welchen Richtlinien für gesetzlich Krankenversicherte erbracht werden können. Auf Landesebene verhandeln die Kassenärztlichen Vereinigungen mit den gesetzlichen Krankenversicherungen das Budget, das für die kassenärztliche Versorgung zur Verfügung steht, und teilen dieses entsprechend der Abrechnungen den Ärzten und Psychotherapeuten zu.

5.4 Die Sicht des Anspruchsberechtigten

Zur Einführung in diesen Abschnitt wird ein Perspektivwechsel verlangt: Wie gelangt ein Mensch, der an irgendeiner Stelle seines Lebens Hilfe benötigt, an die adäquate Unterstützung? Verschiedene Hilfeformen mit unterschiedlichen sozialrechtlichen Grundlagen, vertikale und horizontale Subsidiarität, Leistungsträger in unterschiedlichen Rechtsformen, Kostenträger, die sich auch mal für nicht zuständig erklären? Selbst ausgewiesene Fachleute des Bildungs-, Sozial- und Gesundheitssystems werden nicht behaupten, einen vollständigen Überblick zu haben. Wie orientieren sich dann Menschen, die durch ihre Situation sicher belastet sind, in diesem System?

Wird beispielsweise bei einer Einschulungsuntersuchung ein besonderer Förderbedarf festgestellt, können sich die Eltern, je nach Art der Beeinträchtigung sowie der Möglichkeiten vor Ort, für eine Regel- oder eine Förderschule entscheiden. In der Regelschule kann das Kind durch eine individuelle Schulbegleitung betreut werden:

Den Antrag darauf müssen die Eltern bei einer seelischen Beeinträchtigung beim Jugendamt, bei einer körperlichen oder geistigen Behinderung beim zuständigen Träger der Eingliederungshilfe (meist Städte, Gemeinden oder Landkreise) stellen. Sind außerschulische Fördermaßnahmen oder pflegerische Leistungen notwendig, müssen Kostenübernahme und Leistungserbringer geklärt werden.

Den unterschiedlichen Ansprüchen und Rollen entsprechend werden Menschen mit gesundheitlichen oder sozialen Bedarfen nicht nur in den Sozialgesetzbüchern unterschiedlich bezeichnet. Die Bezeichnungen rufen Assoziationen hervor und bilden Sichtweisen auf die betroffenen Menschen ab: der arme oder unfähige **Hilfebedürftige**, der **Patient**, der geduldig eine ärztliche Behandlung erträgt und auf Heilung hofft, der **Klient** als Auftraggeber einer Beratungsleistung, der **Leistungsempfänger**, dem Arbeitslosengeld gewährt wurde, oder der **Anspruchsberechtigte**, der sein Recht auf Unterstützung zur kulturellen Teilhabe durch Anträge einfordern und durch Widerspruchsverfahren einklagen kann.

Betroffene Menschen sind in ihrer Würde zu achten (vgl. § 1 SGB I), durch Beratung sowie Mitwirkung und Mitgestaltung werden Entscheidungs- und Handlungsfähigkeit erreicht und Eigenständigkeit und Selbsthilfefähigkeit wieder hergestellt.

5.4.1 Das Recht auf Beratung

Im obigen Beispiel der Entscheidung zwischen Regel- und Förderschule steht den Eltern beratende Unterstützung zu. Dieses **Recht auf Beratung** durch das Jugendamt ist gesetzlich im SGB VIII verankert:

„§ 10a Beratung

(1) Zur Wahrnehmung ihrer Rechte nach diesem Buch werden junge Menschen, Mütter, Väter, Personensorge- und Erziehungsberechtigte, die leistungsberechtigt sind oder Leistungen nach § 2 Absatz 2 erhalten sollen, in einer für sie verständlichen, nachvollziehbaren und wahrnehmbaren Form, auf ihren Wunsch auch im Beisein einer Person ihres Vertrauens, beraten.

(2) Die Beratung umfasst insbesondere

    1. die Familiensituation oder die persönliche Situation des jungen Menschen, Bedarfe, vorhandene Ressourcen sowie mögliche Hilfen,

    2. die Leistungen der Kinder- und Jugendhilfe einschließlich des Zugangs zum Leistungssystem,

    3. die Leistungen anderer Leistungsträger,

    4. mögliche Auswirkungen und Folgen einer Hilfe,

    5. die Verwaltungsabläufe,

    6. Hinweise auf Leistungsanbieter und andere Hilfemöglichkeiten im Sozialraum und auf Möglichkeiten zur Leistungserbringung,

    7. Hinweise auf andere Beratungsangebote im Sozialraum.

5.4 · Die Sicht des Anspruchsberechtigten

Soweit erforderlich, gehört zur Beratung auch Hilfe bei der Antragstellung, bei der Klärung weiterer zuständiger Leistungsträger, bei der Inanspruchnahme von Leistungen sowie bei der Erfüllung von Mitwirkungspflichten.

(3) Bei minderjährigen Leistungsberechtigten nach § 99 des Neunten Buches nimmt der Träger der öffentlichen Jugendhilfe mit Zustimmung des Personensorgeberechtigten am Gesamtplanverfahren nach § 117 Absatz 6 des Neunten Buches beratend teil."

Auch in anderen Sozialgesetzbüchern ist der **Anspruch auf Beratung** bei der Orientierung innerhalb der Systeme verankert, zum Beispiel im § 7 und § 7a SGB XI sowie nach § 11 SGB XII. Daneben können in Selbsthilfegruppen wertvolle Hinweise gegeben werden.

5.4.2 Das Recht auf Mitwirkung und Gestaltung

Nach der Klärung von Bedarfen und Ansprüchen müssen Hilfen geplant, in der Erbringung überwacht und gegebenenfalls über verschiedene Leistungserbringer hinweg koordiniert werden. Dies geschieht im Rahmen der Hilfen zur Erziehung in einem **Hilfeplan** nach § 36 SGB VIII, für die Teilhabeförderung von Menschen mit Behinderung in einem **Teilhabeplan** nach § 19 SGB IX.

- **Hilfe- bzw. Teilhabeplanverfahren**

Das **Hilfe- bzw. Teilhabeplanverfahren** ist ein Instrument, mit dem soziale Leistungen für Hilfebedürftige über möglichst **alle** Beteiligten hinweg aufeinander abgestimmt werden. Die Beteiligten sind entlang des sozialversicherungsrechtlichen Dreiecks zunächst die **Leistungsberechtigten** bzw. Leistungsempfänger, entweder selber oder vertreten durch Eltern, die das Verfahren z. B. durch einen Antrag auslösen. Sie haben ein Mitspracherecht, sowohl bei der Auswahl und Zusammenstellung der Leistungen als auch bei der Wahl des **Leistungserbringers**, der aktiv an der Hilfeplanung beteiligt ist. Der **Kostenträger**, im Falle der Hilfeplanung in der Kinder- und Jugendhilfe das Jugendamt, bei der Teilhabeplanung der zuständige Träger der Rehabilitationsmaßnahme, ist für die ordnungsgemäße Durchführung des Verfahrens einschließlich der Einbeziehung der Beteiligten zuständig.

Ein solches Planverfahren beginnt mit der Feststellung und Klärung des **Bedarfs** und der sich daraus ergebenden **Zielstellung**. Notwendige **Maßnahmen** zu deren Erreichung werden besprochen und Zeitpläne hinterlegt, wo neben der Durchführung der Maßnahmen auch die erwarteten **Ergebnisse** (Teilziele) festgehalten werden. Die Abstimmung zwischen den Beteiligten eines solchen Verfahrens kann in einer Konferenz, also einem persönlichen Treffen, erfolgen. Der **Hilfe- bzw. Teilhabeplan** ist die verschriftlichte Verständigung auf Maßnahmen, erwartete Ergebnisse und die Zeitplanung. Das Verfahren ist in regelmäßigen Abständen zu wiederholen, um Ergebnisse zu sichern, die Planung anzupassen oder zu beenden, wenn Hilfen nicht mehr notwendig sind.

Das Planverfahren kann sehr aufwändig werden, vereinfachend können die Pläne beispielsweise sukzessive mit den Beteiligten abgestimmt werden oder Mitwirkende, deren Teilnahme nicht obligatorisch ist, verzichten auf die Beteiligung.

Diesem Verfahren vergleichbar wird zwischen Vertretern der Arbeitsagentur und einem arbeitslosen Leistungsberechtigten eine **Eingliederungsvereinbarung** (nach § 15 SGB II) geschlossen. Die Vereinbarung wird im Unterschied zu den oben beschriebenen Planverfahren bilateral geschlossen, kann aber auch beinhalten, dass der arbeitslose Leistungsberechtigte weitere Leistungen, z. B. eine Fort- oder Weiterbildung, in Anspruch nimmt. Sowohl dieses als auch die Hilfe- oder Teilhabeplanverfahren wirken darauf, dass alle Beteiligten sich über Ziel und die dazu eingesetzten Maßnahmen klar werden und Widersprüche verhindert oder minimiert werden. Die Betroffenen sind selbst einbezogen und bestimmen aktiv mit, was sich im Sinne einer aktivierenden sozialen Arbeit positiv auf Motivation und Selbstwirksamkeitsüberzeugungen auswirkt.

Das **persönliche Budget** nach § 29 SGB IX ist eine Gestaltungsmöglichkeit für Menschen mit Behinderung. Sie können die notwendigen Leistungen persönlich beauftragen und koordinieren, die Mittel werden, nach Art und Ausmaß der Behinderung budgetiert, von den Sozialversicherungsträgern bereitgestellt. Der Leistungsberechtigte verfügt über diese Mittel und kann dafür Personen einstellen, die ihn in der Lebensführung unterstützen, oder Leistungen einer Einrichtung in Anspruch nehmen. Auch hier werden Ziele vereinbart, aber nicht die Maßnahmen, mit denen die Ziele erreicht werden sollen. Die Möglichkeit wird nur von wenigen Menschen genutzt: Für das Jahr 2018 werden ca. 10.000 Teilnehmer genannt (Bundesministerium für Arbeit und Soziales, 2021).

5.5 Rückblick und Ausblick

5.5.1 Zusammenfassung

Das System sozialer, gesundheitlicher und pädagogischer Betreuung und Versorgung in Deutschland beruht auf dem Verständnis, dass es das **Recht auf Bildung, Familie, Gesundheit und soziale Sicherheit** gibt, und der Staat verpflichtet ist, diese Rechte und die damit verbundenen Ansprüche zu sichern. Der **Sozialstaat**, der die soziale Sicherung als wichtiges Staatsziel hat, fördert die aktive Beteiligung der Einwohner durch die Verpflichtung zur aktiven Mitwirkung (**aktivierender Sozialstaat**) und durch das **Subsidiaritätsprinzip**, das staatliche Hilfen als letzte Rückfallmöglichkeit nutzt, wenn andere Hilfen nicht zur Verfügung stehen.

Bei der **sozialen Absicherung** werden durch Versicherungen **Solidargemeinschaften** gebildet: Versicherte zahlten Beiträge, mit denen Leistungen für Bedürftige finanziert werden. Da in diesen Versicherungen keine Vermögen aufgebaut werden, bedeutet der **demografische Wandel** mit einem Rückgang an Beitragszahlern und einem Anstieg an Leistungsberechtigten eine große Herausforderung für diese **Umlagefinanzierung**, die in einem fast verstetigten Reformprozess gemeistert werden soll.

Familien bilden eine Gemeinschaft, in der Kinder betreut und erzogen, aber auch Hilfen für andere bedürftige Familienangehörige geleistet werden. Durch **Transferleistungen** und **Vergünstigungen** bei Steuern und Sozialabgaben sowie die Unterstützung bei der Kinderbetreuung werden Familien gefördert. Die Form der Familie änderte sich in den letzten Jahrzehnten deutlich, dennoch bleibt in Fortführung klassischer Rollenverteilung die Erwerbsbeteiligung von Frauen hinter der der Männer zurück.

Mit der Verbesserung der Kindertagesbetreuung sollen nicht nur die Erwerbsbeteiligung von Eltern, sondern auch die Chancen der Kinder auf **Bildung** erhöht werden. Bildung ist eine wichtige Voraussetzung für das spätere Wohlergehen, sowohl wirtschaftlich als auch gesundheitlich. Die seit Jahren festgestellte **soziale Ungleichheit** in der schulischen Bildung und der für eine weitergehende Ausbildung unzureichende Kompetenzerwerb schließen Gruppen von der Teilhabe an Arbeit und Gesellschaft aus.

Politische Zielsetzungen werden vor allem durch die Gesetze umgesetzt. In den genannten Politikbereichen handelt es sich dabei vor allem um die Bücher des **Sozialgesetzbuches**, die unter anderem die Rentenversicherung, die Kranken- und Pflegeversicherung, die Kinder- und Jugendhilfe sowie die Hilfen für Menschen mit Behinderung ordnen. Die Sozialgesetzbücher legen fest, welche Personen auf welche Leistungen Anspruch haben und wie Kooperationen und Abläufe geregelt sind. **Das sozialrechtliche Dreiecksverhältnis** bezeichnet die besondere Beziehung zwischen **Leistungserbringer**, **Kostenträger** und **Leistungsempfänger**, in der Leistungserbringer und Kostenträger Merkmale, Qualität und Preis der Leistung vereinbaren, woraus besondere Anforderungen an **Leistungserbringung** und **Qualitätsmanagement** entstehen, die sich in der Bezeichnung **Sozialwirtschaft** ausdrücken.

Familienpolitische Zielsetzungen wie eine stärkere Vereinbarkeit von Beruf und Familie werden ebenfalls über die Sozialgesetzbücher umgesetzt, aber auch in der Steuergesetzgebung. **Bildung** wird auf Bundesebene vor allem über die **frühkindliche Bildung** in Kindertagesstätten gefördert, für die schulische Bildung sind die Länder zuständig, die sich über die **Kultusministerkonferenz** z. B. über Bildungsstandards verständigen.

Die Leistungen im System pädagogischer, sozialer und gesundheitlicher Betreuung und Versorgung können durch **selbstständig Tätige** oder durch Körperschaften in verschiedenen Rechtsformen wie dem **eingetragenen Verein (e.V.)** oder der **Gesellschaft mit beschränkter Haftung (GmbH)** erbracht werden, die in **öffentlicher oder freier Trägerschaft** betrieben werden. **Gemeinnützige** Träger arbeiten selbstlos, das heißt, sie schütten Gewinne nicht an Investoren oder Gesellschafter aus. Durch Zusammenschlüsse, auf Bundes- und Landesebene **Spitzenverbände** genannt, werden sowohl selbstständig Tätige als auch öffentliche und freie Träger bei Verhandlungen und in ihren Interessen gegenüber Politik und Gesellschaft vertreten.

Damit Anspruchsberechtigte sich in diesem komplexen System orientieren können, haben sie gesetzlich verankerte **Rechte auf Beratung**. Sie wirken an der Erstellung von **Hilfe- oder Teilhabeplänen** mit, in denen Bedarfe konkretisiert, Maßnahmen und erwartete Ergebnisse beschrieben werden. Mit einem **persönlichen Budget** können Anspruchsberechtigte die Koordination selber übernehmen.

5.5.2 Bedeutung für Psychotherapeutinnen und Psychotherapeuten

Die psychotherapeutische Versorgung ist Teil des Systems gesundheitlicher und sozialer Versorgung. Psychotherapeuten sollten dieses System kennen, dessen Grundverständnis, seine Regeln und Normen, seine Finanzierung und Reformierungsbedarfe.

Es ist nicht selbstverständlich, dass Menschen mit psychischen Problemen umfassende Hilfe bekommen, dass die Möglichkeit zu einer Psychotherapie nicht vom Geldbeutel, sondern vom Bedarf abhängt. Die sozialstaatliche Anerkennung, dass

Menschen das Recht auf Gesundheit und gesundheitliche Betreuung haben, und die Regelung, dass Solidargemeinschaften von Versicherten oder Steuerzahlern für dieses Recht auch finanziell eintreten, bildet die Grundlage für die Tätigkeit in der sozialen, gesundheitlichen und pädagogischen Versorgung und damit auch für die Tätigkeit eines Psychotherapeuten.

Diese Finanzierung aus der Solidargemeinschaft bedeutet auf der anderen Seite, die gesetzliche Verpflichtung zu Wirtschaftlichkeit und Effektivität einzuhalten. Grundkenntnisse der Sozialwirtschaft und des Qualitätsmanagements ermöglichen einem Psychotherapeuten, in eigener Praxis oder angestellt, diese Verpflichtung zu erfüllen und sich gleichzeitig seine oder die Existenzgrundlage seines Arbeitgebers zu sichern.

Das Versorgungssystem muss sich den stetig verändernden Bedingungen wie dem demografischen Wandel, veränderten Wertvorstellungen und volkswirtschaftlichen Gegebenheiten anpassen. Öffentliche Diskussionen, identifizierte Veränderungen in den Bedarfen und politischer Gestaltungswille bewirken Reformen, mit denen gesetzliche Rahmenbedingungen sich den veränderten Bedingungen anpassen oder Verbesserungen bewirken. Schon aus Eigennutz sollten Psychotherapeuten diese Diskussionen und Entwicklungen verfolgen und über ihre Verbände ihre Interessen in Reformprozesse einbringen.

Durch Psychotherapeutenkammern und Kassenärztliche Vereinigung werden Psychotherapeuten nicht nur gegenüber Öffentlichkeit und Politik vertreten, sondern auch in Verhandlungen mit Kostenträgern. Die Verbände stellen die Bedeutung der Psychotherapie und deren Erfolge dar und verhandeln für psychotherapeutische Leistungen angemessene Preise. Zwar wird sich nicht jeder Psychotherapeut berufsständisch engagieren, aber diese Möglichkeit zur Einflussnahme über diesen Weg sollte bekannt sein, zumal Psychotherapeutenkammern Psychotherapeuten auch fachlich-inhaltlich und bei wirtschaftlichen Fragen unterstützen.

Psychotherapie ist eine Dienstleistung am und für den Menschen. Der zumindest gelegentliche Perspektivwechsel, wie das System gesundheitlicher Versorgung und dessen Ansprüche auf Menschen mit psychischen Problemen oder Krankheiten wirken können, sollte für Psychotherapeuten selbstverständlich sein. Sie sollten ihren Klienten auf Augenhöhe und in dem Verständnis begegnen, dass dieser seinen Anspruch auf eine gute, wirksame Behandlung in gemeinsamer Verantwortung von Therapeut und Klient realisiert.

Literatur

Vertiefende Literatur

Grunwald, K., & Langer, A. (Hrsg.). (2018). *Sozialwirtschaft. Handbuch für Wissenschaft und Praxis.* Nomos.

Verwendete Literatur

Autor:innengruppe Bildungsberichterstattung. (2022). *Bildung in Deutschland 2022.* wbv Media wbv Publikationen.

Beauftragte der Bundesregierung für Migration, Flüchtlinge und Integration (Hrsg.). (2019). Deutschland kann Integration: Potenziale fördern, Integration fordern, Zusammenhalt stärken. 12. Bericht der Beauftragten der Bundesregierung für Migration, Flüchtlinge und Integration. Stand: Dezember 2019.

Literatur

Bundesministerium für Arbeit und Soziales. (2020, November 30). UN-Konvention über die Rechte behinderter Menschen. https://www.bmas.de/DE/Soziales/Teilhabe-und-Inklusion/Politik-fuer-Menschen-mit-Behinderungen/un-behindertenrechtskonvention-rechte-von-menschen-mit-behinderungen-langtext.html. Zugegriffen am 24.05.2023.

Bundesministerium für Arbeit und Soziales. (Hrsg.). (2021). Dritter Teilhabebericht über die Lebenslagen von Menschen mit Beeinträchtigungen. Bonn.

Bundesministerium für Arbeit und Soziales. (Hrsg.). (2022). Sozialbudget 2021. Bonn.

Bundesministerium für Gesundheit. (2023, Mai 23). Finanzierungsgrundlagen der gesetzlichen Krankenversicherung. https://www.bundesgesundheitsministerium.de/finanzierung-gkv.html. Zugegriffen am 08.06.2023.

Deutsche Rentenversicherung Bund. (2022). Rentenversicherung in Zeitreihen. DRV-Schriften, Band 22, Sonderausgabe Oktober 2022. Berlin.

Deutscher Bildungsserver. (2022, April 22). Privatschulen in Deutschland. https://www.bildungsserver.de/privatschulen-in-deutschland-12374-de.html. Zugegriffen am 19.06.2023.

Kolhoff, L. (2018). Sozialmanagement. In K. Grunwald & A. Langer (Hrsg.), *Sozialwirtschaft. Handbuch für Wissenschaft und Praxis* (S. 391–407). Nomos.

Langer, A. (2018). Soziale Dienstleistungen in sozialwirtschaftlichen Strukturen. In K. Grunwald & A. Langer (Hrsg.), *Sozialwirtschaft. Handbuch für Wissenschaft und Praxis* (S. 79–100). Nomos.

McElvany, N., Lorenz, R., Frey, A., Goldhammer, F., Schilcher, A., & Stubbe, T. C. (Hrsg.). (2023). *IGLU 2021. Lesekompetenz von Grundschulkindern im internationalen Vergleich und im Trend über 20 Jahren.* Waxmann.

Stanat, P., Schipolowski, S., Schneider, R., Sachse, K. A., Weirich, S., & Henschel, S. (Hrsg.). (2022). *IQB-Bildungstrend 2022.* Waxmann.

Statistisches Bundesamt (Destatis). (2020). Privatschulen in Deutschland – Fakten und Hintergründe. Destatis Kontext. https://www.destatis.de/DE/Themen/Gesellschaft-Umwelt/Bildung-Forschung-Kultur/Schulen/Publikationen/Downloads-Schulen/privatschulen-deutschland-dossier-2020.html. Zugegriffen am 21.06.2023.

Statistisches Bundesamt (Destatis). (2022, Juni 24). Statistik zum Elterngeld – Beendete Leistungsbezüge nach Geburtszeiträumen. https://www.destatis.de/DE/Themen/Gesellschaft-Umwelt/Soziales/Elterngeld/Tabellen/geburten-bezugsdauer-jahr-2019.html. Zugegriffen am 09.06.2023.

Statistisches Bundesamt (Destatis). (2023a, Mai 31). Erwerbstätigkeit im April 2023 stabil auf hohem Niveau. Pressemitteilung Nr. 208 vom 31. Mai 2023. https://www.destatis.de/DE/Presse/Pressemitteilungen/2023/05/PD23_208_132.html. Zugegriffen am 09.06.2023.

Statistisches Bundesamt (Destatis). (2023b, März 31). https://www.destatis.de/DE/Themen/Arbeit/Arbeitsmarkt/Erwerbstaetigkeit/Tabellen/erwerbstaetigenquoten-gebietsstand-geschlecht-altergruppe-mikrozensus.html. Zugegriffen am 09.06.2023.

Statistisches Bundesamt (Destatis). (2023c, Mai 15). https://www.destatis.de/DE/Themen/Querschnitt/Gleichstellungsindikatoren/tab-Teilzeitquote-nach-geschlecht-f25.html?nn=641904. Zugegriffen am 09.06.2023.

Statistisches Bundesamt (Destatis). (o.J.). https://www.destatis.de/DE/Im-Fokus/Fachkraefte/_inhalt.html. Zugegriffen am 09.06.2023.

Verband der Ersatzkassen e.V. (vdek). (2023, März 15). vdek-Basisdaten: Daten, Zahlen und Fakten zum Gesundheitswesen. https://www.vdek.com/presse/daten.html. Zugegriffen am 05.06.2023.

Vereinte Nationen. (1948, Dezember 10). Allgemeine Erklärung der Menschenrechte. Resolution der Generalversammlung. 217 A (III). https://www.un.org/depts/german/menschenrechte/aemr.pdf. Zugegriffen am 05.06.2023.

Serviceteil

Stichwortverzeichnis – 151

© Der/die Herausgeber bzw. der/die Autor(en), exklusiv lizenziert an Springer-Verlag GmbH, DE, ein Teil von Springer Nature 2024
G. Rössler, W. Mack, *Pädagogik für Psychotherapeutinnen und Psychotherapeuten*,
https://doi.org/10.1007/978-3-662-68500-6

Stichwortverzeichnis

A

Abgabenordnung (AO) 137
Akademisierung 108
Allgemeinbildung 42
Altenpflegehelfer 49
Altenpfleger 49
Alter 45
Altersbildung 46
Alterseinsamkeit 45
Alterspyramide 122
Andragogik 40
Angehöriger
– pflegender 49
Anspruchsberechtigter 129
Anti-Aggressivitäts-Training 98
Approbation 108
Arbeitskräftemangel 123
Arbeitslosengeld 78
Arbeitslosenversicherung 121
Arbeitsschutzmaßnahme 67
Arbeitstherapie 99
Armut 77
Armutsrisiko 77
Ärztekammer 141
Ausbildung 40
Ausgleichsabgabe 77

B

Barrierefreiheit 75
Basale Stimulation 64, 99
Bayerische Bildungsleitlinien 30
Beeinträchtigung 72
Behindertenrechtskonvention (BRK) 74
Behinderung 72
Beratung 92
– Recht auf 142
Berichterstattung 127
Berufsberatung 94
Berufsbildungswerk 64, 76
Berufsförderungswerk 77
Beschäftigungstherapie 99
Betreutes Wohnen 59
Betreuung
– rechtliche 46
Betriebliches Eingliederungsmanagement (BEM) 68
Betriebliches Gesundheitsmanagement (BGM) 68
Beziehung
– pädagogische 107

Bezugsbetreuung 61
Bildung 14
– berufliche 64
– Recht auf 126
– soziale Ungleichheit 126
Bildungsangebot
– für Senioren 47
Bildungsstandard 15
Bildungssystem
– formales 32
Bildungswissenschaft 6
Bildungsziel 15
Bindungstheorie 27
Biografiearbeit 48
Budget
– persönliches 144
Bundesausbildungsförderungsgesetz (BAföG) 126
Bundesfreiwilligendienst 109, 135
Bundesteilhabegesetz (BTHG) 127
Bundesverband privater Anbieter sozialer Dienste e.V. (bpa) 141
Bundeszentrale für gesundheitliche Aufklärung (BZgA) 44
Bürgergeld 78, 123

C

Care-Arbeit 109
Careleaver 60
Coaching 41, 95
Coolness-Training 98

D

Demografischer Wandel 121
Didaktik 17
Disease-Management-Programm (DMP) 69
Distanz 107
Dolmetscher 80
Dreiecksverhältnis
– sozialversicherungsrechtliches 129

E

Ehegattensplitting 125
Ehrenamt 135
Ehrenamtlicher 109
Ehrenamtskoordination 109
Einfache Sprache 76
Eingetragener Verein (e.V.) 136

Eingliederungsvereinbarung 144
Eingliederungszuschuss 132
Einheitlicher Bewertungsmaßstab (EBM) 129
Einzelbetreuung
– intensive sozialpädagogische 60
Elementarpädagogik 29
Elternbildung 43
Elterngeld 124, 134
Elternschaft
– begleitete 30
Elternteil
– alleinerziehendes 125
Elternzeit 124, 134
Empirie 5
Empowerment 89, 90
Engagement
– ehrenamtliches 135
– zivilgesellschaftliches 109
Entlassmanagement 67
Entspannungstraining 99
Entwicklungsaufgabe 27
Entwicklungstherapie/Entwicklungspädagogik (ETEP) 98
Erasmus von Rotterdam 3
Ergebnisqualität 130
Ergotherapeut 71
Ergotherapie 99
Erlebnispädagogik 38
Erwachsenenbildung 40
Erwerbsminderungsrente 66, 78
Erziehung 9
– Hilfen 57
– inklusive 64
Erziehungsbeistand 59
Erziehungsberatung 94
Erziehungsberatung 58
Erziehungsmaßnahme 13
Erziehungsmittel 12
Erziehungsstil 13
Erziehungswissenschaft 6
Erziehungsziel 10
Existenzminimum
– soziokulturelles 134

F

Fachdidaktik 18
Fachkräftemangel 108, 123, 127
Fachkraft-Schlüssel 108
Fachpraktikerausbildung 76
Familie 124
Familienbildung 43
Familienpolitik 134
Familienversicherung 125
Familienzentrum 43
Förderkindergarten 64
Förderschule 64

Förderung 96
Fortbildung 41
Freiwilligendienst 109
Freiwilliges Soziales Jahr (FSJ) 109, 135
Fröbel 3
Frühe Hilfen 29
Früherkennung 64
Frühförderstelle 64
Frühförderung 64
Frühpädagogik 29

G

Ganztagsschule 34
– verlässliche 34
Geburtsvorbereitungskurs 43
Gefährdungsbeurteilung 67
Gefährdungsbeurteilung psychische Belastung 68
Geh-Struktur 102
Gemeinnützigkeit 137
Gemeinsamer Bundesausschuss (G-BA) 66, 133
Geragogik 46
Gesellschaft mit beschränkter Haftung (GmbH) 137
Gesetzliche Krankenversicherung 121
Gesundheitsaufklärung 44
Gesundheitsbildung 44
Gesundheitserziehung 44
Gesundheitsförderungsmaßnahme 44
Gesundheitspädagogik 43, 65
Grundhaltung
– pädagogische 106
Grundrecht 118

H

Häusliche Krankenpflege 67
Heilpädagogik 64
Heilpädagogik 76
Heilpädagogische Leistung 64
Heim 59
Helen Keller 19
Helfen 90
Hermeneutik 5
Hilfeplan 58, 143
HIPPY 29
Hochbetagte 46
Hort 34

I

Inklusion 75
Inklusionspädagogik 76
Inobhutnahme 58
Insolvenzberatung 94

Insolvenzberatungsstelle 79
Insoweit erfahrene Fachkraft (IseF) 58
Integration 80
Integrationsamt 77
Integrationskindergarten 64
Integrationskurs 80
Integrationsplätze 64
Interkulturelle Öffnung 80
Internat 34
International Classification of Functioning, Disability and Health (ICF) 72
Internationale statistische Klassifikation der Krankheiten und verwandter Gesundheitsprobleme (ICD) 66
Intervention 96

J

Jugendamt 57
Jugendarbeit 37
Jugendgerichtsgesetz (JGG) 58
Jugendmigrationsdienst 80
Jugendpädagogik 37
Jugendsozialarbeit an Schulen (JaS) 35

K

Kammer
– berufsständische 108
Kassenärztlichen Vereinigung (KV) 141
Keller
– Helen 19
Kindergeld 124, 134
Komm-Struktur 102
Kompetenzen
– alltagspraktische 42
Kompetenzen 15
Konfrontative Pädagogik 62, 98
Konnexitätsprinzip 127
Kontinuierlicher Verbesserungsprozess (KVP) 130
Körperschaft des öffentlichen Rechts (KdöR) 136
Krankenhaussozialdienst 67
Krankheit 66
Krankheitskosten 67
Kultusministerkonferenz 135
Kunsttherapie 100

L

Lebensführungskompetenzen 42
Lebenskompetenzen für Jugendliche
– Förderung 100
Lebenspartnerschaft
– eingetragene 125

Leichte Sprache 75
Leistungsberechtigter 129
Leistungserbringer 129
Lerntherapie 97
Leseschwäche 97
Logopädie 99

M

Mediendidaktik 36
Medienpädagogik 36
Medizinisches Versorgungszentrum (MVZ) 140
Mensch
– mit psychischen Erkrankungen 69
Migration 79
Migrationsberatung 80
Migrationshintergrund 79
Montessori 3
Motopädie 99
Multiprofessionalität 110
Musiktherapie 100

N

Nachrangigkeit 134
Nähe 107
Nationale Kontakt- und Koordinationsstelle zur Anregung und Unterstützung von Selbsthilfegruppen (NAKOS) 92
Neill 4
Notwendigkeit 128

O

Obdachlosigkeit 78
Ökonomisierung 128
OPSTAPJE 29

P

Pädagogik 3, 5
– Bezugswissenschaften 8
– der Jugendzeit 36
– inklusive 65
– konfrontative 62
Paralympics 77
Pflegedienst
– ambulanter 67
Pflegeeltern 59
Pflegegrad 134
PISA-Studie 33
Platon 3
Prager Eltern-Kind-Programm (PEKiP®) 29
Professionalität 105
Prozessqualität 130
Psychisch-Kranken-Gesetz (PsychKG) 73

PsychKG 73
Psychotherapeutenkammer 141

Q

Qualität 129
Qualitätsmanagement (QM) 130
Qualitätssicherung 130

R

Rechenschwäche 97
Reformpädagogik 8
Rehabilitationspädagogik 76
Rentenversicherung 121
Rhythmische Erziehung 97
Rousseau 3

S

Schlüsselkompetenz 16
Schreibschwäche 97
Schulbegleiter 35
Schuldnerberatung 94
Schuldnerberatungsstelle 79
Schuleingangsuntersuchung 127
Schulgesetz 135
Schulpädagogik 32
Schulpsychologe 34
Schulsozialarbeit 35
Schutzkonzept 107
Schwangerschaftskonfliktberatung 94
Selbsthilfe 89
Selbsthilfe 91
Selbsthilfegruppe 49
Selbstreflexion 107
Seniorenstudium 48
Seniorentreffpunkt 48
Sexualpädagogik 35
Snoezelen 64, 99
Sonderdidaktik 18
Sonderpädagogik 7, 65
Sonderpädagogische Förderung 64
Sozialarbeit
– aufsuchende 102
Soziale Arbeit 7
Soziale Marktwirtschaft 120
Sozialgesetzbuch (SGB) 131
Sozialgesetzgebung 127
Sozialhilfe 78
Sozialisation 18
Sozialleistungsquote 119
Sozialmanagement 128
Sozialpädagogik 7, 78
Sozialpädagogische Familienhilfe 58
Sozialpsychiatrischer Dienst 69

Sozialraum 102, 103
Sozialstaat 119
– aktivierender 123
Sozialversicherung 121
Sozialversicherungspflichtige Tätigkeit 133
Sozialversicherungssystem 121
– umlagefinanziertes 121
Sozialwirtschaft 128
Sozioökonomischer Status (SES) 78
Soziotherapie 69
Special Olympics 77
Spitzenverband
– der Freien Wohlfahrtspflege 140
Spitzenverband 140
– kommunaler 140
Sprachmittler 80
Stiftung 137
Streetworker 102
Strukturqualität 129
Supervision 95, 107

T

Tagesgruppe 59
Tätigkeit
– ehrenamtliche 109
TEACCH-Konzept 98
Teilhabe 72
Teilhabeplan 143
Therapie 96
Tiertherapie 97
Träger 136, 139
– freier 136
– öffentlicher 136
Training 96
– mit aggressiven Kindern 98
– mit aufmerksamkeitsgestörten Kindern 97
– mit sozial unsicheren Kindern 97
Transferleistung 124
Traumapädagogik 60
Tugend 10

U

Unbegleiteter minderjähriger Flüchtling
    (UMF) 79
Unfallversicherung 121

V

Validierung 71
Verhaltensmodifikation
– pädagogische 96
Vernetzung 102
Volkshochschule 42
Vollzeitpflege 59

Voltigieren
– heilpädagogisches 99
Vormund 28

W
Weiterbildung 41
Werkstatt für Menschen mit Behinderung (WfbM) 77

Wirksamkeit 128
Wirtschaftlichkeit 128
Wohnungslosigkeit 78
Wolfskinder 19

Z
Zertifizierung 131
Zivilgesellschaft 135

SPRINGER NATURE

GPSR Compliance

The European Union's (EU) General Product Safety Regulation (GPSR) is a set of rules that requires consumer products to be safe and our obligations to ensure this.

If you have any concerns about our products, you can contact us on ProductSafety@springernature.com

In case Publisher is established outside the EU, the EU authorized representative is:

Springer Nature Customer Service Center GmbH
Europaplatz 3
69115 Heidelberg, Germany

The manufacturer's authorised representative in the EU is Springer Nature Customer Service Centre GmbH, Europaplatz 3, 69115 Heidelberg, Germany. If you have any concerns regarding our products, please contact ProductSafety@springernature.com

Printed and bound by CPI Group (UK) Ltd, Croydon, CR0 4YY

25/03/2026

02078185-0019